人生本不苍凉
——民国十六名士写真

张建安 著

商务印书馆
2010年·北京

图书在版编目(CIP)数据

人生本不苍凉:民国十六名士写真/张建安著.—北京:商务印书馆,2010

ISBN 978-7-100-06776-8

Ⅰ.人… Ⅱ.张… Ⅲ.知识分子—列传—中国—民国 Ⅳ.K825.4

中国版本图书馆 CIP 数据核字(2009)第 176960 号

**所有权利保留。
未经许可,不得以任何方式使用。**

人 生 本 不 苍 凉
——民国十六名士写真

张建安 著

商 务 印 书 馆 出 版
(北京王府井大街36号 邮政编码 100710)
商 务 印 书 馆 发 行
北京瑞古冠中印刷厂印刷
ISBN 978-7-100-06776-8

2010 年 3 月第 1 版　　　开本 880×1230　1/32
2010 年 3 月北京第 1 次印刷　印张 10⅛
定价:22.00 元

自　序

知识分子之血性与良心，不同时代有不同的体现，而其秉承中华文化至刚至大之正气，勇于担当历史使命之大抱负，则历千万世而无有不同。

此书中所讲事例，多为乱世民国时表现的高贵品质，只有两篇讲到新中国成立后，也是在特殊年代"文革"中之表现，与现在社会并无联系。

有人或曰：乱世已过，错误已改，而今国家兴盛，人民富足，文化多元，正呈现前所未有之好势头，何必提这些？

我答：思甜还要忆苦呢！况且，欲谋求中华文明之真正复兴，求万世之太平，则必借助知识分子之血性与良心。唯其有血性，方能进步，敢仗义执言。什么是"义"？"义"乃"公义"，唯有"公义"，方能真正为"公益"服务；同样，唯其有良心，方能识大体，知国情，自然而然，廓然大公，既知晓今日之人民政府之于人民幸福之重要性，从而拥护之；又能发现社会所存在之问题，从而揭发改正之。起码，有良心的知识分子不会贪得无厌，不会害公而私己，不会草菅人命，不会醉生梦死只知金钱而毫无高尚之追求……

知识分子的良心，是一个民族之根本良心。在任何情况下，知识分子都应该清醒。即便在盛世，也需时时警惕，居安思危。而更重要的是，有血性与良心，便当尽力把握时代之脉搏，探索未来之大道，在

人生本不苍凉

经济获得进步的同时,当引领国民走精神高尚之路。

本书进而由十六位逝者的经历,探索人生之苍凉与否?

倘若以人之终点为"死",则人生是以一悲剧而终,如树叶枯槁而随风飘逝于秋风萧杀之中,夫不苍凉乎?但以人之能动性,若以浩然正气充斥天地,成就自我,造福苍生,则虽历艰险苦痛,又何谈什么苍凉?此中真义,唯读者自鉴!

本书写作过程中,曾先后得到马本寅、梁培宽、成幼殊、彭嘉柔、黄方毅诸先生的帮助;出版过程中,蒙王春瑜先生、丁波编辑相助,并得袁鹰老师来信鼓励,令我激动之余生出许多力量。特此致谢!

张建安

2009年9月28日

于晴暖阁

目　　录

宋教仁："为宪法流血第一人" ……………………… 1

宋教仁之死，为中国近代民主法制进程投下了浓重的苍凉色彩，令无数的仁人志士悲痛不已。他们不仅为宋教仁悲哀，也为整个中华民族的未来担忧。正如于右任先生所说："我不为私交哭，我不为《民立报》与国民党哭，我为中华民国前途哭！"

彭素民："死便埋名也自由" ……………………… 14

1924年8月3日，彭素民积劳成疾，病逝于广州博爱医院，年仅40岁。追悼会上，主祭人廖仲恺悲痛之至，"于军乐呜呜声中，欷嘘饮泣，全场注视，皆为动容。"

值得注意的是，彭素民致力革命二十余年，"未尝为家谋"。所任职务不可谓不高，但他不谋私利，为革命鞠躬尽瘁，乃至英年早逝后，竟然"家贫母老，子女六人俱幼弱，教养无资"。

廖仲恺：举家殉国亦不惜 ……………………… 32

在威胁越是迫近的时候，廖仲恺越是坦然自若，将生死置之度外。

他说："我为国家，为本党，无论何人反对，我皆不畏。即击我杀我，亦在所不惜。"

他还说:"苟利于国,则吾举家以殉,亦所不惜。"

邓演达:以身殉志,不亦伟乎 ……………………… 53

何香凝与茅盾怎么也忘不了邓演达"热血男儿"的形象:"他就是择生。他有独到的政治见解,他具备着几乎近于执拗的顽强的个性——他能写、能讲,他对中途背叛了总理(指孙中山)遗教的那些升官发财之士表示了无穷的憎恨。他又能带兵,能打仗……"(何香凝:《忆邓择生》)"尽管他依从理性的指示,竭力使他生活纪律化,因而举止言语也有强烈的纪律味儿,但终于不能掩盖他本性的热烈的感情,他实在是一个热情的人。中国话有一句叫做'热血男儿',我想择生先生就是这称呼的典型"。(茅盾:《一段回忆》)

杨杏佛:"为人权流血第一人" ……………………… 73

杨杏佛既是"为人权流血的第一人",也是一位有牺牲精神的热情的歌者。热爱民主、科学、自由的人们将永远记住他,而在回顾他的事迹的时候,是否也可听到他的歌声:

人们,你苦黑暗么?
请你以身作烛。
用自己膏血的,
方是真正光明之福。

蔡锷:"但为四万万人争人格" ……………………… 90

随着袁世凯复辟帝制的逆流日益张狂,蔡锷的愤慨之情也越来越激烈,他愤愤地对朋友说:"眼看着不久便是盈千累万的人都要颂王莽功德上劝进表了，老袁便安然登上大宝，这叫世界各国看着中国人是什么东西呢！我们自知力量有限，未必抗得过他，但为四万万人争人格起见，非拼着命去干一回不可！"

蒋百里：做一个有骨气有作为的中国人 ………………… 108

民国二年（1913年）6月17日夜，蒋百里又憋着一肚子气由京城回到保定，他的气色非常难看，下定了自杀的决心，接着便写起了遗书。

留给母亲的遗书这样写着："为国尽忠，虽死无关重要，然于陆军前途及国民有益。遗币二百，薄田数亩，聊供赡养。"

杨杰：绝不为亡者之臣 …………………………………… 141

1949年9月21日，在北平召开的中国人民政治协商会议第一届全体会议的开幕式上，由中国共产党代表团提议，发出了全体会议致中国国民党革命委员会的唁电，揭露了杨杰将军的死因，并给予杨将军高度的评价：

"惊闻杨杰将军在由滇经港来平出席中国人民政治协商会议的途中，惨遭国民党匪帮用最卑劣的手段加以暗杀。本会议全体同人，无不痛悼！杨杰将军多年来为民主事业奋斗，久为反动派所深忌，于今竟遭惨祸；本会议全体同人，除一致决议向贵会表示哀悼外，深信杨杰将军的死，将会更加激励全国人民，一致努力，把革命进行到底，彻底消灭国民党反动派及其主子美帝国主义在中国的最后残余统治，建设崭新的中国，以慰先烈，而安生者。谨电致唁！"

邵飘萍为"新闻救国"而死 ……………………………… 163

回顾邵飘萍的记者生涯，面对死亡威胁的次数不可谓不多，邵飘萍有时也免不了与常人一样会"心悸",但他将责任心建立在"新闻救国"的信念之上,所以并不退缩。《新闻学总论》中,邵飘萍仍再三强调新闻记者的责任心,称:"新闻记者之尽职,以道德人格为基础,以侠义勇敢为先驱,而归本于责任心之坚固。张勋复辟之役,余因亲赴天津发电,彼时京电局为辫子兵所占守,途经丰台,夹杂两军之中,几死于流弹之下。当时之危险状态,至今思之,犹为心悸。若果死,则责任心命我不得不死也。"

林白水:赴死岂能无眷恋 ……………………………… 187

林白水自知大祸将临,他神态自若,要求给家人写遗嘱。遗嘱写道:"我绝命在顷刻,家中事一时无从说起,只好听之。爱女好好读书,以后择婿,须格外慎重。可电知陆儿回家照应。小林、宝玉,和气过日。所有难决之事,请荄孙、淮生等诸友帮忙。我生平不作亏心事,天应佑我家人也。丙寅八月七日夜四时,万里绝笔。外玉器两件,铜印一个,又金手表一个。"匆促之间,"八月六日"错写为"八月七日"。

成舍我与《民生报》被封事件 ……………………………… 200

成舍我本人曾在《我有过三次值得追忆的"笑"》一文中回忆此事:"民国二十三年,我所主办的南京《民生报》,因为揭发行政院政务处长彭学沛经手建筑行政院官署,贪污舞弊,汪(兆铭)是行政院长,不料竟认为这是对他的一种重大冒犯。虽然铁证如山,他仍不顾一切,以最大压力,将《民生报》非法封闭,将我非法拘禁了40天,并永远不许我在南京办报。此在当时,曾为一轰动全国之巨案。我出狱以后,他叫人示意,如果我向他低头,则一切不难和解。那位居间奔走的朋友劝我,新闻记者和行政院长碰,结果总要头破血流的。我曾执拗地答称:'我的看法,与你恰恰相反。我相信我和汪碰,最后胜利,必属于我。因为我可以当一辈子新闻记者,汪不能做一辈子行政院长。'其后我又在上海创办立报……"

史量才:"人有人格,报有报格" ……………………… 213

最有名的一则故事,是史量才与蒋介石的对话。

蒋介石特地召见史量才,要求《申报》发表言论时要注意影响,并不无威胁地说:"我手下几百万军队,激怒他们是不好办的。"史量才非常反感,回答:"《申报》发行十几万,读者总有数十万!我也不敢得罪他们。"蒋介石盯着史量才,说:"史先生,我有什么缺点,你报上尽管发表。"史量才不卑不亢地回答:"委员长!你如有不对的地方,我照登,绝不会客气。"二人不欢而散。

杜重远与新生事件 ……………………… 227

宣判一出,法庭内外顿时群情激愤,民怨沸腾。被告律师吴凯声要求改科罚金,庭上不准。又要求上诉,法官称"环境不许可"。这时候,杜重远忍不住内心的愤怒,大声说:"法律被日本人征服了!我不相信中国还有什么法律!"旁听者也更加愤怒,许多人喊着"打倒卖国贼!爱国无罪!"等口号。在场的日领事馆秘书田中见状大骇,由法警多人护送,仓皇离去。

黄炎培:走向"胜利"与"民主" ……………………… 245

在延安,自由民主的氛围感染着黄炎培,振奋的情绪萦绕在黄的心头,令他思绪万千。他还异常高兴地见到了已逝知己邹韬奋的儿子,并在"自发的情感"逼迫下写《韬奋逝世一周年哀词》。他想到好友的去世时热泪流淌,而提到他们为之奋斗的理想即将实现时则情绪高昂,激奋地写道:"虽然,死者已矣,凡我后死,忍忘天职之未酬!今日者,暴敌行将就歼,国事亦将就轨。胜利!胜利!民主!民主!君所大声疾呼者,虽不获见于生前,终将实现于生后。呜呼!韬奋,呜呼!韬奋,死而有知,其又何求。"

马寅初和他的《农书》……………………………………… 253

最令马寅初心痛的还是他的《农书》。那是他的心血,整整一藤箱,几十卷手稿,花费了多少不眠之夜!寄托着多少对国家对人民的厚爱!

可是,如今,手稿被一卷一卷地送入炉火中,没了。

马寅初知道,他不可能再写同样的手稿了。

这是他永远的遗憾!

粉碎"四人帮"后,主持平反冤假错案工作的中央组织部长胡耀邦认真审阅有关马寅初的材料后,激动地说:"我们再也不要犯这样的错误了。共产党应该起誓:再也不准整科学家和知识分子了!"

梁漱溟:"三军可夺帅,匹夫不可夺志"……………………… 266

梁漱溟之所以可以"三军可夺帅,匹夫不可夺志",并在狂风骇浪中气定神闲。这种态度似乎还来源于他的"天命"观。他在思想的深处认定自己是负有重大历史使命之人,所以曾有"我若死,天地将为之失色"的狂语,而且在战争年代也根本不惧弹炮的危险。这与孔子的行为也是非常一致的。他们都从骨子里认定自己的命不是随便什么事情什么人就可以夺去的,而只有自己的历史使命完成后才可以离开人世,有了这样深层的自信,就如同大海中有了定海神针,外界如何变动,他其实是处在自然而有为的状态,根本不会因外界的风雨而有所动摇的。那么,"天命"之说是否有迷信的倾向?字面上似乎如此,实则不是,这其实是他们对自己人格的自信,对真理之追求有一种大无畏的精神。既然将真理看得比生死都大,那么死就不是一件重要的事了。这样的人相比于一般人来说,承担更大的历史使命,自然是情理之中意料之内的事,他们总是代表着国家的长远利益乃至于人类的优秀品质,称其为"承天命"又有何不妥?同时,既有如此的底气,那么,具有莫大的勇气和胆量也就自然而然了。

宋教仁:"为宪法流血第一人"

1913年3月20日晚10点45分,上海沪宁车站,就在宋教仁事业即将达到巅峰,将要为中华民族的民主法制进程立下里程碑的关键时刻,三颗子弹无情地飞来。

像所有的血肉之躯一样,刚刚还谈笑风生的宋教仁,转瞬间倒在血泊中。人生之无常令人伤感。

宋教仁没有马上死去,而是在医院忍受极端苦痛后离去的。这种结局更是令人心碎。

剧烈的疼痛像毒蛇一样疯狂地无休止地折磨着宋教仁,使这位铁血男儿无法忍受,他呻吟着,恨不得马上死去,好了结这痛苦的生命。这是宋教仁平凡的一面,他没有古代英雄关云长那样神话般的意志,所以他在无法忍受的时候,大喊着疼痛,让人惨不忍睹。

然而,宋教仁在临终前又显示了他不平凡的一面。在医院痛不欲生的时候,宋教仁仍不忘国事。此次他离开上海前往北京,原是为国为民,要调和南北,争取宪政立国的,没想到壮志未酬身将死。他授意国民党首领黄兴代拟致袁世凯总统电文一封:

北京袁大总统鉴,仁本夜乘沪宁车赴京敬谒钧座,十时四十五分在车站突被奸人自背后施枪弹,由腰上部自腹下部,势必至死。窃思仁自受教以来即束身自爱,虽寡过之未犹,从未结怨于

人生本不苍凉

私人,清政不良,起任改革亦重人道,守公理,不敢有一毫权利之见存。今国基未固,民福不增,遽尔撒手,死有余恨。伏冀大总统开诚心布公道,竭力保障民权,俾国得确定不拔之宪法,则虽死之时犹生之年,临死哀言,尚祈鉴纳。

这件事让人尊敬也让人痛心,智慧如宋教仁者,依然难脱文人的底色。他哪里知道,即便自己人品再好,"束身自爱,虽寡过之未犹,从未结怨于私人,清政不良,起任改革亦重人道,守公理,不敢有一毫权利之见存",但政治斗争的残酷、黑暗势力的恶毒,是不会怜惜什么"君子"的!而宋教仁所致信的袁世凯,却正是要他命的幕后主使!

宋教仁之死,为中国近代民主法制进程投下了浓重的苍凉色彩,令无数的仁人志士悲痛不已。他们不仅为宋教仁悲哀,也为整个中华民族的未来担忧。正如于右任先生所说:"我不为私交哭,我不为《民立报》与国民党哭,我为中华民国前途哭!"

十几里的路程,十几层的人群,长长的聚汇着官、绅、商、学各界人士的送殡队伍,他们在哀乐中叹息着、哭泣着……当人们在灵前向宋教仁鞠躬送别时,同声唱起了悲壮的悼歌:

　　生为奇杰兮死为神明,
　　浩然之气兮天地充盈。
　　吾人宜继志以慰精灵,
　　倡平民政治愿作牺牲。
　　惟痛绝暮春殂我天民,
　　申江呜咽永作不平鸣!
　　内讧急,外侮生,

宋教仁:"为宪法流血第一人"

愤奸贼敢坏民国长城,
亿万万人血泪倾!
一堂浑不辨歌声哭声!

功不可没的宋教仁

宋教仁,字遁初(亦称钝初),号渔父,1882年4月5日出生于湖南省桃源县香冲村。幼年入私塾,接受传统文化教育。1899年转入漳江书院学习,眼界始开,在了解到社会黑暗面的同时,萌生了反清志向。1903年,宋教仁以第一名考入武昌文普通学堂,接受革命思想,积极参加革命活动。当年6月,宋教仁与黄兴订交,纵谈天下时事,商议反清事宜。其言论引起官方注意,被迫离开学校,回到湖南。1904年,宋教仁与黄兴、陈天华、刘揆一等在长沙创立革命团体华兴会,宋被推举为副会长。此后,他积极联络革命志士,策划发动起义,失败后逃亡日本,留学东京。

宋教仁志向坚定,怀忧国忧民之心,虽遭挫折,但继续革命活动。1905年1月,他与田桐等人发起组织了"二十世纪之支那社",创办《二十世纪之支那》杂志,以研究学术为名,鼓吹反帝反清。不久之后,宋教仁结识了孙中山先生,二人志同道合,引为知己。宋教仁参加同盟会筹备会议,被举为同盟会章程起草人。中国同盟会成立后,宋教仁当选为司法部检事长。与此同时,还担任同盟会机关刊物《民报》的庶务兼撰述员,以其雄健笔

参加起草中国同盟会章程的检事长宋教仁

风备受称颂。

国内形势也在发生变化。1907年4月,宋教仁受同盟会委派,前往东北联络义军,试图与南方起义相呼应。起义再次失败,宋教仁被迫避居大连,后复返日本,继续从事革命工作,并进行政治、经济、法律等学科的研究,而这些研究又与现实紧密相连。

宋教仁显然试图在理论和实践结合的道路上有所作为。他进一步意识到专制和腐败是中国落后被打的两大病根,欲铲除病根,必须对症下药——最好的良药就是民主、法制、加强监督,而要达到这几点,又必须通过激烈的革命,铲除封建王朝。宋教仁虽在书斋,但时刻关注着势态的变化。

这一时期,宋教仁得到一个消息:日本试图将中国长白山下的延吉变为间岛,并入日本领土。为实现其贪婪野心,日本参谋部组织了长白山会、黑龙江会和南满株式会社,试图通过这三个组织逐步将中国的延吉、黑龙江和东三省吞并。其中,长白山会专门负责伪造证据、史料,以"证明"延吉是间岛。

宋教仁热血沸腾,面对祖国领土即将遭受严重侵犯的现实,他决定不顾个人安危,打入日本机构,研究出有力的对策。为此,他在友人的协助下打入长白山会,冒着生命危险,获悉了大量要把延吉变为间岛的伪证,并拍照留备铁证。退出长白山会后,宋教仁赶赴汉城图书馆和东京帝国大学,查阅大量的相关资料,终于完成《间岛问题》一书。此书以确凿无疑的史实,证明延吉地区向来是中国领土。此书深刻揭露了日军企图侵略我国领土的阴谋,维护了中国对延吉地区的领土主权。此后,当日本政府在中日谈判中气焰嚣张地谈到延吉主权问题时,中国政府由于有《间岛问题》一书作后盾,顺利地瓦解了日方的攻势,保住了这一领土。可以说,宋教仁功不可没。

宋教仁:"为宪法流血第一人"

鉴于同盟会在南方边远地区发动数次起义均遭失败的事实,宋教仁于1910年提出新主张,建议将革命重心转向长江流域,成立中部同盟会,组织领导长江革命。此举得到谭人凤等多数同盟会会员的支持,为日后武昌起义的爆发埋下伏笔。次年1月,宋教仁回到上海,担任《民立报》主笔。7月,宋教仁、谭人凤等在上海成立"奉东京本会为主体"的同盟会中部总会,宋当选为总务会干事,分掌文事部,积极推行"就沿江各省,同时并举,先立政府,然后北伐"的策略。

武昌起义爆发后,宋教仁抵达武汉,为湖北军政府起草《鄂州约法》,这是中国历史上第一部具有近代意义的宪法草案。在新政权的组成上,宋教仁同意推举孙中山为临时大总统,但坚持总统不握实权的责任内阁制。他认为:"内阁不善而可以更迭之,总统不善则无术变易之,如必欲变易之,必致动摇国本。"这一主张不仅与孙中山有分歧,也被各省都督府会议所否决。1912年1月,孙中山就任临时大总统,南京临时政府成立,宋教仁被孙中山任为总统府法制院总裁。

其实,宋教仁最初是被孙中山提名为内务总长的,却没能在临时参议院通过。对此,有人为他抱不平,宋教仁却说:"总长不总长,无关宏旨,我素主张内阁制,且主张政党内阁,如今七拼八凑,一个总长不做也罢。"显然,临时政府内部存在着巨大的危机。

不久,拥有重兵的袁世凯在清政府与南京临时政府间极尽周旋恐吓压制离间之能事,窃取了革命果实。袁世凯逼迫清帝退位,声称拥护民主共和国,孙中山按照事先诺言"辞职引退"。3月,袁世凯在北京就任临时大总统,推荐唐绍仪组织第一任内阁,宋教仁被任命为农林总长。三月后,唐内阁垮台。7月初,宋教仁辞去农林总长职务,致力于党务工作。

人生本不苍凉

袁世凯所害怕的

袁世凯就任临时大总统前,革命党人为削弱袁世凯的权力,在《中华民国临时约法》中规定"中华民国之主权,属于国民全体",人民应该享有诸多权利。明确规定了资产阶级共和国的国家制度,肯定了三权分立的原则。在政治体制上,从原来规定的总统集权制变为内阁负责制,希望以扩大总理职权、缩小总统权力的办法来防止袁世凯专权。这些规定为日后革命党人与袁世凯的斗争建立了基础。

在资产阶级革命实践中,宋教仁崇尚西方自由分权主义议会政治。他曾全面而广泛地研究过西方各国的制度建设。单在1906年,他便翻译过十几种著作,其中有《日本宪法》、《英国制度要览》、《俄国制度要览》、《美国制度概要》、《澳大利亚 匈牙利制度要览》、《比利时 奥匈国 俄国财政制度》、《德国官制》、《各国警察制度》等等。日后的实践中,宋教仁的民国制度蓝图渐渐成熟。在政府的组织形式上,他一贯主张实行责任内阁制,认为"改总统制为内阁制,则总统政治上权力至微,虽有野心者,亦不得不就范"。唐内阁垮台后,

实际负责主持国民党党务工作的宋教仁

宋教仁:"为宪法流血第一人"

宋进一步总结教训,认为只有建立政党内阁,才能把实权揽到革命党手中。政党内阁的实质,就是执政权应掌握在议会中占多数席位的政党手中。因此,宋教仁认为建立一个在议会中占优势的政党是实现政党内阁制的第一步。为达到这一目的,他积极活动,遂促成同盟会与统一共和党、国民公党、国民共进会、共和实进会的联合,于8月25日成立国民党。宋教仁被选为理事。此后不久,当选为理事长的孙中山委宋教仁为代理理事长。宋教仁其实成为国民党实际上的负责人。

国民党的组建使宋教仁信心倍增,言"自斯而后,民国政党,唯我独大,共和党虽横,其能与我争乎?"共和党是袁世凯掌握的政党,代表着袁世凯的势力。

接着,宋教仁等施展"极力联络"之政治、社交手腕,不断吸收新党员,壮大队伍,积极筹划国会议员选举之事,企图以和平手段展开与袁世凯的争权活动。一时间,宋教仁成为民国政坛的核心人物,但也同时成为袁世凯想要独裁的最大障碍。

袁世凯曾告诉杨度:"我现在不怕国民党以暴力夺取政权,就怕他们以合法手段取得政权,把我摆在无权无勇的位置上。"

为了控制宋教仁,袁世凯想尽办法,先是百般笼络,对宋称赞不已,并向宋许愿,表示让宋继陆征祥后出任总理。但宋教仁坚辞不干,必欲通过堂堂正正的竞争组成纯粹政党内阁。

袁世凯一计不成,又想以金钱收买,特地召见宋教仁,送价值三千元的全套西装,尺寸都是事先调查好的,非常合身。除此而外,袁世凯还慷慨赠送巨额支票,计洋50万元。宋教仁当时并没有驳袁世凯面子,但在第二天,他将所有物件原样奉还,并派可靠的人将自己的亲笔信交给袁世凯,信中称:"绨袍之赠,感铭肺腑。长者之赐,仁何感辞。但惠赐五十万元,笑不敢受。仁退居林下,耕读自娱,有钱亦无用处。原票奉璧,伏祈鉴原。"宋教仁以这种融通的方式拒绝了袁世凯,认为这样做非常妥当,应该不会得罪袁世凯。岂不知袁世凯就是嫉恨宋教仁这样的人,权力金钱均无法收买,显然怀有大志。由此,袁世凯动了杀宋之心。

要法治,不要人治

宋教仁表面上离开中央枢纽,"退隐林下",实则更加积极地投入到自己的事业当中。为布置选举,宋于1912年10月18日离京南下,周游长江中下游各省,同时顺道看望离别八年的母亲和妻子。他在沿途发表热情洋溢的演讲,产生巨大影响。不久,传来国民党初选告捷的消息。选举结果是:众议院总额596名,国民党占了269名,其他各党154名,跨党者147名,无所属者26名;参议院总额274名,国民党占123名,其他党占69名,跨党38名,无所属者44名。国民党共取得参众两院总议席的392个,占45%,高居榜首。宋教仁闻此消息,兴奋异常,认为谋求政党政治的理想即将实现,遂迅速北上,打算绕道沪宁返京,准备组织第一届责任内阁。

北上途中,宋教仁不断抨击民国以来政治的腐败和统治者的无能,认为"几无一善状可述","中华民国之基础,极为动摇,皆现之恶政府所造成者也"。针对当时盛行的"革命成功"声浪,宋十分尖锐地指出:"今革命虽告成功,然亦可指种族革命而言,而政治革命之目的尚未到达也。"因此,他号召国民党人为建立一个真正的民主共和国而继续奋斗。同时,他还指出具体途径,就是争取使国民党在国会占有绝对多数的议席,"进而在朝,就可以组成一党的责任内阁;退而在野,也可以严密监督政府,使它有所惮而不敢妄为。"当然,所有的努力皆本着为国为民的原则,所以,宋教仁还提出:"总之,政策不良,国民以建设政府为入手,建设政府全借政党才识。若其他政党有建树之能力,则本党乐观成局,倘或放弃,则本党当尽力图维,此皆吾国民党员所应共负","国家既为共和政治,则国民人人皆应负责任。有人焉自信有能力,愿为国家负最大之责任,此国家所应欢迎者"。

这些活动引起了袁世凯及其他一些政敌的关注。袁世凯视宋教仁为眼中钉,宋教仁也将袁世凯看作实现政党政治的最大障碍。他试图说服"最为愚呆脆弱"的黎元洪,让其出面与袁世凯竞选总统,由国民党予以支持,日后好将权力一手抓过来。但遭到黎元洪的拒绝。

1913年3月18日,宋教仁在国民党交通部公宴会上做演说,这是他生平最后一次公开演讲,内容如下:

> 兄弟听同志诸君演说,一切重大问题,已阐发无遗,但略贡数言,以为结论,愿与同人共勉之。吾党昔为革命团体,今为政党,均同一为政治的生活。就先后事实上说,革命党与政党,本非同物;然就性质上说,革命党与政党,其利国福民,改良政治之目的,则无不同。故本党今昔所持之态度与手段,本不相合;然牺牲的进取的精神,则始终一贯,不能更易也。就吾党与民国政治上之关系而言,不过昔日在海外呼号,今日能在国内活动,昔日专用激烈手段谋破坏,今日则用和平手段谋建设。今者吾党对于民国,欲排除原有之恶习惯,吸引文明之新空气,求达真正共和之目的,仍非奋健全之精神一致进行不可。至于先定宪法,后举总统,本光明正大之主张,不能因人的问题以法迁就之,亦不能因人的问题以法束缚之。吾人只求制定真正的共和宪法,

产出纯粹的政党内阁,此后政治进行,先问诸法,然后问诸人。凡共和国家存在之原理,大抵如此。吾党现今应有之党略,亦应依此方针,以谋稳健之进行。

由上可见,宋教仁也是"要法治,不要人治"的重要倡导者。

生命的最后时光

宋教仁是在1913年3月中旬接到袁世凯邀其北上共商国是的急电的。他决定即刻赴京,有人嘱咐他处处小心,以防意外,但宋不以为然,坦言说道:"吾一生光明磊落,平生无夙怨无私仇,光天化日之政党竞争,安有此种卑劣残忍之手段,吾意异党及官僚中人未必有此,此特谣言耳,岂以此懈吾责任心哉!"友人发来密函,告诉宋教仁:"先生在南京时即有人潜随其后,欲图行刺。先生还是谨慎为好。"宋教仁仍夷然处之。

他哪知道,一双恶毒的手已向他伸来。

3月20日,宋教仁在毫无戒备下被行刺。当时,宋教仁在黄兴、廖仲恺、于右任、陈其美等友人簇拥下来到车站,宋教仁踌躇满志地向朋友们告别。不料,突然三声枪响,紧接着一个黑影迅速逃窜,向远处狂奔。宋教仁捂着肚子,痛苦地对身边的于右任说:"我中枪了。"于右任等人赶忙将宋教仁扶上一辆汽车,向老靶子路沪宁医院飞驰而去。与此同时,随行众人纷纷叫喊巡警,让他们抓住歹徒。可是,说也奇怪,往日开夜车时必有巡警在车站巡逻,而出事时却不见一个巡警。

候诊室里,宋教仁一边捂着伤口,一边对身旁的于右任说道:"我痛极了,恐将不起!现在有三件事情,奉托于兄:第一、我所有存在南京、北京及东京的书籍,全部替我捐赠给南京图书馆。第二、我本生寒家,老母还在,如果我不幸死了,只好请克强(指黄兴)和您几位老友,替我照顾了!第三、对国家的事,各位仍然要积极努力进行,千万勿以我死为念!而放弃我们应负的责任!我为了调和南北两方的关系,费尽了心力,我只希望能够有一个和平统一的中国!但造谣生事的人不知道原委,每多误会。我虽受些痛苦,也是值得!现在就是因此死了,也没有什么好后悔的!"

医生检查伤口,发现宋教仁中弹处是在腰部脊骨的左边,子弹斜穿着到了右腹,流血虽不多,但因伤处接近心脏,很不好治,也给宋教仁带来巨大的痛苦。医生好不容

被刺身亡的宋教仁先生

易将子弹取出,然后注射了止痛药水,但宋教仁仍然疼痛万分。

两天后,年仅31岁的宋教仁与世长辞。临终前,他实在想不出自己是被什么人暗杀的,只能叹息着说:"罢了!罢了!惜凶手在逃,不知误会吾者为何许人。"最后,在他不能说话的时候,他的双手做成合十形,似乎是在跟大家告别。黄兴强忍心中的悲痛,俯身对宋教仁说:"遁初,你放心去吧。"

宋教仁之死引起举国悲悼,入殓时,吊唁者不绝于途。时在日本访问的孙中山闻讯急忙赶回上海,亲致挽联:"作民权保障,谁非后死者;为宪法流血,公真第一人!"国民党常熟分部的挽联是:"谁发杀机,吾党危民国亦危,当道有豺狼,共指妖氛缠北斗;统筹全局,先生死主义不死,经天如日月,齐心孟晋视南针。"另有署名"国民党一分子"的挽联,上面赫然写着"为国捐躯真豪杰,此仇不报非丈夫!"

宋教仁之死成了人们心中永远的痛。1914年,于右任写《宋教仁先生石像赞》,哀叹道:"先生之死,天下惜之。先生之行,天下知之。吾又何记!为

《真相画报》登载的关于宋教仁血案真相的报道

直笔乎?直笔人戮。为曲笔乎?曲笔天诛。呜乎!九原之泪,天下之血,老友之笔,贼人之铁。勒之空山,期之良史。铭诸心肝,质诸天地。"直到现在,宋教仁的名字仍不时地跳入世人的眼睛,让人们常常想起他的事迹,想起他的思想……

主要参考资料:

宋教仁:《民国奇人奇文系列·宋教仁卷》,东方出版社,1998年。

徐血儿等编:《宋渔父》,出自《民国丛书》第三编,上海书店,1991年。
徐血儿等编:《宋教仁血案》,岳麓书社,1986年。
《宋教仁被刺纪详》,《申报》1913年3月22日。
《今早四时四十八分宋先生仙逝》,《申报》1913年3月25日。
于右任:《于右任文选》,中国文史出版社,1987年。
朱宗震:《宋教仁之死:民初政党政治的失败》,出自《南方周末》2007年8月16日"往事"版。
张建安:《宋教仁被刺案》,出自《民国大案》,群众出版社,2002年。
张建安:《民国第一政治刺杀案》,出自《民国政治谋杀案》,群众出版社,2004年。

彭素民："死便埋名也自由"

2006年5月4日，台湾，国民党中央党部举办"五四名人书札"展览，展出了孙中山、毛泽东、陈独秀、李大钊、蔡元培、胡适、鲁迅、钱玄同、罗家伦、傅斯年、廖仲恺等十七人的手迹。其中，毛泽东手迹首次在台湾展出，引起了国内外人士的广泛关注。四件毛泽东手迹中，有一件是1923年9月毛泽东致林伯渠、彭素民的信函。内容如下：

伯渠、素民二位同志：

弟十六日到长沙，政局忽又变化。赵于廿三日由平江入省，大张布告恢复省政府；北军一部业已到岳州，前途如何尚难逆料。惟谭军现占优势，长沙以下压湘水而阵，长沙以上则掩有醴陵之半，使北军仅据岳州如前年张福来故事不图进取，则谭赵必议和，而赵仍站不住。

关于本党在湘发展，虽在军事时代仍应努力进行，昨与夏希同志（夏希极能做事，在学生界有力量）商议分三步办法，第一步组织长沙支部；第二步组织常德衡州及其他可能的支分部；第三步再组织湖南总支部。关于长沙支部，现决定即日租定房子成立筹备机关（秘密的），多邀信仰三民主义及有活动能力的人入党，然后开成立会推出候补支部长，呈请本部委任。惟经费极困，机关既立，每月至少须一百元内外，现正邀集热心同志设

彭素民:"死便埋名也自由"

毛泽东致林伯渠、彭素民的信

法捐集应用。在沪时请本部委我以筹备员名义（夏希为筹备主任）以便与各方面接头，请早日寄到为荷！

素民苏中二同志来信并《通信》四份业已收到，当如嘱办理，《通信》稍后或还可以增加销路。《本部公报》请按期寄二份来，以前的并请检一全份见寄。

弟泽东。九月廿八号。

此信托人带汉寄上，因检查极厉害。来信请写交毛石山，莫写毛泽东。

这封信是第一次国共合作的见证。1923年，孙中山加快了改组国民党的步伐，在中国共产党和共产国际的帮助下，将中国国民党建成为工人、农民、小资产阶级和民族资产阶级的革命联盟,确立了联俄、联共、扶助农工的新政策。同年6月,中国共产党第三次全国代表大会通过实行国共合作的决议,决定共产党员以个人身份加入中国国民党。毛泽东当时以国民党员的身份在湖南进行建立和发展国民党组织的工作。林伯渠于1921年加入中国共产党,1923年任国民党本部总务部副部长。而彭素民则是国民党本部总务部部长。

提起彭素民这一名字,不少人感到陌生。其实,这是一位不应被遗忘的国民党左派重要人物,他与孙中山、廖仲恺等人一道,寻找着救国救民之道,为中国的近代化进程作出了重要贡献。他也是国共合作史上的一位关键人物。

备受重视的革命志士

彭素民生于1885年,江西樟树人。自幼聪颖好学,喜欢独立思考,14岁中秀才,稍后入江西省立经训学院,受到进步思想的影响。18岁入南京两江师范,剪辫子,参加黄兴领导的华兴会,进行革命活动。

1905年春东渡日本,8月,孙中山组建中国同盟会,彭素民成为首批同盟会会员,被任为文事部干事。1907年,同盟会部分会员为加强长江流域革命斗争,在东京成立共进会,彭素民为发起人之一,被任命为文牍部长。1908年,彭素民回国,主持江西党务、军事,发动和组织群众,并策动驻南昌的新军五十四标武装起义,因叛徒告密,没有成功,彭素民隐姓埋名,避居峡江,在当地农民中宣扬革命思想。1909年,彭素民化名彭健,考入江西陆军测绘学校,继续进行革命活动,发展起义骨干。辛亥革命爆发,江西陆军测绘学校首谋响彭素民:"死便埋名也自由"

彭素民(1885—1924)

应,光复南昌,彭素民功劳最大。1911年12月29日,孙中山被十七省代表推举为中华民国临时大总统,1912年1月1日在南京宣誓就职,成立中华民国临时政府,彭素民任总统府秘书。孙中山辞职后,彭素民改任同盟会机关报《晨钟报》主编。1913年,袁世凯派人刺杀宋教仁,彭素民在《晨钟报》组织撰文,揭露袁世凯的种种罪行。"二次革命"失败后,彭素民被通缉,不得不再次东渡日本。1914年,彭素民协助孙中山筹组中华革命党。同年归上海,应中华书局聘请,编撰中华大字典,同时进行秘密革命工作。此后,又在广州、南京、潮汕等地,动员当地将领加入革命行列。1917年因段祺瑞解散国会,孙中山在广州召开国会非常会议,组织护法军政府,当选为大元帅,誓

17

师北伐。1918年2月,孙中山任命彭素民为广州大元帅府秘书。5月,孙中山受军阀排挤被迫辞职,彭素民离开广州,到福建发展革命力量。1920年孙中山回广东,次年就任非常大总统,1922年因陈炯明叛变,退居上海。革命屡经失败,促使孙中山进行新的探索,俄国十月革命的胜利和中国共产党的成立,给了他新的希望。在中国共产党和共产国际的帮助下,孙中山决心改组国民党,彭素民成为其得力助手,备受重视。1923年1月,彭素民被任命为中国国民党本部总务部部长,林伯渠被任为副部长。1923年2月8日,孙中山《批彭素民函》:"如有必要时,可用总理之名召集干部会议。"总务部任务繁杂,不仅管理本党机要文件、印信、统计及国内外各部处之接洽,而且办理不属于他部之事务,是最重要的机构之一。因国民党中央当时还没有设置组织部,总务部同时担负人事方面的职能。国民党中央发出的有关任免干部和组织方面信电,都要有总务部长的副署。从1923年元月到1924年元月的一年时间里,彭素民副署了大量孙中山签署的任命状。其中就有对周恩来的委任状。

1923年6月16日,中共旅欧党团组织负责人周恩来等前往里昂,与受孙中山和国民党总部之命到法国筹组国民党驻欧支部的王京岐商谈合作问题,双方达成初步协议:旅欧中国共产主义青年团员80余人全部以个人身份加入国民党。次日王京岐致函国民党本部总务部,就此事作了汇报和请示。7月29日彭素民复函王京岐指示:"查国内该团团员已有多数加入本党,则对于旅欧该团亦不须拒绝。"1923年9月3日,由孙中山署名,彭素民副署,委任周恩来、尹宽为中国国民党巴黎通讯处筹备员。1924年1月17日,中国国民党巴黎通讯处召开成立大会,聂荣臻任处长;1月18日,周恩来致函彭素民,报告通讯处筹备及成立情况:

彭素民："死便埋名也自由"

周恩来致彭素民的信

总务部部长

素民同志先生：

寄上一函，略报巴黎通讯处近状，想达！

现时巴黎通讯社所属党员人数日渐增加，迄至昨天止已有三十六人，里昂方面亦日有起色。本来，巴黎通讯处之组织，在总部付与恩来之使命说，宜统辖全法境内党员，但目前事实略有变动，即里昂方面党员数目亦瞬将和巴黎相等，两地睽隔，以一机关统率之，办事颇感不便，故恩来与京歧支部长及在里昂诸同志函商之结果，感以里昂另设一通讯处为宜。准此，恩来当于本月十七日晚将巴黎通讯处第一次大会开成，正式宣告通讯处成立，其所辖之范围为巴黎及其附近地域之党员，而里昂不与焉。

兹将当晚开会情形略报如下,并请于新选举之职员加以任命为盼!

……

巴黎通讯处筹备员

周恩来

一九二四、一、十八,于巴黎

（此函原件保存在台湾档案馆,档案编号:环5038号）

前面毛泽东致林伯渠、彭素民的信函中,主要谈到在湖南建立和发展国民党组织的问题。另有一份编号为环4212号的文件也与此事相关,亦保存在台湾档案馆。这是彭素民亲笔书写的一份委任状:委任夏曦为国民党长沙第一分部筹备处主任、湖南宣传员,委任刘少奇为国民党长沙第二分部筹备处主任。签署日期为(1923年)4月7日。可见,在筹建和发展湖南国民党组织的问题上,时任总务部长的彭素民对共产党人给予了充分的信任和支持。他与刘少奇、夏曦等人则有着一定的工作联系。

大道之行,老有终,壮有用,少有长

除毛泽东、刘少奇、周恩来等人外,彭素民与其他中共早期领导人也多有交往。这与他本人的思想有很大的关系。

彭素民仔细研究过社会主义学说,1920年9月曾在上海《救国日报》上发表《各国社会党史略》的长篇特载,对新建立的苏俄政权予以充分肯定。1924年又撰写了《社会主义和农民运动》的长文。他认真学习俄语,对列宁十分景仰。1924年1月列宁逝世后,彭素民出席追悼大会,并撰挽联颂扬:"大道之行,老有终,壮有用,少有长;圣人复起,均无贫,和无寡,安无倾。"有着这样的思想,彭素民对共产党人很有好感。

一封陈独秀写给彭素民的信函表明,他们二人也有来往。此信写于民国十二年(1923年)7月19日,所用信笺为"大本营宣传委员会用笺",内容为:

迳启者:

本会为宣传起见,时有印刷品分送及与各方通讯之必要,应请贵部将国内外本党各支部通讯处及部长姓名开列到会,俾便通讯至纫。

公谊此致

素民先生

陈独秀

彭素民与李大钊则早有交往。早在1917年,彭素民的日记里即有这样的记录:"早雪,先霰,十一时晴,是日往中山公园摄影,李大招、仇鳌亦山、陈其尤、张润之、黄介明五君偕。"

日记中的李大招即李大钊,1889年生于河北乐亭,是中国共产党的创始人之一。1913年至1916年留学日本期间,进行反对袁世凯的斗争。回国后,先后主编《晨钟》、《甲寅日刊》等,发表大量文章,抨击北洋军阀的统治和封建文化思想。1918年任北京大学图书馆主任和经济学教授,与陈独秀一起编辑《新青年》,发表《庶民的胜利》、《布尔什维主义的胜利》等论文,传播马克思主义。1919年领导"五四运动",1920年在北京创建了共产主义小组,为建立中国共产党作出重大贡献。中共成立后任北方区委书记。在中共三大、四大上均当选为中央委员。在改组国民党、促进第一次国共合作方面,起了重要作用。

仇鳌(字亦山)、陈其尤、张润之、黄介民,均是著名爱国民主人士。资料证明,他们六人早年均留学日本,二次革命后又都再次流亡日本,在为中国革命事业共同奋斗的过程中结成深厚的友谊。

关于彭素民与李大钊的交往,可以考证的资料并不多。但二人都怀救国救民之志,在诗文中常有体现。

1916年,李大钊在日本写《口占一绝》,抒发壮志:"壮别天涯未许愁,尽将离恨付东流。何当痛饮黄龙府,高筑神州风雨楼。"

彭素民也擅诗词,同样壮怀激烈。在《满江红·吊黄(兴)蔡(锷)二公》词中,彭素民对国内混乱的局面进行抨击:"破碎山河,怎禁得几回龙战。空道是乾坤新洗,玄黄重判,尽瘁武侯唯呕血,喑声豫让真吞炭。看依然社鼠与城狐,纵横惯。"他在《寄内子刘与徒》诗中写道:"大错谁能铸九州,好将心事付东流。生常作客原如寄,死便埋名也自由。满地莺花供放马,一江风浪纵虚舟。南楼且听春消息,遮莫华年枉白头。"

相比之下,彭素民与林伯渠有更多的交往。

彭素民和林伯渠早年都曾在日本留学,并大致在同时期参加同盟会和中华革命党,彼此早有往来。1923年1月分别被孙中山任命为总务部正、副部长,1924年国民党"一大"上他们又同时被孙中山提名为候补中央执行委员,会后先后出任农民部长。他们都非常拥护孙中山先生的新三民主义,二人同心协力,共襄大业。同时,他们又有很深的私交。在总务部共事期间,两家住得很近,林伯渠经常会到彭素民家深谈,彼此是非常谈得来的至交好友。彭素民在1924年

3月1日的日记中也提到,"托伯渠兄带归沪票六十元乃缴公账者,又托带洋三十元为家用。另致与徒附与存及南馨一信"。

据有关文献报道,在台湾档案馆,存有数封涉及他们彼此来往的信函,如彭素民写信去广州告诉林伯渠他已被委任为总务部副部长等函。一位老师在台湾档案馆,也看到两封相关的信函。现录于下:

4216号
素民先生鉴:
　　李懋吾先生来称,渠蒙总理指派为湘省代表。赴粤应需川资托弟代催,如已规定,希即送交为盼。又覃理鸣先生交到长沙范博衷信一件,属转送执行部电湘催该代表等速来,究应如何,统台示复。端上敬颂
台安
范信并陈　　　　　　　　　　弟　涵上
12086号
迳启者:敝部副部长林祖涵业于本月二十二日就职,相应函告。
此致
交际部台鉴
　　　　总务部长　　彭素民　三月二十二日

另外,从毛泽东、谭平山等人致彭素民的函件中,也可以看出他们彼此之间的联系。

彭素民早逝,林伯渠伤痛之余,撰写挽联:"抗志论交,樽酒曾邀黄埔月;腐心铸党,孤怀竟付粤江潮。"林伯渠对老友的怀念一直延续着,直到解放后的1958年11月,林老仍感慨地对全国人大常委、民

革中常委陈劭先谈到:"素民的一生和仲恺很相像。"当陈劭先谈到要为彭素民立传时,林老主动提出:"等出初稿后我来作点补充。"

谭平山也对彭素民有着深厚的感情。1950年夏,谭平山与彭素民之子交谈时回忆:"当时国民党左派中最主要的是廖仲恺、彭素民、林伯渠和我。"又说:"当时,素民和我同一房间办公,天天见面,他是最进步的。"台湾档案馆编号1589的一则信函即为谭平山所写:

素民同志兄:

前上一函谅已收到。孙大总统已到广州,市民备极欢迎之至。粤局日趋稳定,谅无大变,惟大小赌博,遍地皆然,当局亦思设法禁止,惟军队过多,一时饷项无着,颇觉为难。祖涵同志已回广州,今天已得晤面,惟因事一时未能启程赴沪,关于粤区党务进行,弟亦甚希望他能够在此多住几天。春木同志办事甚能干,而且对于主义甚为明了,前由独秀同志介绍在本部服务,未知近状如何,劳代转询此祷,并祝

康健

弟 平山上
1923年2月23日

彭素民的日记中,也多处提到与谭平山的相处。此外,彭素民与张太雷、瞿秋白、朱季洵等人也多有交往,共同谱写了国共合作的美章。因彭素民具备识见高远、虚怀若谷、廉洁勤勉等诸多美德,所以深受国共两党人士的敬重,为促进两党合作作出重大贡献。

1924年1月20日至30日,中国国民党第一次全国代表大会在广州举行。大会正式提出了联俄、联共、扶助农工的三大政策,通过

了接受共产党员和社会主义青年团员以个人身份加入国民党的决定。共产党员谭平山、林伯渠、毛泽东、邓中夏等分别担任中央领导机构和地方执行部负责人。此次会议意义重大,是第一次国共合作形成的标志。不过,某些国民党要员对孙中山接纳共产党的政策极端不满,戴季陶就是其一,他虽然勉强参加了大会,但大会结束之日即擅自离粤返沪,没有参加1月31日举行的中央执行委员会第一次会议。孙中山为维护党内团结,在这次会议上仍旧推举戴季陶为中央常务委员兼宣传部长。但同时推选出坚定支持他革命路线的忠实战友、候补中央执行委员彭素民代戴季陶行常务委员兼宣传部长之职。因此,彭素民在国民党一大执委会会议刚结束,即于2月5日上午(旧历元旦)赴常务委员会,"代戴季陶履行职务"。"常务委员事最繁,廖委员仲恺、谭委员平山,又多特务,常委遂屡屡萃于君一身",彭素民以鞠躬尽瘁的一贯精神,日日忙于处理常委会的各项繁重事务。

同时,彭素民主持宣传部,继续为国共合作作出重要贡献。首先,彭素民于2月20日"为总理拟告同志书",孙中山总理《告全党同志书》于3月2日正式发表。此文为国民党中央的重要文献之一,解释了国民党改组和实行联俄及接纳共产党人加入国民党之重大意义,指出:

"此次新章所订之组织方法,其意义即在从下层构造而上,使一党之功用,自横面言,党员时时得有团结之机会,人人得以分担责任而奋斗。自纵面言,各级机关完全建筑于全体党员之上,而不似往时之空洞无物。全体党员,亦得依各级机关之指挥,而集中势力,不似往时之一盘散沙。"

"夫吾国之革命在前,俄国之革命在后,俄乃以六年之短期,能划除根深蒂固之专制阶级,战胜其四围帝国主义之恶魔,且以其势振发全世界被压迫民众之奋斗精神。而吾党自辛亥迄今,垂十三年国内军阀官僚之横暴,日甚一日,国外帝国资本主义之侵凌,日迫一日。以视于俄,瞠乎其后,则俄诚足为吾党借镜之资。而亦当引为吾国互助之友。盖以言主义,则彼此均能吻合,以言国情,则彼此有若弟兄。"

"至于社会主义青年团之加入本党,……本总理受之在前,党人即不应议之于后,来者不拒,所以昭吾党之量能容物,而开将来继续奋斗之长途。吾党之新机于是乎在。彼此既志同道合,则团体以内,无新旧分子之别,在党言党,唯有视能否为本党、为主义负责奋斗,而定其优劣耳。"

针对香港某些报纸散布共产谣言,彭素民又以中央执行委员会宣传部名义(当时编制内仅设秘书一人、编纂二人),主持发表《国民党中央执行委员会宣传部辟谣》长篇文告,深刻揭露他们散布共产谣言,"鼓惑国民,扰乱舆论"的险恶用心。文告强调:"吾人希望国人怯除对于'赤俄'、'共产'所怀之恐怖。当知世间一切新发现之思想或主义,苟能在日光底下,与世人共相研究者,决无危险,决非可怖。——此次加入本党之新同志,非以何等团体之资格加入,乃以各个人之资格诚心实现本党主义,服从本党党纲,遵守本党纪律而加入。"明确表明了国民党改组和实行联俄、联共、扶助农工三大政策的坚定决心。

此外,值得一提的是,在此期间彭素民还负责主持了国民党中央通讯社的创建工作。3月28日国民党中央宣传部发表通告,宣布中央通讯社筹备工作告成及说明其基本任务。国民党中央通讯社4月

1日在广州成立,日后经过不断壮大发展,成为国民党机关的重要喉舌。它也是中国第一家全国性的新闻通讯机构。

无论在担任总务部部长还是主持宣传部期间,彭素民无不对国共合作做出巨大贡献。至于他坚决维护孙中山的领袖地位、争取国家主权,以及为黄埔军校、中央通讯社成立所做的功绩,均可圈可点。

国民党农民运动方针、政策的奠基人之一

1924年,国共两党密切合作,将工作重点转向农民。彭素民早在辛亥革命时期即曾从事组织农民的工作,对农民在革命中占据重要作用有深刻的认识;作为常务委员,他前期已参与处理有关农民运动的许多事务。因此,当戴季陶在孙中山一再催促下,于1924年4月初返回广州并第一次参加了中央执行委员会的会议后,彭素民开始执行新的任务,在继续担任常务委员的同时,理所当然地被推选为农民部长。此后,他殚精竭虑地为开创中国农运工作的新局面而奋斗。他积极"筹办农民协会,农品展览会,农民运动讲习所,手画口讲,日不足,则继之以夜"。他起草和修正的《农民协会章程》,是中国近代农民运动中第一个全国性的组织纲领。他所提出的《广东农品展览会筹备委员会简章》、《组织农民运动委员会案》、《农民运动第一步实施方案及农民运动讲习所组织案》等重要议案,他所起草的《政府对农民运动宣言》等等,无一不是中国近代农运史上值得重视的重要文献。他在《农民部提出组织农民运动委员会案》中说:"国民革命的基础,在理论上事实上不能不建设于占中国全国民百分之八十的农民,所以农民运动实为国民革命的主力军,亦即为吾党当前重要的问题,应有充分的研究及神速的进行"。视农民为国民革命的基础、

农民运动为国民革命的主力军,这是彭素民对中国革命理论的一大建树,具有重大的理论和实践意义。

彭素民还身体力行,旗帜鲜明地大力支持农民协会和农民武装的建立。他与廖仲恺一起亲自参加了南海县佛山镇南浦村农团军成立大会;他代表国民党中央执委会严正谴责广宁县县长压抑农会成立的事件。为保护花县农会,他又特致函广东省长公署,"希转饬花县县长,出示保护,以免滋生事端"。

彭素民不愧是国民党农民运动方针、政策的奠基人之一,也是广东农民运动的开拓者和领导人之一。不仅如此,在此期间,彭素民与彭湃一起,谱写了国共两党人士精诚合作的新篇章。

彭湃(1896—1929),中国无产阶级革命家,中国早期农民运动领导人。1917年赴日本早稻田大学读书,1921年回国,加入社会主义青年团。同年任海丰县教育局长,旋即从事农民运动。1923年任海丰县总农会会长。次年加入中国共产党。彭素民出任农民部部长期间,彭湃担任部长秘书,襄助彭素民整理部务。

彭素民对彭湃非常信任。除担秘书工作外,经常派他去参加许多重要活动和调查处理一些重大事件,彭湃还被委任为农讲所主任。不料,彭素民对彭湃的信任,竟受到国民党右派指责,称:"农民部其部长初为共产党员林祖涵。林去职,彭素民继之,然一切部务,则为秘书共产党员彭湃把持。"这纯粹是有意歪曲。彭素民是一位尽忠职守、事必躬亲的实干家,直到临终病危期间,仍在履行农民部部长兼广东农品展览筹委会委员长的职责,亲自致函青年部长邹鲁,请其于7月5日下午二时派员出席农品展览会各部联席会,"共商进行而利公益为盼"。党史馆所藏1924年彭湃致彭素民的信更能说明问题,彭湃曾就海丰农会事宜向彭素民请示,称"会费收入不敷支用,敢请部长将此事提出中央,请求中央经济之援助,大约每月五十元,并使吾党与该处农民发生密切关系,至为重要。是否可行,希为赐复"。为每月50元的补助这样的小事,彭湃尚且请示部长,何况其他重大事件。所以,彭湃把持部务,纯属子虚乌有。若说彭素民对共产党人彭湃充分信任和彼此真诚合作,则是不争的事实。正因为两人密切合作,国民党中央执行委员会农民部工作成绩卓著,"对于组织计划,均积极进行,其成绩早为各界所称许"。

致力革命二十余年,未尝为家谋

1924年8月3日,彭素民积劳成疾,病逝于广州博爱医院,年仅40岁。此消息一传开,顿时引起强烈的震动。国民党中央执行委员会集会追悼,广州各机关下半旗志哀。追悼会上,主祭人廖仲恺悲痛之至,"于军乐呜呜声中,欷歔饮泣,全场注视,皆为动容"。整个会场肃穆庄重,会场正中悬挂彭素民遗像,缭以花彩,四壁挽联环绕。其中,孙中山的挽联是:"吾党惜斯人,应多注海倾江泪;廿年同患难,未副乘风破浪心。"廖仲恺的挽联为:"愿为农民,即一端可见其志;丧我良士,微斯人将谁与归。"李烈钧的挽联:"天道不仁,无术能延颜子寿;行军可与,有章曾荐仲由才。"农民运动讲习所第一届毕业学员更为失去自己崇敬的领导而痛心:"大局正需才,况珂里多艰,九派流声更呜咽;精灵应不灭,如泉台可作,百身赎命仍便宜。"各界所献挽联二百余幅,无不表述对彭素民的不胜惋惜之情。

值得注意的是,彭素民致力革命二十余年,"未尝为家谋"。所任职务不可谓不高,但他不谋私利,为革命鞠躬尽瘁,乃至英年早逝后,竟然"家贫母老,子女六人俱幼弱,教养无资"。廖仲恺等党内同志不

彭素民先生追悼会

忍见其家属零落无依,经国民党中央执委会议决和总理核准,"决定给遗族一次性抚恤金1000元和每月100元定期补助,至其子女成人能负担家庭生计时止",但事实上,此事迟迟不见执行。

数月后,彭素民生前好友徐苏中致函廖仲恺,告知实情并请廖代为援手,称:"素民兄遗族前蒙总理批给一次抚恤金千元,自九月起每月补助费百元,迄今尚未得一文。伊家现以回赣在即,不能在沪久候,又以为问。未识我公能否转请许总司令,即令沙田清理处江处长拨汇。闻许总司令所给周道万君之抚恤金二千元,已由该处划拨。彭家苦甚于周,经公一言,度无不准。素民兄为公所厚爱,孤儿寡妇又公平素所最矜悯。故为冒昧属渎,幸赐裁纳。"

廖仲恺收到此信后,马上致函粤军总司令许崇智,请令有关部门落实拨款,以舒解彭素民遗族的困境,但最终仍旧是分文未给。后来,彭素民家属是靠追悼会上孙中山、廖仲恺及党内部分同志私人赠送的一些钱款和向亲友借债维持家庭生计,生活一直非常贫困。

彭素民逝世不久,孙中山病逝,接着,廖仲恺遭刺杀……国共合作的形势急转直下。

(本文档案资料均系彭嘉柔老师提供,特致谢意。)

廖仲恺：举家殉国亦不惜

有一种说法：人在临死的瞬间，一生中的重要事件、重要人物都会在脑中闪过，然后，整个世界就会成为虚无……

如果这种说法正确。那么，当革命家廖仲恺先生在突然间遭受刺杀，仰面倒地的时候，他的脑中会出现什么？他对这个世界还有什么眷恋？

1925年8月20日上午9点50分，枪声响过，廖仲恺倒地，他壮志未酬，并不想就此死去。但身上所中三枪，都是要害，他虽然强睁着眼睛，鲜血却不停地大股大股地流出，他想说话，但已经无法发声了。

汽车声变得小了，廖仲恺明显地感到自己不行了。他的眼睛很快就无力了，他要睡着了，但耳边有一个声音却变大了。

那是夫人何香凝的呼救声。

廖仲恺多想再看看自己的夫人——志同道合的爱人呀！可是，他不行了。他不甘心，还想努力睁开眼睛，但没有办法，就是睁不开……他的呼吸也变得越来越急迫，而在急迫的呼吸声中，他却感觉世界变得无比宁静了。

在宁静的似乎是另一个无比纯净的世界里，何香凝美丽的形象又出现在廖仲恺的脑中。

她是他所眷恋的。

廖仲恺：举家殉国亦不惜

劝君莫惜头颅贵，留得中华史上名

他与她是在 1897 年（清光绪二十三年）10 月底在广州结婚的。

廖仲恺，祖籍广东归善（今惠阳），1877 年 4 月 23 日生于美国旧

廖仲恺（1877—1925）

金山一个富有的华侨家庭，从小就接受父亲廖竹宾的爱国思想教育。当美国的排华风潮蔓延时，年幼的廖仲恺也少不了受异族孩子的欺辱，父母进一步教育他：只有振兴祖国，才能保护华侨。1894 年，廖竹宾在美国去世，廖仲恺怀着爱国热情返回祖国，先后在惠阳和香港读书，当他亲眼见到国人备受欺凌的情景，当他知道清政府被迫与列强签订丧权辱国的不平等条约的时候，他的救国思想更加强烈了。维新思潮风起云涌，廖仲恺在进步思想的影响下，决意放弃旧学，从西学中寻求救国之路。1896 年，廖仲恺转赴香港皇仁书院读书。第

人生本不苍凉

二年,廖仲恺与素不相识的何香凝结婚,有趣的是,他们的婚姻竟然与何香凝的"天足"有至关重要的联系。

原来,廖仲恺的父亲由于亲历旅美华侨所遭受的歧视,深知小脚女人是中国的一种耻辱,所以特地留下遗嘱:"第一,根据客家人的规矩,儿子必须讨个大脚妇女作媳妇。第二,小脚女人在外国被人看不起,因此,必须照办。"可是,在当时的晚清年间,中国的妇女几乎都裹着小脚,尤其在上层社会里,到哪儿找不缠足的大家闺秀呢?

廖仲恺一定要找大脚(即天足)女子为妻的消息很快传了开来。此时的廖仲恺当然名不见经传,但他这件事却引起了不少人的好奇,成为不大不小的新闻。这消息不久就传到了何香凝的家中。

何香凝,广东省南海县棉村乡人,1878年生于香港,父亲何炳桓是香港富商。何香凝从小喜好读书,具有反封建束缚的思想,尤其对女子缠足非常反感。所以,当她的母亲因为害怕她长大后嫁不出去

何香凝(1878—1972)

廖仲恺:举家殉国亦不惜

而为她缠足时,小小的何香凝便采取了坚决的抵触,每夜都要把缠脚布剪去,无论母亲如何打骂,何香凝总是千方百计地按照自己的想法行事,最后终于保护了自己的"天足"。不过,如此一来,等何香凝出落成漂亮的大姑娘时,却因为"天足"而难找婆家。何香凝对此一点都不着急,依然读书求知。但她的父母却忧心忡忡。所以,当他们听到廖仲恺选择配偶的条件后,禁不住喜上眉梢。没经多大周折,廖仲恺与何香凝很顺利地成就了一段"天足缘",两人间的感情也迅速升温。

起初,何香凝对廖仲恺身材不高还颇有点介意,但很快,她便发现丈夫的许多优点。廖仲恺显然是一位有责任心、性格耿直、志向远大的男人,更重要的是,廖仲恺与何香凝志同道合:他们都喜欢读书、写诗、作画,都喜欢听太平天国反清的故事,都有造福社会的强烈愿望……他们的婚姻是美满的。

廖仲恺和何香凝起初寄居在廖仲恺叔父家,但他们很快无法忍受叔父骄奢淫逸的生活,转而搬到廖仲恺的兄长廖恩焘家中,在兄嫂住房的屋顶晒台上搭了间小房。房子自然是非常简陋的,但却成了新婚夫妇的温馨港湾。他们白天可以在小屋里读书,晚上则可以清清静静地欣赏皎洁的月色。他们将小屋起名为"双清楼",意为"人月双清"。夫妇俩在"双清楼"上共同居住了四五年之久。这一期间,何香凝操劳家务,全力支持廖仲恺读书。廖仲恺则在读书间隙,向爱妻讲述外面的世界,讲述自己的思想……按照何香凝后来的回忆:"听仲恺常常谈及时事,逐渐加深了我对'国家兴亡,匹夫有责'的认识。"

1902年,廖仲恺结束在香港皇仁书院的学习,产生了去日本留学的想法。由于申请不到官费,又得不到兄长及叔父的帮助,廖仲恺留日愿望"为经济所困,议之再三,迄未果行",为此,廖仲恺非常郁

人生本不苍凉

闷。这时候,何香凝显示出一位奇女子的魄力,全力支持丈夫。她不顾娘家人和廖仲恺嫂嫂的强烈反对,毅然将陪嫁的金银、珠玉等首饰及身边所有值钱的东西卖掉,连同自己以前的积蓄,总共"凑得三千余金",全部交给丈夫,成功地帮助丈夫赴日。何香凝本打算与丈夫一起前往日本,但由于资金原因,只得先让廖仲恺一人赴日。1903年1月,廖仲恺暂别何香凝,满怀着喜悦感激之情,途经香港东渡扶桑了。两个多月后,何香凝将家中所有杂物卖掉,攒作赴日的路费,于同年4月到达东京。夫妻二人在早稻田大学附近租了一间公寓,取名为"觉庐"。此中的"觉",自然含有觉醒之意。廖仲恺先在早稻田大学政治预科学习,毕业后考入中央大学政治经济科,专攻政治经济学。何香凝也考入东京目白女子大学,后转入女子师范政治预科。二人志同道合,在求学中探讨救国之路。他们还结交了不少有志青年,如苏曼殊、胡汉民、朱执信等人。尤其在认识孙中山先生后,他们的生活发生了巨大的转变。

1903年9月,廖仲恺、何香凝夫妇拜访了刚从东南亚抵日的孙中山先生,对孙的革命主张由衷地钦佩,成为孙中山革命事业的积极追随者,正式参加了孙中山领导的民主革命运动,并很快成为骨干。从此,廖仲恺与何香凝已经不只是恩爱夫妻了,也是志同道合的战友。

何香凝在学习之余,常常满腔热情地与廖仲恺一起,参加中国留学生的爱国活动。1903年,何香凝写出《敬告我同胞姐妹》一文,表达了这位青年女子忧国忧民的思想,并号召妇女起来,与男子一道担负起救国强国的责任。这篇文章也是中国妇女运动史中宣传妇女解放的早期重要作品之一。1904年春,何香凝暂时回到香港,在母亲家中分娩。2月4日,女儿梦醒降生。梦醒满月后不久,何香凝把女儿留在娘家,又一次只身东渡日本,回到廖仲恺身边。

1905年8月,何香凝在自己的寓所内,由孙中山先生主持,举行了加盟仪式,成为最早加盟的女会员。

9月,刚从香港筹措留学费用返日的廖仲恺,很快将孙中山先生邀至寓所,由何香凝、黎仲实二人介绍,加入中国同盟会。之后,廖仲恺被任命为同盟会总部外务部干事,并担任同盟会机关报《民报》的撰稿人。他以"屠富"、"渊实"为笔名发表文章,阐述孙中山先生"三民主义"等主张。他还研究和翻译了《社会主义史大纲》、《无政府主义与社会主义》等多篇介绍社会主义的文章,成为最早探索社会主义问题的中国人之一。

同年冬季,廖仲恺与何香凝联袂参加了反对《关于准许清国人入学之公私立学校章程》(即俗称《取缔留学生规则》)的斗争。在这一事件演进过程中,他们既始终积极参加斗争,又遵照孙中山先生不赞成留日学生全体回国的指示,对激进留学生进行了耐心细致的说服工作,促使他们共同在日本坚持斗争,以避免全体归国遭到清廷镇压的危险,也使许多青年学生在斗争中变得更加成熟。

1906年,廖仲恺受孙中山指派,曾从日本潜回天津,在地方军队中秘密宣传反清思想,并同法国社会党人取得联系。在当时清政府的专权压制下,这是一项冒着生命危险的地下活动,夫妻二人因此经受了一次生离死别。何香凝依然一如既往地支持着丈夫,临别之际,何香凝以诗相赠:

国仇未报心难死,忍作寻常泣别声。
劝君莫惜头颅贵,留取中华史上名。

何香凝真是廖仲恺的知音。有这样的妻子支持着,廖仲恺虽死无憾了!

1908年9月25日,廖仲恺的儿子廖承志在东京大久保寓所诞生。1909年,廖仲恺在日本中央大学毕业,企图"入清廷握政权以成革命之工作",参加清廷留学生科举考试,考取法政科举人,回国后被清政府派赴东北,在东北事务督办大臣陈昭常幕下任翻译。1911年,武昌起义爆发后,廖仲恺只身南下,出任广东都督府总参议,兼理财政,旋任南北议和会议代表。1914年中华革命党成立,廖仲恺庄严地立下誓言:"为救中国危亡,拯生民困苦,愿牺牲一己之生命自由权利!"接着,廖仲恺出任中华革命党财政部副部长,担负起为中华革命军筹措经费和供应武器的重任。1918年,廖仲恺随孙中山到上海。1919年,中华革命党改组为中国国民党。1920年以后,孙中山开始与共产国际的代表会谈合作事宜,廖仲恺是重要联络人之一。1921年,廖仲恺出任广东军政府财政部次长、广东省财政厅长,积极协助孙中山北伐⋯⋯

在这样的革命生涯中,廖仲恺又经受了无数次血与火的考验,何香凝自始至终是他的坚强后盾和亲密战友。特别是陈炯明叛变事件中,廖仲恺险遭毒手,是何香凝将他从虎口中救出的。

后事凭君独任劳,莫教辜负女中豪

陈炯明本是同盟会的会员,孙中山的亲信。1917年,孙中山将20营警卫军共8000人交给陈炯明,对其大力培植。陈炯明野心勃勃,借机壮大自己的势力。1921年4月,广州非常大国会推举孙中山为非常大总统,陈炯明被任命为陆军部长兼内务部长。不久,陈炯

廖仲恺：举家殉国亦不惜

明又出兵驱逐盘踞在广东的桂系军阀，兼任广西善后督办。随着其势力越来越大，陈炯明开始了叛变活动，阻挠孙中山的北伐，并阴谋将革命势力消灭。1922年3月21日，陈炯明派人暗杀了坚决支持北伐的粤军总参谋长邓铿。同年6月，陈炯明的毒手伸向了廖仲恺。

6月14日，廖仲恺突然接到陈炯明的电报，请他到惠州去"领款"和"商谈要事"。廖仲恺怀疑其中有诈，但陈炯明还未公开叛变，仍然担任着陆军部长之职，廖仲恺希望通过自己的努力，劝说陈炯明，以保存革命力量。所以，明知有险，廖仲恺还是前往惠州。

车子刚开到东莞县的石龙，廖仲恺就被扣留并押送到广州西郊石井兵工厂。陈炯明对廖仲恺高度"重视"，为防止廖仲恺逃走，曾用三条锁链分别锁在廖仲恺的腰部、手、脚三处。陈打算将孙中山"解决"后，随即将廖仲恺杀害。

廖仲恺早将生死置之度外，心中所想的仍是孙中山的安危和国家的前途。当陈炯明6月16日炮轰总统府，要置孙中山于死地的消息传到囚室时，廖仲恺愤然写下《壬戌六月禁锢中闻变有感》诗四首，其中两首为：

珠江日夕起风雷，已到狂澜孰挽回。
征羽不调弦亦怨，死生能一我何哀。
鼠肝虫臂唯天命，马勃牛溲称异才。
物论未应衡大小，栋梁终为蠹蜓摧。

妖雾弥漫混天清，将军一去树飘零。
隐忧已肇初开府，内热如焚夕饮冰。
犀首从仇师不武，要离埋骨草空青。

39

人生本不苍凉

老成凋谢余灰烬，愁说天南有陨星。

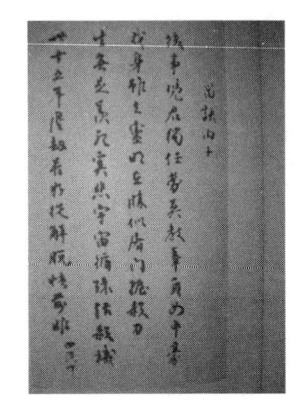

廖仲恺考虑到自己必死，写下了与妻子的诀别诗——《留别内子》：

后事凭君独任劳，莫教辜负女中豪；
我身虽去灵明在，胜似屠门握杀刀。
生无足美死奚悲，宇宙循环活杀机；
四十五年尘劫苦，好从解脱悟前非。

廖仲恺的诀别诗

他也给儿女（即廖梦醒、廖承志）写了诀别诗："女勿悲，儿勿啼，阿爹去矣不言归。欲要阿爹喜，阿女阿儿惜

廖仲恺所写《诀醒女 承儿》及《留诀内子》两幅手迹

身体。欲要阿爹乐，阿女阿儿勤苦学。阿爹苦乐与前同，只欠从前一

躯壳。躯壳本是臭皮囊,百岁会当委沟壑。人生最重是精神,精神日新德日新。尚有一言须记取,留汝哀思事母亲。"

这两首诗精神一致,但风格不同。其字体也不同,前者以行草写就,若行云流水;后者是工整的楷体,如金钩铁骨。书可通神,从这两份遗书中,看不出一丁点对死亡的恐惧,而是将无所畏惧的凛然正气弥漫开来,令人敬佩!

就在廖仲恺自忖必死的时候,他的妻子何香凝毅然决然地来到险地,与陈炯明进行了无畏的斗争。

8月18日,何香凝拖着病体,冒大雨爬上了广州北部的白云山,出其不意地出现在正在开军事会议的陈炯明面前。

陈炯明当然认识何香凝,以前打过交道,见面时也会客气地打招呼。但陈炯明没想到何香凝会在这样形势紧张的情况下出现。

他自己心里有鬼,又毫无准备,所以十分尴尬,只得请何香凝坐下,令人递上一杯酒水,并假惺惺地问候。

何香凝直盯着陈炯明,腾地一下,从椅子上站起,厉声说道:"我问你,我们有什么对不起你?你们的军饷、费用,是不是仲恺费尽心血为你们筹备解决的?你们在漳州两年多,把孙先生在上海莫利爱路的房子两次抵押才借来款项帮助你的是不是仲恺?你就这样对待帮助你的人?我今天来这里,没打算活着回去,砍成肉酱也不怕。你放不放仲恺?你现在一定要告诉我。"

何香凝那股凛然的气势一下子压住了这个不可一世的陈炯明,她所说的话也让陈炯明自感理亏,一时无法对答,只好搪塞道:"廖夫人,这都是部下干的,我并不知道内情。我这就派人把他转移到白云山来。到时候,你也去接他。"

陈炯明一边说着,一边写了张条子递给何香凝。何香凝岂能受骗,将条子掷在地上,愤愤地说:"你这是明放暗杀。明人不做暗事。要杀,你明告我。要放,现在就让他和我一起回家。"

短兵相接,陈炯明知道无法搪塞了。他犹豫着。

陈炯明不敢贸然杀害廖仲恺,因为廖仲恺在军队中有很大的影响力。局势也已有所变化,孙中山已经脱险,离开广东去了上海。在韶关的北伐军也离开粤北,革命力量对他的威胁暂时松缓。而何香凝又是如此的坚决,如果不马上放廖仲恺,势必鱼死网破。陈炯明现在不想这样。所以,过了一会,他终于对何香凝说:"廖夫人,我这就派人,陪你去接廖先生。"

从6月14日到8月18日,廖仲恺被囚禁达63天,总算脱离险境。凌晨3点多钟,廖仲恺夫妇二人悄悄离家,先到香港,转道前往上海,找到孙中山,投入新的战斗。陈炯明释放廖仲恺后,很快就后悔了,决心再次逮捕廖仲恺。然而,当他派人到达廖宅时,屋内早已空无一人。

在上海,廖仲恺写《蝶恋花》词一首,表达自己永不退缩的革命斗志:

冷雨敲窗风扫叶,
未算凄凉,
莫便凄凉说。
待到风消和雨歇,
菰蒲犹复争秋热。

先生远矣,不可追矣

此后,廖仲恺更加积极地投入到革命事业当中,虽然屡经风险,

廖仲恺：举家殉国亦不惜

但都化险为夷。他在革命事业中扮演着越来越重要的角色，国人对他有厚望焉！

没想到，1925年8月20日这天，廖仲恺竟被敌人刺杀，他的生命已到达终点。

廖仲恺被迅速扶上汽车，汽车飞驰着奔往医院。廖仲恺的脑子里眩晕着，渐渐失去了意识。

除了何香凝和他们的儿女外，廖仲恺脑子里只剩下孙中山先生及其未竟的事业了。

孙中山先生，是廖仲恺一直追随的领袖、导师、同志、亲密战友。共同的救国思想和爱国热情，使廖仲恺不惜以生命为代价，保护孙中山，坚决执行孙中山的正确主张。

从1922年9月起，孙中山决定以"联俄、联共、扶助农工"为原则，对国民党进行彻底的改组，廖仲恺坚决拥护，并作为孙中山的代表多次与苏俄代表越飞会谈，促成著名的《孙文越飞宣言》发表，确立了平等友好的中苏关系。

在1924年举行的中国国民党第一次代表大会上，经过激烈的辩论，终于确立了孙中山先生提出的"新三民主义"。廖仲恺发挥了重要作用，并被选举为中央执行委员、常务委员、政治委员会委员。此后，他又兼任国民政府财政部长、广东省长、国民党中央工人部长等重要职位，成为广东革命政府的重要领导人和国民党左派的主要代表之一。

1924年11月，孙中山为救国大业，抱病北上讨论国是，但病情迅速恶化，眼看不起。当孙中山病情危重的消息传到廖仲恺耳中时，廖仲恺非常着急，急切地想要北上，但孙中山认为广东离不了廖仲恺，令其以国事为重，不准北上。

人生本不苍凉

孙中山于1925年3月12日病逝于北京。廖仲恺知道后悲痛欲绝,写下沉痛的悼念文字,不久又在《孙中山先生文集序》中写道:"先生逝世后一月。甘乃光同志急于以其平日所搜得先生之遗文集而刊之。呜呼。先生远矣,不可追矣。然先生崇高之人格。伟大之思想。

孙中山与廖仲恺

革命之精神。犹足感召吾民族有为之士于百世以后。读先生之遗文者。能体化而力行焉。则此集之刻为不上虚矣。中华民国十四年四月廿二日。"以此表达继承孙中山遗志的决心。

孙中山逝世后,中外敌对势力相互勾结,更加猖狂地瓦解革命力量。国民党右派也活跃起来,公开反对"联俄、联共、扶助农工"的三大政策,操纵军队和地方武装破坏工农群众组织,杀害工农运动的干部。他们还与北洋军阀勾结,密谋发动武装叛乱,颠覆广东革命政府。一时间,反革命气焰甚嚣尘上。就连已被打败的陈炯明,也在英国势力的帮助下死灰复燃,占领汕头,妄图寻机夺取广州。广东革命政府陷入极为艰难的境地。

在此情况下,廖仲恺作出了极大的贡献,他坚决有力地奉行孙中山的三大政策,亲自筹划作战,击溃了陈炯明的势力。接着又参加领导了平定滇、桂军阀杨希闵、刘震寰叛乱的战斗,有力地巩固了广东革命根据地。这时候的廖仲恺,已当之无愧地成为广东革命政府的中流砥柱。

廖仲恺的行为受到封建军阀、帝国主义的仇视,同时受到国民党右派的强烈反对。从1925年7月开始,国民党右派分子邹鲁、孙科、伍朝枢、邓泽如等人就开始集中攻击廖仲恺,采取种种手段,企图将廖仲恺搞垮。廖仲恺对此毫不妥协,一方面对某些人予以查办,另一方面公开揭露国民党右派背叛孙中山三大政策的反动面目。

1925年5月,廖仲恺发表了一篇《革命派与反革命派》的文章,一针见血地揭露了国民党右派的本质。指出国民党内部出现反革命派并非偶然,是受军阀和帝国主义利用的结果,并毫不留情地对国民党老右派作了辛辣的批判,写道:"现在吾党所有反革命者,皆自诩为老革命党,摆出革命的老招牌,以为做过一回革命党以后,无论如何勾结军阀与帝国主义者,及极力压抑我国最大多数之工界,也可以称为革命党,以为革命的老招牌,可以发生清血的效力。不知革命派不是一个虚名,那个人无论从前于何时何地立过何种功绩,苟一时不续行革命,便不是革命派。反而言之,何时有反革命的行为,便立刻变成反革命派。"这一文章是对国民党右派强有力的回击,引起右派头

人生本不苍凉

面人物邹鲁、孙科、伍朝枢、吴铁城、林直勉、胡毅生等人的忌恨,他们秘密集会,商议要对廖仲恺下毒手。与此同时,封建军阀也想毒害廖仲恺。而港英当局也因为害怕廖仲恺在省港大罢工中所起的作用,想要暗害他。恶势力很快勾结起来。

省港大罢工爆发于1925年6月19日,廖仲恺对此积极支持,认为此次罢工意义重大,"是为国家谋自由与独立,争国家的地位和民族的人格",也就是要"谋取消不平等条约与打倒帝国主义"。他表示政府与党均要全力支持,并号召工农兵联合起来,共同奋斗,反抗帝国主义,称:"我们知道:只靠兵士去打仗,很难取得胜利,惟有工农兵的大联合,始可达到成功。"同时,廖仲恺以实际行动参与了这一罢工,担任广东群众性的反帝组织"广东各界对外协会"的主席,亲自主持了10万多工人参加的反帝集会与示威游行,与共产党人共同研究抵制敌人的策略,还不遗余力地为罢工工人筹集物资,提供一定的物质条件……

1925年6月23日,广州工农兵十余万人举行反帝示威游行。队伍抵达沙基时,遭到英军开枪屠杀,死伤一百多人,酿成"沙基惨案"。廖仲恺愤然为死难者写下挽联:"帝国主义残暴之证据 次殖民地惨状之写真",号召民众继续抗争。7月2日,廖仲恺和蒋介石率领黄埔军校全体官生通电抗英。

为适应革命形势发展的需要,1925年7月1日在广州成立了国民政府,廖仲恺任政府委员兼财政部长。7月3日,国民政府任命了广东省政府新的领导成员。廖仲恺兼任省政府委员、财政厅厅长。廖仲恺发表演说,表示决心为广东的财政好转而奋斗。

廖仲恺的行动与影响力激起了帝国主义的仇视,尤其是港英当局,他们害怕省港大罢工威力的同时,寻机暗害在工人中影响较大的共产党人和国民党左派人士。当他们了解到国民党右派的某些人也正要谋害廖仲恺时,马上与之联系。双方臭气相投,一拍即合。廖仲恺处境更加危险了。

"苟利于国,则吾举家以殉,亦所不惜"

国民党右派分子邹鲁、孙科等人从1925年7月开始,便集中攻击廖仲恺,他们多次召开秘密会议,散布种种谣言。孙科是孙中山的长子,但他与父亲的主张背道而驰,积极主张拆廖仲恺的台,但他不提倡采用暗杀手段。而胡毅生、朱卓文、林直勉等人则对廖仲恺恨之入骨,必欲铲除而后快。

胡毅生因经常插手承包捐务,从中牟利,受到廖仲恺的抑制。他曾用不正当手段谋选广州市长,事未成而受到廖仲恺的查办,因此对廖怀恨在心,提议以暗杀手段除廖。他看到孙科等不愿采取极端手段,便暗中与林直勉、朱卓文等人自行密商刺杀廖仲恺的事宜。他们多次聚集于"文华堂"俱乐部中,物色和网罗刺客。这一消息被港英当局探知,马上与他们联系,愿出200万元的巨款,收买杀手。

与此同时,右派们故意把要刺杀廖仲恺的计划张扬出来,企图吓倒廖仲恺。廖仲恺非常蔑视这种行为,照常天天到工会、农会等团体去开会或演说。在他遇害前两天,国民政府的一次会议上,廖仲恺接到身旁汪精卫的一个条子,告诉他听到有人将对他不利,请他注意。廖仲恺当即表示:"为党为国而牺牲,是革命家的素愿,何事顾忌!"

第二天,又有人以确切消息告知廖仲恺,廖仲恺仍然不惧,说:"际此党国多难之秋,个人生死早置之度外,所终日不能忘怀者,为罢工运动及统一广东运动两问题尚未解决。"他为了给黄埔军校筹备军费,一直忙到深夜。

在威胁越是迫近的时候,廖仲恺越是坦然自若,将生死置之度外。

他说:"我为国家,为本党,无论何人反对,我皆不畏。即击我杀我,亦在所不惜。"

他还说:"苟利于国,则吾举家以殉,亦所不惜。"

8月20日上午9时许,廖仲恺偕何香凝自东山寓所驱车赴中央党部,参加国民党中央执行委员会第一零六次会议。途中遇到国民党监察委员陈秋霖,便同车而行。当汽车开到中央党部大门前时,他和陈先下车,刚踏上门前的石阶,突然有凶徒四人分别从骑楼及大门铁栅栏后冲出,向廖、陈二人猛烈射击。廖仲恺身中三枪,当即倒地。陈秋霖也中一弹,鲜血直冒。

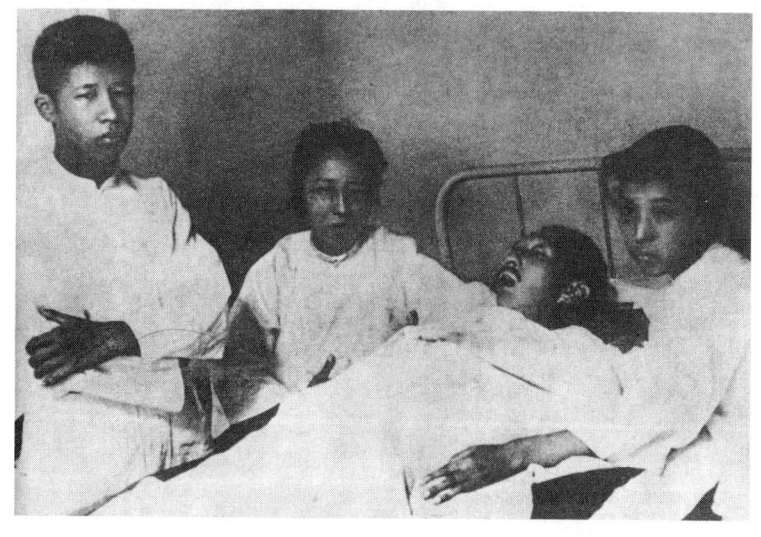

何香凝和廖梦醒、廖承志在廖仲恺遗体旁

廖仲恺的卫士听到枪声后,急忙还击,一凶手被打伤在地。何香

廖仲恺：举家殉国亦不惜

凝见廖仲恺倒地，一边不顾一切地朝廖仲恺跑去，一边大喊"抓刺客！"有暴徒向她开枪，幸未击中。暴徒们见目的已经达到，赶紧逃跑。除被击伤的那个暴徒外，其他二人逃向东园方向，一人向小东门方向逃窜，均未被抓获。此时廖仲恺已不能言。何香凝急忙命卫士扶廖仲恺、陈秋霖上车，送往百子岗公医院医治，但未到医院，廖仲恺已经长眠。

鲜血染红了廖仲恺的长衫，就连他所穿的白帆布绑带鞋上也溅满了鲜血……

中国之前途尚要经过重重的黑暗

廖案发生后，国民政府迅即组成了朱培德、陈树人、甘乃光、周恩来、陈公博、岳森、吴铁城、陈孚木、李福林九人组成的"廖案检查委员会"，进行查处。后来，因案情重大，国民党中央政治委员会、军事委员会与国民政府举行联席会议，指定由汪精卫、许崇智、蒋介石三人组织"特别委员会"，负责侦查此案，处理此案的军政事宜。此外还组成一个七人小组的特别法庭。

最重要的线索是被击伤逮捕的那个凶徒。此人名叫陈顺，在他身上搜出红十字会会证一个，枪照一张，另有阜康押店当票一张，以及几张分钱的单据等。从当票和分钱单据可以看出，此人早几天还穷得在当铺典当衣物，后几天却有了大笔来历不明的钱财，显然他是被收买的。陈顺在昏迷中连声喊"大声佬"的名字，这正是右派分子朱卓文的诨名。接着查出，陈顺用的手枪正是朱卓文经常使用的。陈顺因伤重不治，很快死去。临死前供认，"有几十万元打猛人"。"猛人"是广东方言，指有名声、权势的人。审讯者追问他"猛人"是谁,陈顺答:"是廖仲恺、谭平山。"

在侦察过程中,刺廖主谋渐渐露出水面。胡毅生、魏邦平、朱卓文、林直勉等先后受到通缉。国民政府五常委之一的胡汉民也有重大嫌疑。国民政府派军队搜查了胡汉民兄弟的住宅,逮捕了胡汉民的哥哥胡清瑞和林直勉。但在如何处置胡汉民的问题上,廖案特别委员会的主要负责人汪精卫、许崇智、蒋介石发生分歧,许、蒋急于铲除政敌,要求将胡汉民处死,而汪精卫则坚决保胡。最后,胡汉民以赴俄考察为名,外出避开此案。同时,胡毅生、魏邦平、朱卓文等人也在汪精卫、蒋介石的暗中配合下,逃离广州。

主谋中还有粤军第一军军长梁鸿楷,事发后,他企图发动军事政变,很快失败,亲信部队被改编,梁鸿楷逃赴香港。国民政府解除了梁的职务。

另据何香凝及廖仲恺的卫士说,国民党中央党部平时均有警察守卫,廖仲恺遇害那天却偏偏大门敞开,空无一人。枪声响后,警察也没有及时赶到。而廖仲恺所中三枪中,有一枪是口径较小的左轮手枪射击。凶手中无一人带左轮手枪,何香凝据此怀疑这一枪是从中央党部里面射出的。另外,事发时何香凝鉴于刺杀廖仲恺的传言很多,特地告诉公安局长吴铁城,要他预为防范,而吴铁城实际上未采取任何防范措施。吴铁城显然也有嫌疑,却没有任何人过问。不仅如此,吴铁城还是"廖案检查委员会"成员,被捉的凶手还受到他的优待。何香凝对此极为愤怒,专门质问蒋介石。吴铁城不久被拘押,但很快又被蒋介石的手下放掉。

追查过程中,"特别委员会"主要负责人之一的粤军总司令许崇智也受到怀疑。许崇智是蒋介石的上司,又对蒋有恩。蒋介石在派人包围许宅之前,先秘信转告许崇智去上海暂避。与此同时,汪精卫

廖仲恺：举家殉国亦不惜

也附去一信，逼许崇智离开。许崇智为势所迫，只好离开广州。蒋介石、汪精卫乘机攫取了广东革命政府的大权。而廖案也不再深究了，最后竟不了了之。

行刺廖仲恺的凶犯中，陈顺因受伤先期死亡。郭敏卿被抓获后正法。方镜如是朱卓文的部下，事发后弃枪潜逃，先去香港，后返回香山县，因作恶多端被边防军捕杀。另外一名凶犯却不知去向，无从查考。至于此案还有哪些背后主谋，也不得而知了。

廖仲恺的遗体先安葬于广州驷马岗朱执信墓左侧，1935年9月1日移葬于南京紫金山中山陵侧。

廖仲恺之死以及对廖案的处理，预示着中国之前途尚要经过重重的黑暗。

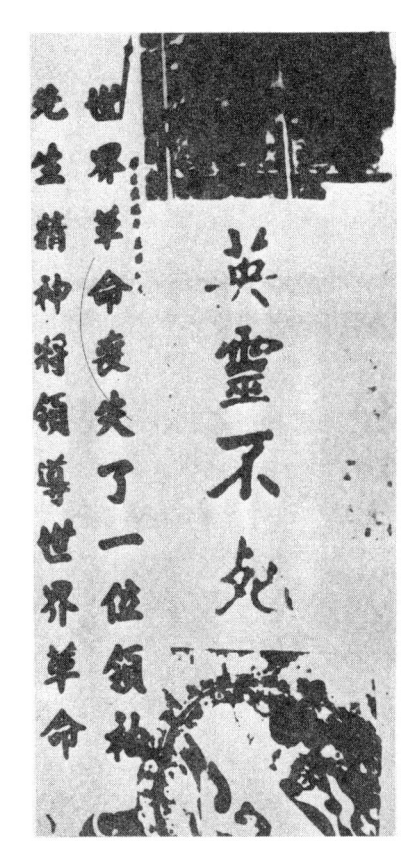

中共中央送的挽联

1925年8月22日广州《民国日报》有文章写道："廖先生死矣，吾人当知廖先生因何而死，乃为帝国主义走狗所暗杀，乃为反帝国主义侵略最力致为帝国主义走狗所杀。证之以凶手之供词，证之以吾人所得各方之消息，从可知廖先生乃死于帝国主义者走狗之手。死于政敌之手尤可，死于帝国主义之手，国家前途可胜悲伤。"

不过，国人并不因此而气馁，廖仲恺先生无畏的精神鼓舞着无数的后来者,无数的爱国者踏上了勇敢的救国之路,最终以他们的鲜血和智慧,争取到一个独立自主的新中国。

主要参考资料:

廖仲恺:《廖仲恺全集》,出自《民国丛书》第二编,上海书店,1990年。

罗　醒:《廖仲恺扶助工农运动》,出自《文史资料选辑》第85辑,中国文史出版社,1999年。

罗翼群:《廖仲恺先生被刺前后》,出自《文史资料选辑》第85辑,中国文史出版社,1999年。

李　湄:《梦醒——回忆我的母亲廖梦醒》,中国工人出版社,2004年。

尚明轩:《廖仲恺传》,北京出版社,1982年。

尚明轩　李志奇:《何香凝大相册》,中共党史出版社,2007年。

《呜呼廖仲恺先生被击逝世》,《民国日报》1925年8月21日,转载于《老新闻——民国旧事(1924—1927)》,天津人民出版社,1998年。

孚　木:《廖先生之死与帝国主义(节选)》,广州《民国日报》1925年8月22日,转载于《老新闻——民国旧事(1924—1927)》,天津人民出版社,1998年。

邓演达：以身殉志，不亦伟乎

一个革命者的生命的价值，正如自然界的一朵美丽之花一样，只要他是美的，那么，不管他今朝正在含蕊怒放，黄昏就被那无情的暴风雨加以摧残而夭折凋谢，毕竟也是值得人们赞美的，因为他曾经美化了自然界，曾经美化了人间，虽然是时间很暂。

这朵被赞美的"美丽之花"，便是邓演达。

邓演达是民主革命时期杰出的政治家和军事家，是国民党著名的左派领袖之一，第三党的发起者和前期主要领导者。他是在救国救民的道路上，被蒋介石秘密处死的，逝世时年仅36岁。

他是如此的杰出，在近代革命史上如此举足轻重，乃至无数人为他的死而感到万分痛惜——"这实在是反革命独裁者在历史上不可宽恕的罪行，也实在是中国革命的一个无可补偿的一个大大的损失！"

邹韬奋未曾见过邓演达，却写了一篇《邓演达先生的精神不死》。文章一开始便说："我很惭愧，像在中国政治发展史上具有那样伟大的革命人格与魄力的邓演达先生，当他在世时，我竟和他无一面之缘。但是在邓先生殉国10周年纪念的这一天，他生前的朋友们叫我写一篇纪念他的文章，我却感觉到邓先生好像是我的一位老朋友，一点不觉得生疏，而觉得异常亲切。"文章进一步写道："知道他的朋友们除了敬佩他的学识经验之外,尤其不断地赞叹他的伟大的革命人格与魄力。他们说他有健全的体格、坚决的意志、吃苦的精神、远大的眼光、坚贞的气节、坚强的领导力。他们说他是军事、政治、经济的全才。他们说他是近代中国所具条件最完备的一位领袖人才。""我虽未曾见过邓先生,但是近代中国的这位艰苦卓绝,为着大众福利而牺牲生命,至死不屈的伟大人物,在我的心中实留下了极深刻的印象。我深信此人如不早死,对于中国政治必能发生更大的影响。但是他终于是以身殉国了,这是最可痛的一件事!"

彭泽民回忆:"邓演达先生殉难以后,凡是认识他的朋友,无论对于他的思想和理论是否同意,但心里总觉得'这个人死的可惜!'经过了10个年头,看到眼前的国难和时政,更觉着'邓演达这人死了真可惜!'他如在,今天也许不是这个样子吧?"

何香凝与茅盾则怎么也忘不了邓演达"热血男儿"的形象:"一个高大结实、肩膀很阔的青年的影子浮上我的心头。他穿着黄纹斜布的军服,背着手,在讲台上来回踱着方步,用带着浓厚客家音的普通话,给台下的群众投掷烈火般鼓动国民革命的词句。他就是择生。他有独到的政治见解,他具备着几乎近于执拗的顽强的个性——他能写、能讲,他对中途背叛了总理(指孙中山)遗教的那些升官发财之士表示了无穷的憎恨。他又能带兵,能打仗……"(何香凝:《忆邓择生》)"尽管他依从理性的指示,竭力使他生活纪律化,因而举止言语也有强烈的纪律味儿,但终于不能掩盖他本性的热烈的感情,他实在是一个热情的人。中国话有一句叫做'热血男儿',我想择生先生就是这称呼的典型"。(茅盾:《一段回忆》)

深知邓演达的宋庆龄赞扬道:"这位超群出众、得天独厚的革命家,因其早置生死于度外,所以他才能那样坚定忠实,绝不妥协,曾未

邓演达：以身殉志，不亦伟乎

有片刻为物欲所动摇,地位、权势和财富,只要他要,全十分容易获得,但他却轻蔑的对之不屑一顾。"这是多么难能可贵。

即便共产党人毛泽东、周恩来也多次热情赞扬邓演达。邓演达逝世几十年后,在一次交谈中提及邓演达,毛泽东马上说:"邓演达先生这个人很好,我很喜欢这个人。"毛泽东读古史有感,将邓演达与古代民族英雄岳飞、文天祥和著名共产党人瞿秋白、方志敏以及著名爱国人士杨虎城、闻一多等相提并论,称赞他们:"以身殉志,不亦伟乎!"周恩来也称:"这个人的人格很高尚,对蒋介石始终不低头。"

同时,周恩来还客观地论述了一段历史,称:"在武汉时,若以邓演达为中心,不以汪精卫为中心,会更好些,而当时我们不重视他。大革命失败后,他很苦闷,同俄国顾问一起走了,后来回国组织了第三党。虽然他在思想上是反对我们的,应该批评斗争,但在策略上应该同他联合。""邓演达回国后,曾找我们谈判合作反对蒋介石,可是我们没有理睬他,这是不对的。""至于大革命失败后,是否还可以用国民党和三民主义的旗帜问题,我也讲一下。假如邓演达没有走,仍与他合作,是还可以用国民党旗帜的。但在南昌起义之后,只有共产党是革命的,国民党叛变了,这时再用国民党和三民主义的旗帜,就会使群众的认识发生混乱。对三民主义不革命的方面应该批驳,对三民主义革命的方面应该保留下来,而我们当时却是对它全部否定了,没有给以历史的科学的分析。"

邓演达之死,其实是出乎许多人的意料的。作为当时的协议,邓演达本来是要被释放的。没想到,蒋介石在下野前的最重要的一件事就是秘密处死邓演达。在蒋介石看来,对他威胁最大的不是拥有军队的地方势力,而是狱中的邓演达!

人生本不苍凉

养成乐死之志气,革去贪生之性根

邓演达,字择生,1895年3月1日(光绪二十一年二月初五日)生于广东惠阳一个知识分子家庭。他所处的时代正是千年未有的大变局时代,整个中华民族处在重重危机当中,而中国的老百姓更是饱受着各种压迫,处在苦难的深渊。这种局面迫使有志之士奋起而抗争,

邓演达(1895—1931)

勇敢地承担起自己的责任,用鲜血在布满荆棘的路上行进。

邓演达从小生活在鹿头乡的农民区,深知农民的苦难与想法,有着农民革命思想及土地革命思想的最原始的基础。革命党人在农村的宣传,又为邓演达的内心种下民族解放思想与反抗外来侵略、谋求独立自主的思想萌芽。

邓演达十二岁入黄埔陆军小学,其聪颖好学给师生们留下深刻

邓演达:以身殉志,不亦伟乎

印象,被视为奇才。邓演达关心国是,毕业前加入了同盟会。辛亥革命爆发时,邓演达参加以姚雨平为首的革命军——敢死队,进行革命活动。1914年,邓演达考进武昌陆军第二预备学校,继续攻读军事。1916年,邓演达升入保定陆军军官学校工兵科第六期学习,毕业后到西北边防军见习。1920年年初,邓演达应邓铿邀请,到福建漳州参加援闽粤军,任宪兵连连长。1920年8月援闽粤军回师广东,驱逐桂系军阀,邓演达率宪兵队随军出发,任督战队队长,并屡献良策,深受邓铿赞许。不久,粤军第一师在广州成立,师长由邓铿兼任。邓演达被任命为粤军第一师司令部少校参谋,专事教育训练部队工作,后兼任步兵独立营营长,又调任工兵营长。1921年年底,邓演达奉邓铿之命,陪徐树铮与孙中山会晤。1922年3月,邓演达所敬重的邓铿遭人暗杀,邓演达非常悲痛,表示誓要继续拥护孙中山的革命事业。孙中山在广州就任非常大总统期间,调粤军第一师参加第一次北伐,邓演达率部冲锋陷阵,迅速北上。1922年,陈炯明叛变革命,炮击总统府,孙中山令北伐军迅速回师广东戡乱。邓演达随粤军第一师回粤,为平叛立下功劳。1923年,粤军第一师工兵营扩充为第三团,邓演达升任为团长,不久被委派负责孙中山大元帅大本营的保卫工作。孙中山授邓演达为少将衔参军,并亲笔书写对联赠送,以寄托对邓演达的厚望。对联为:"养成乐死之志气,革去贪生之性根。"

此后,邓演达又在肃清桂系军阀陆荣廷残部的战争中,立下不少功劳,深得孙中山器重。

1924年1月,在孙中山主持下,中国国民党第一次全国代表大会在广州召开。大会接受了共产党提出的反帝反封建主张,重新解释了"三民主义",确定了"联俄、联共、扶助农工"的三大革命政策,以国共两党合作为基础的革命统一战线正式形成。邓演达衷心拥护孙中山的革命政策,并努力贯彻执行。同年,孙中山决定筹办黄埔军校,任蒋介石为军校筹备委员长,邓演达为七人筹备委员之一。军校成立后,蒋介石为校长,军校分政治、训练、教授三个部,一个管理处。政治部主任为周恩来,训练部主任由李济深挂名,邓演达是负实际责任的训练部副主任兼学生总队长。在此期间,邓演达显示出不同凡响的影响力。他的同事季方回忆:"我感到他有一种令人信服的力量,办事精干勤勉而有计划,工作效率高。每对学生集合讲话,总是内容丰富,思想明晰,听后令人有一种'斩钉截铁'似的痛快之感。"他的学生李奇中深有同感,还说:"他和学生们朝夕相处,同甘共苦,其品德和学识深为我们同学所敬佩。记得有些同学甚至以邓演达同志的举止动作当作规范加以仿效,被称为'邓演达式'学生。蒋介石对此很为嫉恨,生怕邓演达掌握黄埔学生的领导权。"此时的蒋介石表面上尊重邓演达,实则暗中防备并排挤,其亲信王柏龄更是视邓演达为眼中钉,极尽排挤压抑之能事。这些行为使邓演达很不痛快,于是以赴德求学为名,于1924年离开黄埔。

到国外留学考察实则也是邓演达早想实施的。在对中国国内形势有了较深的了解后,邓演达迫切地想从先进的国家汲取可贵的营养,以改造、壮大自己的祖国。然而第一次留洋时间并不长。1925年年初抵达德国柏林,正打算努力钻研经济、政治、社会等学科,并与正在柏林的共产党人朱德、孙炳文等人交往,共同探讨救国之路。但没过多久,他便听到孙中山病逝的噩耗,不胜悲痛。又隔几个月,国内形势发展迅速,邓演达深感不能再置身于紧张的斗争之外了,强烈的责任感使他迅速返回祖国。

1926年1月,国民党第二次全国代表大会在广州召开,邓演达当选为本届候补中央执行委员。接着,邓演达重返黄埔军校工作,任教育长,主持校务。邓演达高大的身影再次出现在黄埔军校,他此时的思想则有了很大的变化,"经常强调唯物的人生观,更重视农民问题,更强调'耕者有其田'解决农民土地问题"。他与蒋介石的分歧也越来越大了,并将王柏龄在教育长任内贪污腐化、亏空公款的情形予以揭发,迫使王将亏空填清后再行离职。他对学生的影响则更大了,深受学生们的敬佩和爱戴。1926 年 8 月 20 日蒋介石在广州制造了反革命的中山舰事件。邓演达对蒋介石的行为很不理解,并亲赴蒋介石官邸,恳切而坦率地要求蒋介石停止军事行动,调查事件真相。蒋介石对其更加嫉恨,借故将其调离黄埔军校,到潮州任黄埔军校潮州分校教育长。

1926 年 7 月,北伐途中的邓演达(前执鞭者)

人生本不苍凉

　　北伐战争开始后，蒋介石任国民革命军总司令，邓演达担任国民革命军总司令部政治部主任，同时成立国民革命军八个军。邓演达亲自参加了第四军军部的指挥工作。北伐军勇敢作战，将吴佩孚的军阀军打得节节败退。武昌城下，邓演达担任攻城总司令，亲临前线指挥。战斗中他的战马被流弹击中，他本人也屡临危险，一颗子弹从他的肋下穿过，军服袖子也被打穿，但邓演达根本不顾个人的安危，继续出入于硝烟弥漫的战场，最终率领军队攻克武昌。武汉被全部攻克后，很快成为国民党中央和国民政府的所在地。邓演达的政治地位及军事地位也更高了，身兼国民党中央政治会议常务委员、国民政府军事委员会委员、总政治部主任、国民党中央农民部部长、国民革命军总司令部武汉行营主任、湖北省政务委员会主任，始终是举足轻重的核心领导人。革命形势本来大好，但不料蒋介石已有二心，并无理地要求迁都南昌。邓演达奋力反抗，发起30万人参加的群众大会，质问蒋介石。蒋介石对邓怀恨在心，企图暗算，但没有得逞。

　　1927年3月，邓演达和宋庆龄、何香凝、吴玉章等在汉口主持召开了国民党二届三中全会，通过了限制蒋介石权力的决定，选出了一批共产党人和国民党左派进入国民党中央和国民政府领导机关，重申了孙中山联俄、联共、扶助农工的政策，支持蓬勃开展的工农运动，主张解决农民的土地问题……这次会议是共产党人和包括邓演达在内的国民党左派对蒋介石为首的国民党右派的胜利，使第一次国共合作发展到一个新阶段。

　　蒋介石发动"四·一二"反革命政变后，形势急转。邓演达坚决反对蒋介石的叛变行径，在武汉公开演讲，痛骂蒋介石，并极力主张东征讨蒋。而汪精卫等武汉政府的领导人则另有图谋。与此同时，北方奉系军阀出兵河南向武汉进攻，武汉政府受到严重威胁，因此，

邓演达：以身殉志，不亦伟乎

武汉中央决定暂时搁置对蒋介石的讨伐，而继续北伐。1927年5月，邓演达被汪精卫等差遣奔赴河南参加第二次北伐，虽然经过浴血奋战，最终打败了奉军，但革命成果迅速被旁人所夺。而汪精卫等人在差遣邓演达后，也乘机掌控了武汉国民政府的军政大权。汪精卫还大搞两面手法，使包括共产国际、中共中央以及邓演达倚重的第四军领导人等各方力量，都视汪精卫为中国革命的希望。邓演达则被忽视了，他感觉孤掌难鸣，陷入最苦闷的状态中。

为什么要选择出走？

革命面临失败，邓演达试图争取汪精卫，但二人不欢而散。蒋介石四处通缉邓演达，另一重要人物冯玉祥的举措也不利于邓演达，而汪精卫等人则加紧勾结蒋介石，邓演达虽洞悉其阴谋却无能为力。于是，他决定暂时离开。1927年6月30日，邓演达在汉口写《告别中国国民党同志们》一文，以此强调自己的主张，并分析当时的形势：

> 我今天要以十二分痛切沸热的意思贡献给中央执行委员会及各位同志们！我以为总理的三民主义是我们革命的张本，照着总理的三民主义做去，必然可以得到大多数民众——尤其是农工群众的拥护，可以完成国民革命。不幸到了今日，总理的三民主义受了不少的曲解和背叛。前时有了蒋介石的屠杀农工群众、屠杀忠实党员，藐视总理的主义和政策，所以我及一般的同志们都主张讨伐他。现在正在进行北伐黑暗的奉天军阀及东征蒋逆介石的封建背叛者工作当中，我们的中央各同志也发生了不幸的变动。前时主张讨伐蒋介石的，现在忽然有投降妥协的

要求；前时主张联合一切革命分子去革命的，现在忽然有与共产党分裂的主张；前时主张拥护农工利益的，现时忽然反而要去屠杀农民和嫉恶工友。政治工作本是党的权威，现在也是无理的受尽一切屈辱和遭值意料外的踩躏。我自己在工作当中固然是不能执行责任，我更为我们的中央危。我始终认为三民主义如果受了曲解，农工如果受了摧残，革命分子如果被摈斥，政治工作如果被威胁，则不独党的革命意义和权威消灭，而且必然招致反革命的结果。

在文中，邓演达还特地指出：

讨伐蒋介石，如果不认为[真]讨伐他的纲领、他的反革命的封建的行动，而只着眼在私人关系，结果只有循环不已的军阀私人争斗或某种领袖的私人争斗。我们的党如果不决定而且承认农工政策及有决心解决土地问题，则革命的意义完全消失，结果必难免第二次辛亥年的失败。我因为这个，所以离开了目前的工作，而且希望我们党的领袖们的反省。

最后，邓演达表明，作为坚定的革命者和爱国者，自己只是暂时离开，离开是为了回来后更好地工作、更好地奋斗：

我现在离开工作了，同志们！我并不是就永远离开了工作。我一面准备着争斗，一面准备着如果我们的中央确固了革命的纲领，三民主义革命的纲领，坚守着总理的政策，那我必立时受中央的命令立刻回来工作。

邓演达：以身殉志，不亦伟乎

  同志们！革命是我们的职业，三民主义的国民革命是我们的立场。同志们！大家奋斗！我一定在最近的将来来和大家再见！

  此后，邓演达秘密出走，他化装成检查电线的工人，与总政治部的苏俄顾问铁罗尼结伴，沿京汉铁路至郑州，再转陕西潼关，乘苏联顾问专车，经陕甘蒙古的大戈壁，历一个半月时间到达莫斯科。

  邓演达为什么出走苏联？包惠僧进一步分析："他当时的思想，是反对国共分裂，反对蒋介石、汪精卫的反革命行动，而仍然抓着国民党不放手。他赞成共产党革命的联合战线，而不同意共产党的土地政策，他还是主张孙中山的耕者有其田，同时还是一个私有制度的拥护者，因此他只能走国共合作的路线，或者是中间路线，但是当时的政治环境，没有现成的中间路线可走，他想依靠苏俄，实现他的理想，创造一个新的中间路线，所以出亡苏俄。"

在海外的活动

  到莫斯科后，邓演达受到苏联领导人的高度重视，得到很好的礼遇。莫斯科不少领导人非常敬重邓演达，邀请他到克里姆林宫发表演说。最高领导人斯大林也曾邀邓演达到自己在克里姆林宫的办公室会谈。有一天晚上，斯大林与邓演达从晚上8点钟一直谈到凌晨2点钟。会谈完毕，斯大林一直将邓演达送到外面门口。不过，在会谈中，邓演达与斯大林出现了明显的分歧。斯大林曾提议将邓演达树立为中国共产党的领袖，邓演达当即拒绝，因为他根本不是共产党员，当时他也没有参加共产党的意愿。但斯大林似乎根本不在乎这个,提议让共产国际设法安排此事即可。邓演达仍然表示反对。由于斯大林的意见没有被采纳,所以他开始对邓演达产生成见。

显然,外界形势虽已变化,邓演达绝不放弃自己的原则立场。他与客居莫斯科的宋庆龄、陈友仁等就中国革命问题交换意见,认为有必要成立临时性革命领导机关——中国国民党临时行动委员会,以宣告南京、武汉的伪党部中央之罪过,继续高举孙中山先生的三大政策旗帜,坚定地执行孙中山先生的遗志。他还接受宋庆龄、陈友仁的委托,起草《对中国及世界革命民众宣言》,并以他们三人名义公开发表。

邓演达积极参加在莫斯科的活动,四处宣传自己的主张,他坚持认为:"中国革命不应置放于第三国际的范畴,中国民族自求解放,第三国际只应作友谊上的赞助,断不能将中国解放的任务,完全任由第三国际摆布,这种民族自决的精神,是在任何环境中皆应该存在的。"即便在克里姆林宫的演讲中,他也坚定地指出:"中国民族应该谋求自我解放,第三国际所给予的只不过是友谊性的援助,解放中国的任务不能全部依赖第三国际的安排。"邓演达这样的演讲,自然是非常客观和正义的,但由于直言不讳,引起了某些人的反感。乃至于当邓演达到莫斯科中山大学演讲的时候,在提出"中国革命者应该分析他们自己的处境并根据自己的实际情况,同苏联应该保持的是亲密的同盟关系,而不是从属关系"时,场内出现了起哄的现象。

不久,邓演达的一些好友获悉内部消息,斯大林可能会对他不利。这样一来,邓演达依靠苏联实现自己理想的想法完全破灭,而且还面临生命危险。宋庆龄等也深为邓演达的安全担忧。于是,某天深夜,邓演达在朋友的护送下迅速离开莫斯科,南下越过高加索,穿边境,经土耳其到达德国,他要深入地考察和研究国际形势,然后与

邓演达：以身殉志，不亦伟乎

中国国内形势作对比，以寻求更好、更切实、更完备的救国之路。

他继续与宋庆龄（不久后也到达柏林）等人交换对中国革命问题的意见，并与侨德的部分中国国民党人组织了一个学会，讨论有关中国问题。同时，他刻苦钻研历史、哲学等方面的著作，并四处实地考察，以了解更多的真实情况和获得更多的鉴戒。

在此期间，邓演达着重研究中国近代史和世界通史，认真研读马克思主义原著和孙中山著作，研究经济史、经济学、政治制度等，并大量阅读德国和欧洲出版的进步报刊，在对比和思考中探索中国的现实问题及解决方案。他不知疲倦地研究历史，感受到研究历史的乐趣和重要意义，认为："研究这个，才晓得世界的由来，才晓得世界各部的相互关联。这种史一定要站在社会的观点上才能适合要求。中国的近代史更是切要，因为一切社会变迁的条件，都是在最近百年内急剧的发生和变化的。研究这个，可以晓得它之成败的历史社会原因的结果。"这种观点，即便放在现在，也是非常值得读者们学习的。

在研读历史的过程中，邓演达不仅与旅德友人一起探讨，而且与国内的朋友保持联系，他曾写信给季方，说："你现在所需要的还是：第一，了解社会的进化阶段和同这个社会阶段相适应的经济阶段；第二，了解政治力量变移的过程及其原因；第三，特别关于中国问题上解释。"

在研读理论的同时，邓演达又到南德最贫困的山村考察，考察的结果是："发现他们的生活与我国的工农生活相对照，真有天堂与地狱之差。"这种差异，让邓演达深为中国劳苦大众而痛苦，更加强了他的救国救民的责任感。他写信给国内的战友郭冠杰，说："关于继续中国革命的事，已和孙夫人、陈友仁先生讨论多时，有了具体的结论。此后我们的革命工作，仍应注重农民问题，解决土地问题，以建立我们的革命力量。政治、军事工作,都应当建立在这种力量上面,望努力推进这方面的工作。"

多方的探讨与研究,邓演达和宋庆龄等人的思路越来越清晰了,坚定了他们复兴中国革命的信心。1928年10月,邓演达发表《我们对现在中国时局的宣言》一文,指出:"反动的南京统治是代表中国整个的旧的反动势力",当前的目的"不是反蒋讨蒋,而是要整个推翻军阀官僚地主豪绅的统治","建设一个民族的平民的统治"。此后,当邓演达收到国内同志催促他回国主持革命工作的信函后,毅然决定返回祖国,组建新党。而在返国时,他又特地考察了英国、意大利、保加利亚、土耳其和印度。

邓演达对保加利亚索菲亚附近的农村印象很好,认为那里的农村活动是"到欧洲以来看到的最好的一个完善点",可以作为中国农村的很好的借鉴。他以为中国的青年学生——决心为人民奋斗的青年学生——应该到那里去求学,绝不应到西欧去。他还在给友人的信中表达了自己的信心:"中国的局势决不会因多少的曲折而变更其路向,大家只要团结,最近一定有办法,不要着急。"

在土耳其,邓演达写道:"我每每在小城市中看见代写书信的先生们,已经是用最新式的打字机,我曾经流泪,因为我追想着大多数中国人民不识字而少数的士大夫礼教先生们把持旧文字及礼教的残酷。"

在印度,邓演达特地参谒了释迦牟尼证佛地。

就这样惨遭杀害

1930年5月,邓演达冒着生命危险,秘密回到上海,积极联络有

邓演达：以身殉志，不亦伟乎

关方面人士，进行筹备成立"中国国民党临时行动委员会"的活动。1930年8月，"中国国民党临时行动委员会"在邓演达的领导下正式成立。9月，发表"中国国民党临时行动委员会对时局宣言"，提出召开国民会议，推翻南京反动政府，由人民自己行使主权，实行耕者有其田，肃清帝国主义在华势力，取消一切不平等条约等主张。

邓演达始终将斗争的主要矛头指向蒋介石集团，他创办了《革命行动半月刊》，亲自主编并撰稿，积极宣传第三党的政治主张。除紧张忙碌的各种活动外，从1930年5月到1931年8月，邓演达共撰写《中国到哪里去》、《怎样去推翻反动的统治势力》、《我们为什么要推翻南京的蒋政府？我们要求的是什么？》等十多万字的文章。

他不仅在反蒋宣传上大做文章，而且积极策划军事活动。他强调武装斗争是夺取政权的根本手段，主张一方面建立平民群众的军队，一方面瓦解和争取蒋介石的军队。邓演达计划亲自到江西十八军找陈诚，然后强迫陈诚："如果你反对起义倒蒋，可以将我捆送给蒋介石！否则，你同我一起发难，或者离开军队。"这当然是一个冒险行为，陈诚既是邓演达在黄埔军校的学生和在军队的老部下，而在当时，也同样是握有实权的蒋介石的亲信。但邓演达作了估计，认为陈诚可能没有勇气反蒋，但也不敢把他送给蒋，最后只能自己离开，让邓演达领导他的军队。

邓演达的活动和号召力，使他与他领导的第三党声势越来越大，引起了蒋介石的嫉恨。

早在邓演达返国初期，蒋介石已经派他的心腹王柏龄及陈群、杨虎前往侦察，并与上海租界当局勾结，出30万元悬赏缉捕邓演达。邓演达将生死置之度外，在险恶的环境中坚持斗争。为了准备武装起义，专门办了干部训练班。1931年8月17日，邓演达出席了在上海愚园坊20号举行的受训干部结业典礼,被叛徒陈敬斋告密。蒋方特务立即伙同租界捕房闯入该处,逮捕了邓演达等人。此后便是软硬兼施的审讯,首先是在上海的捕房中。邓演达丝毫不惧,坦然讲述自己的生平及主张。

8月21日上午9时半,租界捕房将邓演达等人一并解送上海高等分院第一刑庭,开始审讯。经质讯、辩论后,法院宣谕,邓演达等15名被告,俟警备司令部公文到后,即予移送,搜获文件亦一并移送。谕毕,被告邓演达的律师马上对判决提起抗告,请求停止执行。但院方坚持:"本案为协助案件,非受诉案件,故不能停止执行。"接着,便宣布退庭。

邓演达在审讯中表现出大义凛然的无畏精神,他的演说

邓演达在上海被捕时情景

引起审判者的惊慌与害怕,赶紧闭庭。随后,邓演达被关在单间牢房里。有个看守愿冒死窃取钥匙,救邓演达出去。但邓演达考虑到与他一起被捕的另外14人,没有同意,认为他一旦逃脱,其他的人会被蒋介石杀害。

在狱中和审讯中,邓演达仍然以一贯的精神感召着同伴们。灼华回忆:

邓演达：以身殉志，不亦伟乎

在巡捕房监牢里，邓先生非常沉默，轻易不肯说话。不过我们曾经谈到如果南京要以你投降作释放的条件，你的意见怎样？先生回答的话是："决不！它要我投降，要我抛弃我的主张，那它拿刀子来好了！"但是他同时又估量着如果这事情公开了，则蒋不至于加以残害。

……我们感觉着最难过的，是从17日晚间起到18日早晨听审都没有喝过一滴水。从早晨9点站到下午1点半，也不能不说是疲乏；但是邓先生还是精神一贯，虽然不吃不喝，仍能保持其严正从容的态度，这使我们同难的人十分惊诧与敬畏。

……关于被捕的事，邓先生亲自对我说："这件事百分之九十九是陈敬斋告密，因为他进到愚园坊后，听我谈话不过半点钟，他就说肚皮痛，请先告假。他走了不到40分钟，巡捕房的人、侦探等等就来了。"

……当我们回到捕房关在小牢里的时候，邓先生说："以耶稣为民族解放而争斗，十三个门徒中有一个人告密，我们也是有一个人告密。……耶稣最后的结果是流了血的牺牲，以他的鲜血来洗涤犹太人的污垢，以他的鲜血来表明他的伟大，他的崇高。"

没过多长时间，邓演达被单独押解到南京。

到南京后，邓演达被监禁在三元巷军委会内。许多知名人士纷纷指责蒋介石，要求放人。而第三党的部分党员已开始积极的营救工作，行动委员会成员许沉圃正好有一排亲信士兵在每星期日晚看管邓演达。许想利用这一良机行动。然而，正当准备行动时，蒋介石下令将邓演达移解到富贵山炮台废址的一所空屋中关押，许沉圃的

人生本不苍凉

营救计划失败了。

蒋介石曾想拉拢邓演达,先后派国民党元老吴稚晖和何应钦等人去看望他,劝他解散组织,放弃主张,并许以中央党部秘书长或总参谋长等高官,或由蒋任总司令,邓任副司令,一起去江西剿共,但均被邓演达拒绝。

"九·一八"事变后,蒋介石的不抵抗政策和围剿红军的反动政策,激起全国人民的愤怒,掀起了轰轰烈烈的抗日救亡运动,威胁着国民党南京政府,同时广州政府也不稳固。为了维护他们的统治,宁粤双方酝酿和谈。粤方提出以释放政治犯、蒋介石下野和改组南京政府为条件。蒋介石为了增强在宁粤和谈中的地位,捞取政治资本,除派王柏龄、戴季陶等去狱中劝降邓演达外,还亲自出马。当他问邓演达对"九·一八"事变有何感想时,邓演达冷冷地说:"还不是你连年内战造成的。"11月下旬,蒋介石在两广军阀的逼迫下,被迫下野。下野前,蒋介石派人向邓演达提出释放条件,即蒋下野期间,邓演达不再写反蒋文章。邓演达拒绝这一要求。蒋介石最害怕的是邓演达在黄埔军校学生中的地位和影响,正如黄埔学生李奇中所讲:"由于邓先生对黄埔学生一贯严肃、正直、真诚、亲和(何应钦则是表面亲和,内心偏颇),在黄埔学生的心中不知不觉地产生了对他的敬佩和信任。有些学生信任邓先生超过信任蒋介石。"当时,黄埔军校历届毕业生联名要求蒋介石释放他们的教育长,这使蒋介石更加震惊了。所以,蒋介石担心自己一旦下野,邓演达必然被释放,那时,邓演达会组织起黄埔师生,成为他重新上台的最大障碍。在这样的心理下,蒋介石动了杀机。

1931年11月29日夜,蒋介石的卫队长王世带着几名全副武装的卫士来到监狱,将邓演达押上囚车。当囚车驶出南京城,开到麒麟门外沙子岗时突然熄火停下。王世等先后下车,查看一会儿后对邓演达说:"下车吧,抛锚了。"邓演达刚刚走出车门,枪声突起,邓演达倒在血泊中。一代英豪就这样惨遭杀害,死时年仅36岁。

接着,蒋介石急忙令人伪造军政部军法司特别会审邓演达的"判决书",妄加罪名,宣布邓演达死刑。

解放后,中国农工民主党特派庄明远等前往南京,将邓演达尸骨迁葬于南京中山陵左侧,竖立何香凝题写的"邓演达烈士之墓"的石碑。邓演达将名垂千古。

那个出卖邓演达等人的叛徒陈敬斋,在解放后被判处死刑。

主要参考资料:

邓演达:《邓演达遗札》,出自《文史资料选辑》第126辑,中国文史出版社,1999年。
邹韬奋:《邓演达先生的精神不死》,出自《回忆邓演达》,广东人民出版社,1999年。
何香凝:《忆邓择生》,出自《回忆邓演达》,广东人民出版社,1999年。
茅　盾:《一段回忆》,出自《回忆邓演达》,广东人民出版社,1999年。
彭泽民:《邓演达死得太可惜了》,出自《回忆邓演达》,广东人民出版社,1999年。
宋庆龄:《纪念邓演达》,出自《回忆邓演达》,广东人民出版社,1999年。
毛泽东:《"以身殉志,不亦伟乎!"》,出自《回忆邓演达》,广东人民出版社,1999年。
周恩来:《这人的人格很高尚》,出自《回忆邓演达》,广东人民出版社,1999年。

人生本不苍凉

　　李奇中:《为革命事业奋斗终生的邓老师》,出自《回忆邓演达》,广东人民出版社,1999年。
　　包惠僧:《邓演达出走》,出自《回忆邓演达》,广东人民出版社,1999年。
　　朱蕴山:《怀念亡友邓演达》,出自《回忆邓演达》,广东人民出版社,1999年。
　　灼华:《邓择生先生被捕始末记》,出自《回忆邓演达》,广东人民出版社,1999年。
　　周竞西:《与邓先生一起坐牢的日子》,出自《回忆邓演达》,广东人民出版社,1999年。
　　萧翰香:《邓演达被害记》,出自《文史资料选辑》第123辑。
　　张建安:《邓演达被秘密处死案》,出自《民国大案》,群众出版社,2002年。

杨杏佛："为人权流血第一人"

今天,当我们带着感伤的情绪怀念前人的时候,往往不会意识到,或许再过几年、几十年、几百年乃至更为久远的年代,后人也将怀念我们。这对人类来说,既是一种悲剧,同时却也是值得庆幸的——人类之不息精神也将因此永远传承。

1927年3月12日,杨杏佛写了一篇《回忆》的文章,是为纪念孙中山先生逝世两周年所作。文章以饱满的文笔,叙事、抒情、言志:

> 在一个严霜冷月的深夜,一间很小的客室里,挤满了许多人,大家都相对无言,面上现出很愁惨焦急的颜色。打破这沉寂的空气,只有从间壁卧室里出来的十分粗促的呼吸声——孙中山先生垂危的呼吸。这一屋子的人们,大家只有一个念头——假使孙先生可以不死,大家都情愿减少自己的寿数,来延长孙先生的生命。然而这个志愿不久便完全绝望。大家枯坐静守到次日(十四年三月十二日)早晨,忽然听得医生宣告孙先生已于本日上午九时三十分安然长逝。一个四十年国民革命的导师,竟离开四万万被压迫的民众饮恨而逝。这是何等重大的哀音。这一屋子的人,同时感觉到心上受了无限的损失,肩上却添了无限的负担。孙先生的物质生命,我们虽然无法延长,但是用心血颈血和一切的牺牲来延长孙先生的革命生命,却是全国乃至全世

界孙先生主义的信徒的责任。

此文发表仅过了六年,杨杏佛便死在国民党特务的乱枪之下,他的死令人悲痛,怀念他的文章也不断地出现了。正如杨杏佛怀念孙中山一样,人们怀念他并非单纯的怀念,而是从他的精神中汲取力量和勇气,以便自己也可以做一个大写的人,在社会需要自己的时候,可以勇敢地站出。

杨杏佛既是"为人权流血的第一人",也是一位有牺牲精神的热情的歌者。热爱民主、科学、自由的人们将永远记住他,而在回顾他的事迹的时候,是否也可听到他的歌声:

> 人们,你苦黑暗么?
> 请你以身作烛。
> 用自己膏血的,
> 方是真正光明之福。

> 同志们,我疲了!
> 但是不敢后退,
> 与畏缩落伍的行尸做伴,
> 还情愿和被创的战士在血泊中僵睡!

我有一个梦想

杨杏佛,原名杨宏甫,又名杨铨,1893年5月4日出生于江西玉山。1908年,杨杏佛入上海吴淞中国公学就读,接受进步思想。武

杨杏佛:"为人权流血第一人"

昌起义时,他以同盟会会员的身份赶往武昌,亲历辛亥革命,后来在孙中山组建的中华民国临时政府中任总统府秘书处的收发组长。1912年南北议和,袁世凯窃取了革命成果。此时,如果杨杏佛见风使舵,自然会获得很好的职位。但以他耿直的性格,痛感时局不可为后,毅然放弃优厚的待遇,远赴美国求学。杨杏佛先在康奈尔大学选读机械专业,接着在哈佛大学商学院商业管理学院攻读硕士学位。他希望汲取到世界最先进的思想和营养,为祖国效力。

杨杏佛很早就怀有科学救国、实业救国的理想,赴美后,美国先进的科学与中国落后的面貌形成巨大的反差,刺激着杨杏佛和他的同伴。1914年夏,美国康乃尔大学的几个中国留学生决定创办《科学》月刊,他们认为:中国最缺的莫过于科学,《科学》月刊就是专门向中国介绍科学的杂志。他们说干就干,迅速筹备,促成《科学》月刊第1期很快在美国编辑成功,1915年1月即在上海由商务印书馆印行。《科学》月刊是中国第一份综合性科学杂志。在《科学》月刊上签名的"缘起"人有:胡明复、赵元任、杨杏佛、任鸿隽等。从《科学》创刊到1921年,杨杏佛任编辑部长达7年之久,共主编6卷69期杂志。他不仅约稿、组稿、审稿,而且经常自己写

杨杏佛(1893—1933)

人生本不苍凉

稿、译稿。

　　杨杏佛将最先进的科学成果介绍到中国,例如,《科学美国人》杂志在1921年2月5日刊登《爱因斯坦相对说》一文后,杨杏佛马上意识到"相对论"的重要价值,仅一个多月时间,他就将此文译成中文并发表于《科学》月刊。这是国内介绍相对论最早的文章之一。杨杏佛在宣传科学精神的同时,还注重将科学与实业、科学与救国联系起来,激发国人的爱国热情。他也意识到了榜样的非凡力量,非常重视科学家传记的写作。例如,他自己便写过《牛顿传》、《詹天佑传》等文章。在《詹天佑传》一文的末尾,杨杏佛还这样评论:"综氏(指詹天佑)一生,未尝离工程事业。其为官,不过邮传部候补丞参,民国不过交通部技监,无赫赫之位,炙手之势,及其逝也,举国识与不识咸兴人亡国瘁之悲。呜呼!其感人抑何深耶!夫以氏之学识经验,使充其能,所成就者又岂仅京张数百里之路已哉。乃频年干戈,政争不已,卒至赍志以殁,不能如史第芬森、瓦特辈目睹所业跻国富强,此岂个人之不幸哉,吾为中国惜也。"

　　在这样的感叹声中,杨杏佛当然能意识到:国家富强,需要科学。但仅有科学还是不够的,还需要政治、需要民主、需要实业、需要教育、需要民众的觉醒……

　　杨杏佛一直认为:"在现今世界,假如没有科学,几乎无以立国。"怀着科学救国的抱负,杨杏佛还与胡明复、赵元任、任鸿隽等留美同学发起成立中国第一个学术团体——中国科学社,他们出版书刊,建立图书馆和生物研究所,创办中国图书仪器发行公司……满怀热情地传播着科学的火种。

　　杨杏佛一直有一个"梦想":"我梦想中的未来中国,应当是一个物质与精神并重的大同社会。"他相信自己的"梦想"会成为现实。

杨杏佛:"为人权流血第一人"

也正是怀着这样的抱负和理想,杨杏佛于1918年获得哈佛大学工商管理硕士学位后,迅速回国。

科学与革命

回国后,杨杏佛历任汉阳铁厂会计处成本科科长、南京高等师范学校教授、东南大学工学院院长。他满怀着报效祖国的热情,投入到教育救国、实业救国的实践当中,但黑暗的现实迫使杨杏佛作深刻的思考。经过长时间的观察与思考,他意识到:"今之投身教育实业者,大抵皆一国最优秀之分子,其志则鄙政治而不为,又不愿任改革之责,其力则藉教育实业为保障,足以糊口安心,武人政客之黠者知其不能为祸,且足以消磨反抗人材,亦虚与委蛇以博贤名,而教育实业遂成中国超治乱无是非之特殊社会。所余者乃为水深火热受压迫无首领之民众,与专横无耻窃政权攘私利之武人政客,一则但能作恶,一则但知受祸,而此中立之教育与实业,且作壁上观,如秦人之视越人,中华民国之祸乱,又安得而不延长至十余年乃至数十年哉?"鉴于此严峻之现实,杨杏佛力呼各界人士勇敢地行动起来,担起救国的责任:

"中国尚文,故士最贵,当政治污浊之际,士常能以气节文章左右风气,挽回劫运。晚近染于西教士募化之习,以奔走社会之故,遂不得不奔走权门,逢迎大贾,士气因此不振;然其领袖之资格尚未完全丧失也。苟有大公无私之主张,抱不屈威武之精神,挺身出而救国,必能得中外人士之同情与援助。"这里的"士",自然是指知识分子。

"四民之中最有实力者莫过于商。军政费之来源不外借款、赋税与变卖公产三途,而皆须假手于商人行之。故商人果有改革政治之决心者,必能手釜底抽薪之效。且商人素无党派,苟有正大主张,尤能得中外人士之信仰。"

"农工两界之人数最多,受祸最烈,势力亦最小。其势力薄弱之故,不在职业之低微,而在知识之缺乏。然最痛心疾首于兵祸者,莫过此辈,但使有人为社会请命,必可得此辈之实力援助。劳动界思想简单,最富血性,一旦奋起,必能为中国政治改革添一种不可思议之势力。"

"士农工商果皆决心救国矣,将如何而后可达目的?曰,仍不外利用其固有之社会势力,首有组织之团体择言论自由之地召集一救国发起会,拟定最简单之救国主张,如废军阀制……""或谓使此举而仍失败,又将如何?曰惟有结合全国之有职业者而为民权革命而已。"

杨杏佛在黑暗中前进,尽管在某些方面的认识未必深刻,未必完全正确,但他具有坚定的信念,那就是一定要找到一条光明大道——让中国民众幸福起来。他勇敢地举起火把,摸索着前进。在前进的过程中,他越来越意识到"革命"的重要。

1924年,孙中山主持中国国民党改组,实现了第一次国共合作。杨杏佛与陈去病等人在东南大学成立国共合作的地下组织,从事革命活动。他的举动受到东大校长郭秉文的敌视,工科被取消。杨杏佛辞去教育界的职务,回到孙中山身边,担任孙中山的秘书。同年年底,孙中山应冯玉祥之邀北上,共商国是,杨杏佛随往。1925年3月12日,孙中山病逝于北京。杨杏佛陪伴孙先生走过其生命最后的时光,深受孙中山精神所鼓舞,深得孙中山思想之精髓。1926年,杨杏佛撰写《中山先生几个伟大的观念》,指出:

杨杏佛:"为人权流血第一人"

现在我要特别提出的,却是先生几个伟大的观念。这几个观念是先生人格和主义的基础,是一切庆祝先生诞辰的人们所当深切地了解、忠实地奉行的。……

一、无省界　中山先生平生最反对的是省界观念。从陋不可告人的部落思想到似乎很冠冕堂皇的联省自治都为先生所深恶痛绝。中华民族是整个的,不是分散的。国民革命的成功,惟有全国民众参加方能实现。……

二、无阶级　中山先生在满洲官吏眼中是一个江湖大盗会匪头目。溥仪批评中山先生说他是一个爪哇产的华侨,不是亡国君臣不能有此异想;但是中山先生却一点不以此为辱。先生从无贵贱贫富等阶级观念。……

三、无国界　中山先生是主张由民族主义达到世界主义的。"己立而后立人",由中国国民革命到联合世界上以平等待我之民族共同奋斗,都是先生的革命方略。……

三民主义国民革命是无省界、无阶级、无国界的,庆祝中山先生诞辰的国民不要忘记!一切被压迫的省民团结起来!一切被压迫的阶级团结起来!一切被压迫的民族团结起来!

此时,杨杏佛自然仍未忘记"科学救国"的鸿志,但他已深刻地意识到:在当时的乱世,当然更需要革命。同一年,杨杏佛专门写了《科学与革命》的文章,呼吁:"惟有科学与革命合作是救国的不二法门。换句话说,便是革命家须有科学的知识,科学家须有革命的精神,共同努力去研究社会问题,以及人生一切的切身问题,中国才有救药,世界上才有光明。"

在这样的社会实践当中,杨杏佛越来越受到世人的关注,而他的人品与性格,也受到宋庆龄等人的尊重。孙中山逝世后,国民党决定斥巨资80多万两白银修建中山陵,杨杏佛被推举为葬事筹备处主任干事。投标中山陵工程的建筑公司近40家,其中19家给杨杏佛及其下属送了礼。招标会之前,杨杏佛将所有的礼品摆在陈列室中,迫使那些行贿公司尴尬而去。有人曾向宋庆龄告杨杏佛的黑状,称其受贿。当时杨杏佛还没有将礼品公示,但宋庆龄给杨杏佛充分的信任。等杨杏佛作出公示后,二人更加互相信任了。

为保障人权恢复国威而呼

1925年"五卅惨案"发生后,面对帝国主义对中国人民的血腥屠杀,杨杏佛不顾肺病缠身,一边咳着血与疾病抗争,一边在上海主办《民族日报》,使该报社成为当时"中国民族运动之唯一的理论指导机关"。杨杏佛本人则在负责编辑、校对等任务的同时,坚持每天撰写社论。他所写的社论,极富号召力和感染力,极大地鼓舞着民族的正气。他所写的第一篇《民族日报发刊辞》,便义正词严地表明了自己的立场。文章不长,分两部分。前半部分说明办报之目的——唤醒国人,为保障人权恢复国威而呼吁:

民族日报,何为而作也?将以唤醒中国民族之自觉也。海通以来,中国民族之地位日益堕落。其始也,屈于外人之武力;其继也,屈于外人之外交;至最近之二十余年,更屈于外人之经济力。六十年来中国人民受外人之污辱踩躏,亦几自忘为独立自由之民矣。民国成立,稍稍有振拔之意,又为袁氏(指袁世凯)之淫威所慑,重入睡乡。在国人但求安然睡死,"寿终正寝",于愿已足。岂知彼帝国主义之列强方磨刀其旁,以大割为快,绝不许吾人享此梦死之清福乎?卒也,民国四年五月七日,有日人二十一条要求。国人经此一割,稍稍觉悟;然呼痛之声未终,又沉沉入睡矣。至今年五月卅日南京路英捕房之枪声起,全国人民始憬然大觉,奔走号呼,知吾人之生命贱于犬马,吾国之地位低于印度埃及,卑贱至此,生不如死,因群起而为使障人权恢复国威之呼吁。其事虽晚,然苟由此努力,始终不懈,未始非中国民族之一线生机也。

后半部分进一步呼吁国人,为民族主义、人道主义、独立自由而斗争:

呜呼!"五卅"惨案之死者,吾四万万被蹂躏压迫同胞之前驱也,代表也。中国何地不可为南京路,中国何人敢自断不为南京路之牺牲者。今日举国人民之尚能苟延残喘者,非有法律与武力之保障,特就戮之时机未至耳!故今日之呼吁,非仅为死者呼冤,实为全中国人民之自救也。今者举国方为人道正义独立自由而争,十四年前激昂慷慨民族革命之精神复见于今日。吾人不敢必政府交涉之能得公道,然一民族之存亡惟在民族本身之自决。吾人而果不甘为英日帝国主义者之奴隶牛马乎?则由此发奋努力,对虐我之英日,实行经济绝交,至死不懈;对误我之政府,实行扩张民权,监督官吏。必使中华民国于最短时期中废除一切不平等条约,然后"五卅"惨剧中之死者为不虚死,未死之中国国民为不苟生。同人惧吾民族之善忘易睡也,因发刊斯报,欲以孙中山先生之民族主义,为国人之暮鼓晨钟、明灯木铎。国

人生本不苍凉

魂未死,盍兴乎来!

此后,杨杏佛又先后撰写并发表《八十五年来中国之大敌》、《对于上海市民大会的感想》、《论对英经济绝交》、《不共戴天之英帝国主义者》、《"五卅"惨案与民族独立运动》、《"五卅"惨案中之南北教育界》等近二十篇文章,引起很大反响。其中,杨杏佛在《反自杀》一文中表现出自己坚忍不拔的革命精神,他高呼:

有志建国者不可死!
决心奋斗者不屑死!
畏惧亡国者不敢死!
以救国为己任者不能死!

可惜的是,《民族日报》仅办了十几天便被迫停止。即便如此,杨杏佛仍在《告别辞》中表现出为革命百折不挠的奋斗精神,"停刊辞"变成了一篇激昂的战斗檄文:

《民族日报》产生于举国忧伤哀痛之日,发起于少数有心无力之人,处无可告语之地,而有不得不言之势。祸患及身,骨鲠在喉,不假思索,而有斯报之作,所谓知其不可而为之者也。十余日来,竭少数人之心力财力,谋旦夕之言论自由,幸获国人之赞许欢迎,方期继续努力与国人长共患难。而环境所迫,竟使我生于忧患之《民族日报》,不得不向读者为暂时之告别。呜呼!……前路茫茫,杞忧何极。一息尚存,终当与国人别谋相见,共济时艰。

杨杏佛:"为人权流血第一人"

最后,杨杏佛不忘再次呼吁:"结合国族团体,抵抗外国之压迫!""振起民族精神,求民权、民生之解决,以与外国奋斗。"

短短的十几天时间,杨杏佛为民族独立、为保障民权所作的贡献,受到世人瞩目。他所具有的影响力、号召力因此大大提高,但同时也受到了特务的监视和威胁。

此后,杨杏佛积极地进行救国活动。他曾两次被捕,险被枪决,幸被营救脱险。而杨杏佛早已不顾自己的安危。他追求"大我",毅然决然地将自己的生命与民族独立、保障人权等事业紧紧地联系在一起。

无畏地前行

1925年10月,杨杏佛与恽代英、张闻天、沈泽民、郭沫若、沈雁冰、陈望道、杨贤江等人一起发起中国济难会,编辑出版《济难月刊》,筹款营救被反动派逮捕关押的革命者。1926年1月17日,杨杏佛在济难会上海市总会成立大会上被选为审查委员,他在就职演讲中说:"吾济会目的,在表同情于民族谋解放之人,而予意尤当注重工农。"北伐战争开始后,杨杏佛负责北伐军在上海的地下工作,设秘密电台,策应北伐军的工作。1927年,杨杏佛积极支持周恩来领导的上海工人第三次武装起义,并担任上海特别市临时政府常务委员。同年4月,蒋介石叛变革命。杨杏佛在上海险被国民党右派杀害,脱险后继续奉行孙中山的遗志,与共产党密切合作,从事革命活动。

1927年,杨杏佛被大学院(全国最高学术教育行政机构)院长蔡元培聘为国民党政府大学院教育行政处主任,后改任副院长。1928年4月,杨杏佛协助蔡元培创办中国第一个研究自然科学与社会科

人生本不苍凉

学的综合性研究机构——中央研究院,并出任研究院总干事,大力支持进步学者进行社会调查。他本人也尽可能地深入到城市和农村进行实地考察。1931年,在蒋介石对江西中央革命根据地发动第二、三次军事"围剿",并进行虚假报道的时候,杨杏佛则亲自前往江西,经过实地考察,结合以往的资料,撰写并发表《赤祸与中国之存亡》,客观地介绍了中国共产主义运动、八个苏维埃区域的情况、江西苏区红军以及三次反"围剿"的状况,并在结论指出:国民党舆论所吹嘘的"围剿"胜利,"不过是治标而已,只有避免内战,促成团结,实行革命的三民主义,才能建设独立自由的中国"。此文在《民国日报》连载后,国民党当局非常震怒,中文合订本尚未全部分发就被收缴销毁。

"九·一八"事变后,全国积极主张抗日救亡。宋庆龄、蔡元培、杨杏佛等人勇于站在抗战斗争的最前列,在上海筹备中国民权保障同盟,杨杏佛担任总干事。中国民权保障同盟是一个进步的政治团体,在国民党及其政府的统治区内,以合法形式与恶势力进行公开斗争,为人民争取民主权利。"同盟"的主要任务是:"一、争取释放国内政治犯,反对目前到处盛行的监禁、酷刑和处决的制度。本同盟首要的工作对象是大量的无名囚犯。二、予政治犯以法律的辩护及其他援助,调查监狱的状况和公布国内剥夺民权的事实,以唤起舆论的注意。三、协助关于争取公民权利,如出版、言论、集会和结社自由的斗争。"

"同盟"一成立,杨杏佛等人就发布新闻,向国内外揭露当局的反动统治及特务罪行。接着,"同盟"还展开切实而具体的工作:致电蒋介石,要求释放在北平被非法拘禁的许德珩等爱国师生。杨杏佛还专门前往北平营救。在各方面的压力下,国民党被迫释放爱国师生。杨杏佛等人还不顾个人安危,积极营救和保护被捕的共产党人,与国民党当局进行不懈的斗争。在营救廖承志的过程中,在营救国际反帝战士牛兰等人的过程中,杨杏佛等人均无畏地前行。他们不断发表正义言论,极力主张停止内战,一致团结抗日。这与蒋介石"攘外必先安内"的政策完全相反。国民党南京政府为之十分恐慌,遂图谋摧残并扼杀"同盟"组织及活动。到1933年,蒋介石最终决定不惜代价地暗杀"同盟"领导人。有人曾建议对宋庆龄下毒手,终因宋庆龄声誉太高、地位特殊而作罢。于是,蒋介石的毒手伸向杨杏佛。

杨杏佛之死

蒋介石为加强自己的统治,镇压革命运动和对付政敌,特召集国民党军方黄埔系骨干分子组织成立中华民族复兴社(简称复兴社,又称蓝衣社)。蒋亲任社长,特务处处长由戴笠担任。在迫害、暗杀共产党员、进步人士和革命群众方面,复兴社特务处犯下了滔天罪行。民主人士杨杏佛便是被复兴社特务处暗杀的。

戴笠接到杀害杨杏佛的命令是在1933年四五月间。当时,杨杏佛刚从北平回到上海。特务们首先侦察杨的起居活动,知其寄寓在国立中央研究院出版品国际交换处。杨杏佛嗜好骑马,在大西路养了两匹骏马。中央研究院则专门为杨杏佛配备了两辆汽车,供他乘坐。每逢星期天,杨杏佛就会驾车出游,然后到大西路、中山路一带骑马驰骋一两个小时。这已经成为习惯。特务们得知这些情报,认为刺杀杨杏佛的机会很多,最好是在他到郊外骑马时下手。然而,蒋介石刺杀杨杏佛的目的,一是阻扼"同盟"活动,另一重要目的是为了吓唬宋庆龄。所以他不同意在郊区动手,认为把杨杏佛暗杀在租界之外的地区,既达不到威吓宋庆龄的目的,又会增加当局的麻烦,很可能引起舆论指责以致非得破案不可。因此,他命令特务们一定要在法租界宋庆龄的寓所附近刺杀杨杏佛,这样既可向宋庆龄显示特务的力量,又可以不负责破案。在蒋介石的指令下,戴笠只好改变计划,拟定在杨杏佛外出散步或去宋庆龄寓所的途中将其暗杀。6月初,戴笠将几名特务秘密召集于他设在法租界枫林桥附近的寓所,布置暗杀行动的具体事宜。

1933年6月17日晨,星期六,特务们潜伏在中央研究院附近,准备在杨杏佛出来晨练时动手。结果正好碰上一辆法租界巡捕房的巡逻车,接着又有一队换班的巡捕经过。特务们不便下手,无功而返。第二天早上6点多钟,负责执行暗杀行动的复兴社华东区行动组组长赵理君又带着李阿大、过得诚、施芸之等特务前往。到达中央研究院附近后,赵理君将汽车停在亚尔培路向马斯南路拐角处,自己坐在车上接应。李阿大、过得诚等四人则分散在中央研究院附近,两头各有一人巡风掩护。8点钟左右,杨杏佛身穿骑马装,戴灰色呢帽,携儿子小佛缓步而行,登上轿车。刚出中央研究院大门,马路旁的四名特务便猛地冲出,拔出盒子枪,围在车身两旁射击。顷刻间,车夫强祥生胸部已中两枪,由于身体健壮,虽负伤,仍飞奔出车门,跃上其他汽车,去医院救治。杨杏佛刚听到枪声,便知道有人暗杀。但他爱子心切,并未马上下车,立刻用全身挡住小佛。因此,杨杏佛虽中弹而死,他的儿子小佛却因为父亲的保护而幸免于难,仅右腿中一弹,轻伤。特务们见目的已经达到,遂马上开车逃跑。这时,法租界的巡捕闻声赶到,警笛声四处狂鸣。而特务过得诚却因为慌乱中跑错了方向,等转身再去追汽车时,已离得很远。事情紧急,赵理君已顾不得停车等候了,又害怕过得诚被捕后泄露秘密,遂拔枪向其射击。但他未能击中过得诚要害,也顾不上了,便开车仓皇而逃。过得诚面对着

杨杏佛:"为人权流血第一人"

四面追过来的巡捕,自知不妙,举枪自杀,一弹从胸侧穿过,但没有死去。巡捕们马上将他与杨氏父子一同送往金神父路广慈医院救治。抵达医院时,杨杏佛已气绝身亡,当即洗礼一番,送入太平间。

杨杏佛与家人合影

凶手过得诚经过急救之后,脱离了危险,很快就可以说话了。在巡捕房的追问下,过得诚说出他在特务机关的化名———高德臣,但始终未敢说出此案的真实情况。即使如此,戴笠已很快得知消息,即刻命令在法租界巡捕房任华探长的特务范广珍,叫他带上一包毒药,伺机接近过得诚。当晚,过得诚"重伤不治"而死。

又为斯民哭健儿

杨杏佛之死,引起了宋庆龄、蔡元培以及全国舆论界的强烈愤

人生本不苍凉

慨。他们都知道,这是国民党特务所为。宋庆龄不畏特务的恐吓与威胁,立即发表声明,抗议国民党反动派暗杀"同盟"总干事的卑鄙行为。1933年6月20日下午,尽管到处都是特务,但宋庆龄与中国民权保障同盟的其他领导人蔡元培、鲁迅、邹韬奋、胡愈之、沈钧儒等,以及各界人士100余人,不畏危险,参加了在万国殡仪馆灵堂举行的杨杏佛入殓仪式。

举行公祭时,蔡元培悲痛地说:"人孰不死?所幸者先生之事业、先生之精神,永留人间。元培老矣,焉知不追随先生以去?同人等当以先生之事业为事业、先生之精神为精神,使后辈青年学子有所遵循,所以慰先生者如此而已。"

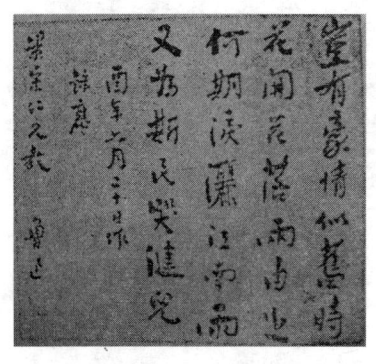

鲁迅也极为悲伤,写下了传诵一时的悼诗:

> 岂有豪情似旧时,
> 花开花落两由之。
> 何期泪洒江南雨,
> 又为斯民哭健儿。

鲁迅悼念杨杏佛的诗

曾受到蒋介石十分信任的钱昌照后来回忆:"杨杏佛在1933年夏被暗杀,主要是因为反帝大同盟的关系。宋庆龄、蔡元培、杨杏佛和鲁迅是反帝大同盟的四主将。蒋不敢对宋和蔡下手,结果对杨下了手。杨有学问,有才干,是一个有为之人。蔡为此对蒋极为不满,从那以后很少同蒋见面。"

尽管杨杏佛被害后,中国民权保障同盟的活动被迫停止,然而,正义而勇敢的人们,依然迈着坚定的步伐,为争取光明而执著地奋斗。

以特务之恶劣行径行恐怖统治,固然也能得逞一时,但决不会长久。这样的白色恐怖固然能吓倒一些懦夫,但真正的勇士决不会退缩,而且他们的力量会越来越大,最终取得胜利。

正如宋庆龄发表的激动人心的讲话:"这些人和他们雇来的打手们以为靠武力、绑架、施刑和谋杀,他们可以粉碎争取自由的斗争……但是,斗争不仅远远没有被粉碎,而且我们应当更坚定地斗争,因为杨铨为了自由而失去了他的生命。我们必须加倍努力直至实现我们的目标。"

主要参考资料:

杨　铨:《杨杏佛文存》,出自《民国丛书》第三编,上海书店,1991年。
杨杏佛:《杏佛诗词选》,出自《杨杏佛》,中国文史出版社,1991年。
杨杏佛:《杏佛书信选》,出自《杨杏佛》,中国文史出版社,1991年。
杨宇清:《杨杏佛传》,出自《杨杏佛》,中国文史出版社,1991年。
杨小佛:《往事历历忆父亲——追忆杨杏佛的生活与感情》,出自《杨杏佛》,中国文史出版社,1991年。
沈　醉:《杨杏佛、史量才被暗杀的经过》,出自《文史资料选辑》第37辑,中国文史出版社,1999年。
钱昌照:《钱昌照回忆录》,中国文史出版社,1998年。

蔡锷："但为四万万人争人格"

作为一个人，精神与思想的力量总是远远大于身体本身的力量，这也正是人之所以有别于动物、之所以伟大之处！

值得注意的是，中国近代史上，以护国著称，以坚毅之志率勇毅之军，一举而粉碎袁世凯皇帝梦的蔡锷将军，却是以病弱之躯行非常之事的。

本一"文弱书生"

蔡锷，原名艮寅，字松坡。1882年12月18日（清光绪八年十一月初九）生于湖南宝庆（今邵阳市），家境贫寒。其父蔡正陵见松坡聪颖好学，先是自己教学，后又让儿子拜著名维新派学者樊锥为师。松坡13岁时，因其瘦小，由父亲扛在肩上进入科举考场，成绩颇佳，得中秀才。三年后考入长沙时务学堂，师事梁启超、谭嗣同、唐才常等人，接受进步思想的熏陶，忧国忧民，谈吐激越，不惜牺牲自己以拯国难。其学业甚佳，是班内的高才生。同年8月，戊戌政变，时务学堂被迫停办，青年学生多被诛囚，松坡一度去武昌求学，但学校对时务学生概不接纳。1899年，松坡考入上海南洋公学，不久梁启超来信相召，并得唐才常资助前往日本，就读于东京成城学校。1900年，唐才常决意率自立军在武汉起义，当时与松坡同来东京的十位同学均

蔡锷:"但为四万万人争人格"

蔡锷(1882—1916)

回国参与其事,松坡则因年幼被留下。然松坡人小志大,他不甘落后,于是只身回国。唐才常仍认为松坡年幼体弱,不能担负重任,于是在起义前半月,将其派往湖南黄泽生处。黄泽生虽同情革命,但认为唐才常等人的方法不易成功,他劝说唐才常无效后,坚留松坡于其家,以避免不必要的牺牲。不久之后,唐才常等人被捕,英勇就义。松坡听此消息,忧愤成疾,改名为"锷",立志"流血救民"。故虽在病中,仍勤学不断。黄泽生深为赞赏,资助蔡锷再次到日本求学,寻找救国之路。

1901年,蔡锷再度到东京成城学校学习,与杨笃生、梁鼎甫等创设编译社,还创设校友会,并与一些留学生秘密结社,发誓推翻腐败之清廷,建立一个强大的新中国。在朋友间的辩论中,蔡锷倾向于以

人生本不苍凉

军事救国。所以,1902年蔡锷刚从成城学校毕业,便谋求学习先进的军事。为此,他向梁启超求助。梁启超看看蔡锷,笑道:"汝以文弱书生,似难担当军事重任。"直到这个时候,蔡锷还是给人一种"文弱书生"的印象。

蔡锷听老师这么一说,有点急了。他那看似瘦弱的身躯中,实则流淌着坚强的热血。在救国宏志的激励下,再瘦弱的身躯也会变得强壮。蔡锷热切地对梁启超说:"只须先生为我设法得学军事,将来不做一个有名军人,不算先生门生。"梁启超这一次明显地察觉到潜藏在这位学生身上的力量,他看蔡锷志向坚定,遂设法帮他。1902年8月,蔡锷入日本仙台骑兵第二联队为入伍生。1903年1月,蔡锷进入东京士官学校习骑兵科,从此开始其以"军事救国"的生涯。他一面勤奋地学习军事知识,一面苦练身体,终于使自己从"文弱书生"中摆脱出来,成为一名文武双全的军事人才。他与同学蒋百里、张孝准一起,被称为"中国士官三杰"。他与黄兴、蓝天蔚发起组织了拒俄义勇队,后改名为军国民教育会,是留学生以学术团体从事革命秘密活动的最早团体之一。他所撰写的《军国民篇》,分析中国积弱的原因后,探索中华民族之国魂,然后提出从军事方面进行改革从而达到富国强兵的主张。此文与蒋百里所写《军国民之教育》一起,被日本人下河五郎合编为《军事篇》一书,先后印行七版,成为鼓吹军国主义的代表作品。蔡锷、蒋百里所鼓吹的军国主义,是面向全体国民进行军事教育,希望以尚武精神组建新式军队对抗帝国主义的侵略。这与蔡锷当初弃文学武时"要救国就得拿起枪杆子"的主张一脉相承。

1904年,蔡锷由士官学校毕业时,在100多名毕业生中,他的成绩名列第五。接着,他回到祖国,开始其戎马生涯。

蔡锷:"但为四万万人争人格"

别具特色的"精神讲话"

回国后,蔡锷加入了华兴会的外围组织爱国协会。他先在江西随营学堂担任总教习及监督等职,接着到湖南教练处担任帮办等职,曾在岳麓山上口占一绝,抒发凌云壮志:

苍苍云树直参天,万水千山拜眼前;
环顾中原谁是主?从容骑马上峰巅。

1905年,蔡锷赴广西训练新军,先后担任广西新军总参谋官兼总教练官、广西混成协协统等职。此时的他,早已摆脱文弱书生的面目,并以英姿飒爽的姿态出现在众人眼前,只见他脚穿长筒靴,腰挎指挥刀,气宇轩昂地骑着骏马而来,被官兵赞誉为"人中吕布,马中赤兔",又被称为"文武双全,无一不精"的总办。他沉着、冷静,办事非常认真,对官兵严格要求,大刀阔斧地进行改革,整顿军纪,很有成效。在广西练兵的六年时间里,蔡锷经常结合实际情况,煞费苦心地宣扬爱国思想,对官兵们说:"广西练兵主旨,一、为求中国独立自由,必须战胜至少一个帝国主义的国家,以此为最高目的;二、为达到此目的,必须全国一致;三、广西必须为把握全国之枢纽,为完成此事,要密切团结内部。"

1911年,蔡锷应云南总督李经义聘请,到云南担任军职,被任命为云南新军第19镇第37协统领。在经过一番考察后,蔡锷认为:"滇中军事较桂省尤难,决非一二人之力所能奏功耳!"为了从根本上提高军事力量,培养军事人才,蔡锷特地辑录晚清名臣曾国藩、胡林翼的军事语录,分门别类,并加以自己的按语,编成《曾胡治兵语录》,以此从思想上教育官兵,激励官兵的救国热情,提高官兵的整体素质,作为云南新军的"精神讲话"。

《曾胡治兵语录》共分十二章:第一章《将材》,第二章《用人》,第三章《尚志》,第四章《诚实》,第五章《勇毅》,第六章《严明》,第七章《公明》,第八章《仁爱》,第九章《勤劳》,第十章《和辑》,第十一章《兵机》,第十二章《战守》。其中前十章论治军,后两章讲作战。

论及"将材"时,蔡锷认为:"为将之道,以良心血性为前提",这是曾、胡共同提倡的"扼要探本之论",也是"现身之说法"。接着又以曾国藩、胡林翼从文弱书生变为一代名将的传奇经历加以阐发,称:"两公均一介书生,出身词林,一清宦,一僚吏,其于兵事一端,素未梦见。所供之役,所事之事,莫不与兵事背道而驰。乃为良心、血性二者所驱使,遂使其'可能性'发展于绝顶,武功灿然,泽被海内。按其事功言论,足与古今中外名将相颉颃而毫无逊色,得非精诚所感,金石为开者欤?苟曾、胡之良心血性而无异于常人也,充其所至,不过为一显宦,否则亦不过薄有时誉之著书家,随风尘以殄瘁已耳!复何能崛起行间,削平大难,建不世之伟绩也哉!"由此不难看出蔡锷心中的宏愿——以良心、血性为前提行救国强国之事。

谈到"用人",蔡锷提倡:"用人不必拘定一格,而熏陶裁成之术,尤在用人者运之以精心,使人人各得显其所长,去其所短而已。"又提出"居上位者"的责任:"窃谓人才随风气为转移,居上位者,有转移风气之责(所指范围甚广,非仅谓居高位之一二人言。如官长居目兵之上位,中级官居次级官之上位也),因势而利导,对病而下药,风气虽败劣,自有挽回之一日。"这其实就是蔡锷对自己的要求。他大声呼吁:"今日吾国社会风气败坏极矣,因而感染至于军队。以故人才消乏,不能举练兵之实绩。颓波浩浩,不知所届。惟在多数同心同德之君子,相与提挈维系,激荡挑拨,障狂澜于既倒,俾善者日趋于善,不善者亦潜移默化,则人皆可用矣。"

在《尚志》中,蔡锷进一步发扬其大志愿,所言之语尤其诚恳、坚定、无私,令人不胜钦敬。他说:"吾侪身膺军职,非大发志愿,以救国为目的,以死为归宿,不足渡同胞于苦海,置国家于坦途。须以耿耿精忠之寸衷,献之骨岳血渊之间,毫不返顾,始能有济。果能拿定主见,百折不磨,则千灾万难,不难迎刃而解。"

其后,蔡锷专以"诚实"为一章,针对"伪之为害烈矣"的国人陋习下药,称:"吾国人心,断送于'伪'之一字。吾国人心之伪,足以断送国家及其种族而有余。"指出:"军队之为用,全恃万众一心,同袍无间,不容有丝毫芥蒂,此尤在有一诚字为之贯串,为之维系。"又以军人之天职,唤起军人的责任心:"吾辈既充军人,则将伪之一字排斥之不遗余力,将此种性根拔除净尽,不使稍留萌蘖,乃可以言治兵,乃可以为将,乃可以当兵。惟诚可以破天下之伪,惟实可以破天下之虚。"蔡锷之用心可谓良苦。

接着,蔡锷又以"勇毅"一章,大力提倡"大勇""浩然之气",称:"军人之居高位者,除能勇不算外,尤须于毅之一字痛下工夫。挟一往无前之志,具百折不回之气,毁誉、荣辱、死生皆可不必计较,惟求吾良知之所安。以吾之大勇,表率无数之小勇,则其为力也厚,为效也广。至于级居下僚(将校以至目兵),则应以勇为惟一天性,以各尽其所职。不独勇于战阵也,即平日一切职务,不宜稍示怯弱,以贻军人之羞。世所谓无名之英雄者,吾辈是也。"

蔡锷在《严明》一章中则认为:"治军之要,尤在赏罚严明",对于"风气纪纲大弛"的军队,"与其失之宽,不如失之严。法立然后知恩,威立然后知感"。他还特别提出:"以菩萨心肠,行霹雳手段,此其时矣。"这体现了蔡锷一贯的作风。

此后,蔡锷在《公明》一章中提倡"宅心正大,名臣胸襟";在《仁爱》一章中大讲"用兵之根源在于安民、爱民、利民";在《勤劳》一章中称"习劳忍苦为治军之第一要义";在《和辑》一章中尤其重视"先有统将之平恕宽容正直之心才有上下团结一致之局面",在《兵机》中认为"中西兵法家从经验中得来的论述值得馨香崇拜仔细钻研";在《战守》中更加非常可贵地结合中国实际提出:"今日吾国军队能否说到精练二字,此稍知军事者自能辨之。他日与强邻一相角逐,能否效一割之用,似又难作侥幸万一之想。至于军资、交通两端,更瞠乎人后。如此而日吾将取战略战术上最有利益之攻势,乌可得耶?鄙意我国数年之内,若与他邦以兵戎相见,与其为孤注一掷之举,不如采用波亚战术,据险以守,节节为防,以全军而老敌师为主,俟其深入无继,乃一举歼之。昔俄人之蹴拿破仑于境外,使之一蹶不振,可借鉴也。"这一高瞻远瞩,可称得上日后"持久战"的先声,显示出蔡锷卓越的军事天才。

《曾胡治兵语录》不仅在当时起到了很好的练兵强兵作用,将云南新军训练成一支非常有战斗力的军队,从而在日后的重九起义、护国战争中成为最重要的军事力量;而且还产生长远的影响,一再重印,被奉为经典兵书,蒋介石即以此书作为黄埔军校的教材。直到现在,重读此书,仍能振奋精神,启发智慧,并强烈地感受到蔡锷将军的拳拳爱国之心。

以菩萨心肠行霹雳手段

1911年,清政府已成强弩之末,各种矛盾愈加突出,呈水火不容

蔡锷:"但为四万万人争人格"

之势,全国范围的民主革命运动正在酝酿之中。孙中山领导的中国同盟会成为革命的先锋。蔡锷虽未参加同盟会,却受到革命形势的影响,暗中与同盟会保持联系。大批同盟会会员和从日本回国的思想激进的青年军官,分布在云南陆军讲武堂和新军第19镇中。他们活动频繁,积极策划和组织反清革命运动,蔡锷对此采取同情和合作的态度。当年10月10日,武昌起义爆发,云南同盟会员和革命人士积极响应,连续举行五次秘密会议,发动革命运动。蔡锷参加了后四次会议。在第五次会议上,蔡锷被推举为起义军临时总司令。10月30日(农历九月九日),云南昆明起义爆发。在蔡锷的指挥下,起义军与清军进行了激烈的战斗并最终获得胜利。这便是著名的"重九起义",它是当时除武昌首义外最激烈、代价也最大的一次战斗。而蔡锷在举事之际即宣布纪律:"吾辈今日此举,为倾倒满清恶劣政府,不宜戕杀其个人。汉满蒙回藏皆属同胞,应一律看待。"令各军不得妄杀一人。云贵总督李经义被俘后也由蔡锷将其礼送出云南。此后不久,大理、临安两地新军同时宣布起义,云南全省光复。11月1日,起义军在五华山组织"云南军都督府",公推年仅29岁的蔡锷为云南都督。蔡锷不孚众望,就职后革除弊政,积极更新人事,裁撤贪官,启用同盟会员及同情革命的开明人士,并重用青年军官,使政权很具活力;他又整顿财政,兴办教育,鼓励实业,开拓市场,并对交通邮政采取有力措施,使云南呈现出生机勃勃的景象。蔡锷本人在云南的号召力也得以加强与巩固。

不仅如此,蔡锷领导的滇军还积极支援邻省四川、西藏的反清斗争,并呼吁云南、四川、贵州、广西、广东五省实行军事联合,以便随时抗击英法侵略者的军事侵略。所有的一切都体现了蔡锷长远而全面的思虑,他总是站在救国的高度来处理云南的事情,真正达到了公而忘私的境界。他每晨六时办公,下午五时下班,以身作则,并在办公桌背后的墙上贴了醒目的字条,上写:"鄙人事冗,除公事外,请勿涉及闲谈。"他还亲自巡视监督办公人员,虽遇亲友故旧,只要违反纪律,蔡锷丝毫不留情面。蔡锷的弟弟蔡钟步行半个多月,从湖南农村老家赶到云南,原指望当了大官的兄长给他安排个肥差,但蔡锷认为这样做有"安插亲信"的嫌疑,所以绝不让步。在安排蔡钟观赏游览完昆明的名胜古迹后,蔡锷给弟弟20元钱,让蔡钟仍然步行回家。蔡钟回到湖南,当时的湖南省财政厅长打算安排蔡钟为铜元局局长,被蔡锷婉言谢绝,认为弟弟"年少,恐有误公事"。这些举动,非蔡锷不爱亲人,而是不愿以私害公。相比于那些一人得道、鸡犬升天的官僚,蔡锷着实令人钦佩。

袁世凯窃取革命果实成为北京政府大总统后,明令各省设行政公署,以民政长为行政公署长官,由大总统直接任命;未设民政长的省份,由都督兼任民政长。云南军都督府成立云南民政长行政公署,都督蔡锷兼任民政长。此时,蔡锷对袁世凯尚抱有希望,认为他"宏才伟略,群望所归"。而袁世凯则不愿意蔡锷在云南形成独立的势力,所以借故将其调到北京。蔡锷欣然接受,同时推荐以前的部属唐继尧继任为云南都督。到北京后,蔡锷出任参政院参政、海陆军大元帅统率办事处处员、全国经界局督办等职,并被封为将军府昭威将军。袁世凯对蔡锷的军事才华颇为赏识,一度试图任蔡为陆军总长,但很快就拘于北洋派官僚利益而放弃。即便如此,蔡锷所任职务,在南方官员中还是非常显要的。蔡锷也试图通过袁世凯加强中国实力,建设一支可以保国卫国的军事队伍。他与蒋百里、阎锡山等11人组织军事研究会,深入探讨军事学术问题,并将自己在辛亥革命前后草拟的军事计划书副稿交请蒋百里润色,成《军事计划》一书,试图

蔡锷:"但为四万万人争人格"

为建军强国提供理论支持。他还不断上书袁世凯,为国防建设和军队建设献计献策。然而,袁世凯正疯狂地从事军事独裁和复辟帝制活动,蔡锷改革军事的计划势必触及到他自己的旧势力,所以袁世凯只是表面应承,而事实上根本不予实施。蔡锷是何等人,很快识破袁世凯的阴谋,预测到袁世凯必将倒行逆施,大不利于中国,所以迅速从原来对袁世凯的热望中摆脱出来,暗中筹划新的计划。他一方面仍以表面样子麻痹袁世凯,另一方面则为反袁暗做准备。他在1914年写给友人的一封信中称:"吾人今日处兹乱世,认定一事于道德良心均无悖逆,则应放胆做去,无所顾忌。以菩萨心肠行霹雳手段,即所谓既要仁慈又要痛快也。"

随着袁世凯复辟帝制的逆流日益张狂,蔡锷的愤慨之情也越来越激烈,他愤愤地对朋友说:"眼看着不久便是盈千累万的人都要颂王莽功德上劝进表了,老袁便安然登上大宝,这叫世界各国看着中国人是什么东西呢!我们自知力量有限,未必抗得过他,但为四万万人争人格起见,非拼着命去干一回不可!"有了这样的决心后,他以母亲不习京中生活为由,派人护送母亲王氏、夫人刘氏及子女返回湖南。

袁世凯对蔡锷也有防备,他派人化装盗匪搜查蔡锷的住宅,事后诡称误会,并杀搜查人员表示歉意。蔡锷则继续装糊涂,为迷惑袁世凯,蔡锷还故意出入于青楼之间,与名妓小凤仙厮混,使袁世凯放松警惕。他又以治疗喉症为名,经日籍医生证明,向袁世凯请假,住在天津日本医师开设的医院中。由此,他经常出入于京津之间,与老师梁启超等人商议讨袁大计,并初步拟定赴云南发动武装起义的战略设想:"云南于袁氏下令称帝后即独立,贵州则越一月后响应,广西则越两月后响应,然后以云贵之力下四川,以广西之力下广东,约三四个月后,可以会师湖北,底定中原。"

人生本不苍凉

　　1915年11月17日,蔡锷在冷静沉着地安排好一切以后,即刻便要以治病为名东渡日本,然后转道返回云南。行前,他与梁启超告别,互相约定:"成功呢,什么地位都不要,回头做我们的学问;失败呢,就死,无论如何不跑租界不跑外国。"表现出为报效祖国不惜牺牲生命的高尚精神。

举起护国的大旗

　　1915年12月,袁世凯公然称帝,改称中华帝国,以"洪宪"为年号。此时,蔡锷已潜赴云南,并克服种种困难,发动起云南的力量,奋力举起护国的大旗。12月23日,云南督军唐继尧、巡按使任可澄领衔发表通电,要求袁世凯取消帝制,限于48小时答复。25日,蔡锷列名发表通电,宣布云南独立,兴护国军讨伐袁世凯。

　　1916年1月,蔡锷以中华民国护国军总司令的名义发誓告于全国同胞,宣布讨袁救国,并公布"四义"以号召国人:

　　一、同人职责,惟在讨袁,天助吾民,幸克有济,举凡建设之事,当让贤能,以明初志。个人权利恩怨,悉予铲除。

　　一、地无分南北,省无分甲乙,同此领土,同是国民,惟当量材程功,通力合作,决不参以地域观念,自启分裂。

　　一、倒袁救国,心理大同,但能助我张目,便当引为同志,所有从前党派意见,当然融消,绝无偏倚。

　　一、五大民族,同此共和,袁氏得罪民国,已成五族公敌,万众一心,更无何等种族界限。

文末写"其诸同仇可赋,必有四方豪杰之来,众志成城,不堕二相共和之政"。

袁世凯得到云南举兵消息后,深悔自己竟被蔡锷所惑,马上命令精锐部队入川,围攻护国军。

当时的护国军实力明显处于弱势。不仅兵力弱于敌人,而且饷弹两缺,后方接济时断。蔡锷早将生死置于度外,他忘了自己的重病,没日没夜地耗尽心力指挥作战,鼓舞士气。由于有蔡锷卓越的领导,全军上下一心,奋勇无比。在四川战役中,护国军休整数日后迅速发动反攻,主攻、侧攻、佯攻互相配合,几路部队同时向敌发起进攻,连战皆捷。护国军与号称精锐并多达十倍的北洋军奋战数月,虽没有夺占泸州,却牵制住了敌军主力,阻止了敌军的推进,有力地推动了全国反帝制运动的发展壮大。3月22日,袁世凯被迫宣布取消帝制,但仍窃据总统职务,派人与护国军议和。护国军当时也面临供应不足等种种困难,分析形势后,蔡锷认为当前的主要任务是促使国内各省独立,迫使袁世凯退位,所以他同意暂时停战。

不久,广西、广东、浙江等省先后宣布独立。再往后,蔡锷又在顾全大局的情况下,在极艰难的情况下反而派兵支援四川的陈宦,促使四川独立。四川一独立,一个星期后湖南也独立了。又过一个星期,也就是1916年6月6日,袁世凯在众叛亲离中忧惧而死。

身先引退　飘然远翥

革命取得阶段性的胜利,而蔡锷的身体却越来越差了。由于喉病没有得到及时治疗,病势已呈难以遏止的状态。蔡锷本来即打算成功后即引退,以此提倡不计私利之精神,所以,当病情加重后,这种思想就更加强烈。他在回复梁启超的电报中说："锷初意决拟大局略定，即行引退，加一喉病加剧，亟须静养，对于政局意兴索然，殊不欲多所论列。"

给唐继尧的一份电报中称："所谓善后问题者俱易解决，惟关于个人之权利加减问题最易为梗。今侪辈中果有三数人身先引退，飘然远鬻，实足对于今日号称伟人志士英雄豪杰一流直接下一针砭，为后来留一榜样，未始非善。"

将全国倒袁护国的精神移作中国民族复兴的基础，这大概是蔡锷此时最愿意看到的。

于是，人们看到，已出任四川督军并且深受国人重视的蔡锷突然放弃了所有的职权，转赴日本治疗。

1916年8月，蔡锷在临行前发表《告别蜀中父老文》，称：

> 锷履蜀土，凡七阅月矣。曩者驰驱戎马，不获与邦人诸友以礼相见，而又多所惊扰，于我心有戚戚焉。顾邦人诸友曾不我责，而又深情笃挚，通悃款于交绥之后，动讴歌于受命之余，人孰无情，厚我如斯，锷知感矣！是以病未能兴，犹舁入蓉，冀得当以报蜀，不自知其不可也。
>
> 乃者，视事浃旬，百政棼如，环顾衙斋森肃，宾从案牍，药炉茶鼎，杂然并陈，目眩神摇，甚矣其惫！继此以往，不引疾则卧治耳。虽然，蜀患深矣，扶衰救敝，方将夙兴夜寐，胼手胝足之不暇，而顾隐情惜己，苟偷食息，使百事堕坏于冥冥，则所谓报蜀之志，不其谬欤。去固负蜀，留且误蜀；与其误也，宁负。倘以邦人诸友之灵，若药瞑眩，吾疾遂瘳，则他日又将以报蜀者，补今日负蜀之过，亦安在其不可？

> 锷行矣,幸谢邦人,勉佐后贤,共济艰难。锷也一苇东航,日日俯视江水,共证此心,虽谓锷犹未去蜀可也。

9月14日,蔡锷住进日本福冈医院。他本来商请蒋百里权任四川督署参谋长兼代督军的,但蒋百里愿以总参议之名陪伴照顾蔡锷,表现出可贵的人间真情。

国事回思惟一哭

蔡锷在日本医院虽得到较好的治疗,但病情之重却使他很快触摸到死神的阴影。他不惧怕死,但时刻惦记着国家的命运。

他的另外一位友人黄兴,是有名的革命领袖,也是对中国负有大使命的人。他本以为自己会在黄兴之前病逝,谁知在10月31日的时候,黄兴抢先一步逝世,这给病重的蔡锷带来不尽的伤感。蔡锷带病写祭文、挽联,寄给上海的好友张嘉森,请其就近代为吊唁。挽联为:

> 以勇健开国,而宁静持身,贯彻实行,是能创作一生者;
> 曾送我海上,忽哭公天涯,惊起挥泪,难为卧病九州人。

祭文、挽联寄出后,悲痛之情并未减弱,蔡锷又写第二副挽联,这也是他的绝笔:

> 方期公挽我,不期我挽公,国事回思惟一哭;
> 未以病为忧,竟以忧成病,大勇哪知世险夷。

人生本不苍凉

11月8日，蔡锷终因喉头结核症不治，与世长辞。临终前，由陪伴身边的好友蒋百里代写遗电如下：

一、愿我人民、政府协力一心，采有希望之积极政策；二、意见多由于争权利，愿为民望者以道德爱国；三、在川阵亡将士及出力人员，恳饬罗、戴两君核实呈请恤奖，以昭激励；四、锷以短命，未克尽力民国，应行薄葬。

蒋百里在遗电后附加按语称："一年以来，公恶衣菲食以戕其身，早作夜息以伤其神，临终之际，犹以未能裹尸为憾，然蔡公身虽未死于疆场，实与阵亡者一例也。"

蔡锷英年早逝，年仅35岁。国人闻讯，无不痛惜。孙中山致挽联：

平生慷慨班都护；
万里间关马伏波。

康有为的挽联为：

微君之功，今为洪宪之世矣；
思子之故，怕闻鼙鼓之声来。

就连在袁世凯称帝时与蔡锷立场完全对立的杨度也送挽联：

魂魄异乡归，于今豪杰为神，万里江山皆雨泣；

蔡锷:"但为四万万人争人格"

东南民力尽,太息疮痍满目,当时成败已沧桑。

蔡锷的灵柩在蒋百里等人的护送下,以新铭商轮由日本运回上海。迎柩仪式非常盛大,有政府组织的,有各团体自发形成的,单是执香列队迎送的即有千余人,不时可看见花圈、素帐,素额上书写着"恢复共和第一伟人"、"丰功伟烈"等字样,以此表达对蔡锷将军的巨大哀思和赞誉。孙中山、唐绍仪等人也在迎柩的行列中。"灵柩所过处男女老幼万头攒动,自英租界棋盘街以迄公共租界铁大桥止,沿途一带大小商店一律下半旗,并有摆设路祭者,丧仪之隆,参观之众,实为从来所未有"。蔡锷的老师梁启超也亲往蔡锷灵前奠祭,并致挽联:

吾见子之出,而不见其入也;
天未丧斯文,而忍丧此贤耶?

表达了世人对蔡锷这一贤者不尽的痛惜与哀悼!

1917年,当蔡锷所辑《曾胡治兵语录》面世时,梁启超再次阐发了蔡锷的伟大精神:

松坡既死于国事,越一年,国人刊其遗著《曾胡治兵语录》行于世。世知松坡之事功,读此书,可以知其事功所由来矣。自古圣贤豪杰,初未尝求见事功于当世也。惟其精神积于中,著于外,世人见之,以为事功耳。阅世以后,事功或已磨灭,而精神不敝。传之后世,遭际时会,此精神复现为事功焉。松坡论曾、胡二公之事,谓其为良心血性二者所驱使,则松坡之事功,亦为此良心血性所驱使而已。曾、胡二公,一生竞竞于存诚去伪,松坡于此,尤阐发不遗余力。精神所至,金石为开,二公屡言之,松坡亦屡述之。二公之言,不啻诏示松坡,使其出生死,冒危难,掬一诚以救天下之伪。则虽谓松坡之事功,皆二公之事功可也。松坡自谓身膺军职,非大发志愿,以救国为目的,以死为归属,不足渡同胞于苦海,置国家于坦途。今松坡得所归矣,而救国志愿,曾未达其万一。护国军之起,仅使民国生死肉骨。如大病方苏,元气已伤,将养扶持,所需于事功者,正复无限。来者不可见,惟恃此耿耿精神,常留存于吾国民隐微之间,可以使曾、胡复生,使松坡不死,以解除日后之千灾百难,超苦海而入坦途。而此语录十余章,实揭吾国民之伟大精神以昭兹来许者也。

直到2007年,融会了蔡锷精神的《曾胡治兵语录》仍以崭新的装帧形式重新呈现在广大读者眼前,也出现在我的案头上。

读斯文,想斯人,心中常受感染的是那种以良心与血性为基础的浩然正气!

参考书目:

蔡　锷 辑录:《曾胡治兵语录》,广西师范大学出版社,2007年11月。
蔡　端 编:《蔡锷集》,文史资料出版社,1982年。
毛注青　李　螯　陈新宪 编:《蔡锷集》,湖南人民出版社,1983年。
陶菊隐:《蒋百里传》,中华书局,1985年。

谢本书:《讨袁名将——蔡锷》,兰州大学出版社,1997年。
王仁清:《民国人物联话》,南京大学出版社,1993年。
刘 磊 方玉萍:《祭往——挽联中的近代名人》,中国长安出版社,2006年。
《上海蔡灵到埠之盛况》,《晨钟报》1916年12月10日,转引自《老新闻——民国旧事》,天津人民出版社,1998年。

蒋百里：做一个有骨气有作为的中国人

瞧，这位传奇人物！

在了解本文主人公之前，大家不妨先阅读几段绝佳的文字。
第一段是关于欧洲文艺复兴的：

> 要之，文艺复兴为人类精神界之春雷。一震之下，万卉齐开。佳谷生矣，莨稗亦随之以出。一方则情感理知，极其崇高。一方则嗜欲机诈，极其狞恶。此固不必为历史讳者也。唯综合其繁变纷纭之结果，则有二事可以扼其纲：一曰人之发见，一曰世界之发见。"The great achievements of the Renaissance were the discovery of the world and the discovery of man."

这段笔法生动、洞察敏锐的文字，摘自蒋百里1920年所写的《欧洲文艺复兴史》。当时，蒋百里考察欧洲后，对西欧文艺复兴的成就产生了浓厚的兴趣，认为研究文艺复兴史对于中国有特殊必要性，遂多方搜集资料，融会贯通并作针对性的阐述而成一佳作，出版以后，顿时受到国人普遍的欢迎，14个月印了3版，以后又在不同时期不断再版。著名学者梁启超当时即有盛赞，认为这可能是蒋百里欧洲之游为中国所寻求的曙光,"欧洲之文艺复兴,则追求之念,最热烈之时代也。追求相续,如波斯荡,光华烂漫,迄今日而为有止。吾国人诚欲求之,则彼之前躅,在在可师也",他作序向读者力荐此书为"极有价值之创作"。60多年后,学者张其昀仍这样评价:"百里先生在六十多年以前,就为我们编纂了《欧洲文艺复兴史》,供给一部他山之石的借鉴。该书网罗宏富,条理详密,至今尚未见其比者,这是非常令人感激与深刻怀念的。"也就是说,蒋百里仅凭此书,即可列入中国近代著名文化学者之列。除此书外,蒋百里还写成《东方文化史及哲学史》等著作。

第二段和第三段文字是关于中国历史的:

中国自古以来,就有极丰富的民主思想。所谓传贤不传子,那时候尚未进化到选举制度,而国人皆曰贤,则被誉者即有居上位、秉阿衡的资格,这就是尊重国民的公意。后来君权渐盛,但朝廷中仍有诤臣诤友,直到战国时仍不乏直言婉讽的辩士,以微言大义,规劝或说服列国的统治者。直到专制魔王秦始皇创建大统,乃完全转入君主独裁的时期。

我分析起来,中国之大而弱,主要的原因由于不读书的草莽人物做了皇帝!最高的主权阶级——像刘邦、朱元璋等都属于这一类的人,至于等而下之的朱全忠、刘知己之流,那更不必说了。而知识分子则沦为辅佐阶级,历代主权阶级都是说尽了好话,做尽了坏事。人人骂隋炀帝为无道昏君,但他做了坏事自己还肯直言无讳,偶然也会做出一两件好事,像开辟贯通南北的运河等,不像后来的人做了坏事还要标榜自己是个爱国者,是个正人君子。像袁世凯那样,为着自己要做皇帝,向日本人献媚,希

人生本不苍凉

望日本支持他，结果惹出二十一条。他忍痛批准了五九条约之后，还故意下一道密谕给各省督军，说什么"予老矣，救国舍身，责无旁贷"，粉饰起来，硬是像个忍辱负重准备跟日本人拼老命似的，这不是说尽好话做尽坏事吗？清室沦亡之后所继起的那一般军阀官僚，不但发挥了中国固有的特质，还济以西洋所输入的新办法，看起来，政风恐怕会愈演愈下！

这两段文字对中国历史有精到而独特的评价，出自蒋百里为《宋之外交》所写的序言。在此序言中，蒋百里不仅对可作为当时借鉴的宋朝外交做了论述，而且纵谈中国古今历史，最后归结到中国之所以大而弱的主要原因乃是"不读书的流氓做了皇帝，而知识分子沦为奴才"，"民主制度越走越远，法西斯制度应运而生"。这是蒋百里对中国历史和政治的研究，可谓独到而深刻。这类文章还有很多，并产生很大的影响，由此而称蒋百里为历史学者或政论名家亦无不可。

再看下面这两段出自《知与能》的文字：

品格问题就是有骨气，气要高，骨头要硬，这是做人的基本条件。但在讲学问的时候，却要两种相反的原理，就是心要虚，脑子要柔软。

学问是要去求才能取得的。求就是仰面求人，不一定教授可以教你们，一个兵士也可以给你们宝贵的经验。讲学问一定要有大海般的心，才能吸收世界上的一切细流。其次脑子要软，软得像水一样。世界上最柔软的东西是水，盛于方则方，盛于圆则圆，大路流不通就走小路，小路走不通就走地下的路。这便是能够改变自己去适应环境的道理。如果一个人的脑子硬化，就不能接受新的事物,就没有求学的资格。

在这里,我们的主人公蒋百里先生又成了循循善诱的教育家和思想家了。尤其是在战时,他以深刻的思想与敏锐的判断力,认为"抗日战争除了考试作用外(谁最努力),还有一种排泄作用。譬如人类疾病中有一种'癌',不是外来的菌,而是自己身体内变坏了的细胞所构成的,天幸敌人给了我们一种妙药,将这种毒细胞尽量地吸引过去(汉奸),使我们民族的血液变得清洁和健康了"。他指出中国必胜的方式与未来,给国人带来了希望与自信力,他说:"万语千言,只是告诉大家一句话,中国是有办法的!"这时候,蒋百里先生又不仅仅是思想家、战略家了,他还是预言家和导师。

那么,蒋百里先生究竟是个什么样的人?

他不仅善文,写了大量精彩绝伦的文章,而且经历丰富;

他当过校长,是位教育工作者;

当过特使,舌战过墨索里尼,是位外交家;

办过报纸,是位报人、新闻工作者;

撰文写书,发起成立过"南社"等重要的文学社团,是位作家、学者;

他甚至获得过舞蹈冠军,写得一手好书法,通美术、音乐……

他才华横溢,是中国乃至世界少有的天才。

而在众多的才能当中,蒋百里更是以卓越的军事天才而名闻天下。

他曾以突出的军事天才令日本人尴尬;

他同样以绝世的军事天才令德国将军赞叹不已;

他曾是中国军界最看好的年少俊才;

他却又以自杀事件而轰动全国；

他曾是中国最高统治者的座上客、最受尊重的军事顾问；

却又一度成为阶下囚；

……

他的曲折经历，同样吸引着无数人的视线。

这样一位传奇人物，许多人已经写过他了，其中不乏像陶菊隐那样的名家。那么，我该怎么写呢？

我当然会记述他的人生，但不会局限于他的天才与经历，更重要的还是他的心路历程，他那令人钦佩的高尚品德与内在力量！去关注他所关注的！

"此真我中国之宝也！"

蒋百里，名方震，浙江海宁硖石人，光绪八年（1882年）生。祖父蒋光熙为著名的藏书家，建"别下斋"藏书楼，贮书10多万册，后因战乱而楼毁人亡。父亲蒋学烺，天生残缺，没有左臂，十岁时被送到寺庙当了小和尚。蒋学烺身残志不残，二十多岁时还俗，拜同邑名医朱杏伯为师，苦读医书，悬壶济世。不久又娶浙江海盐儒生杨笛舟的独生女杨镇和为妻。杨镇和也是自幼多难，父母早亡，只能自谋出路，于多艰的人生旅途中苦苦跋涉，却也从不放弃对知识的追求与喜好，所以也是知书通礼。二人婚后非常和睦。蒋学烺天性坚韧乐观，不仅通医术，而且能吹笛，并随口编造唱词，使艰苦的生活增加了无穷乐趣。等蒋百里呱呱坠地后，这个苦难的家庭更是充满了幸福。

蒋百里十二岁时，父亲病逝，整个家庭一下子失去了生活来源。杨镇和不得已奔走于丈夫的亲戚之间，寻求帮助。族人商量后，分给

蒋百里：做一个有骨气有作为的中国人

杨镇和、蒋百里母子住所和田地，并多所帮助。杨镇和则一边做手工挣钱，一边教育儿子写字读书。在寡母的精心教育下，蒋百里从小就培养出喜好诗书的萌芽，且具有很多的兴趣。蒋百里天赋奇高，读书过目不忘，且擅长将书本知识转化为口头演讲，常常绘声绘色地给亲戚朋友讲故事，甚至被拉到茶馆"说书"，一时被传为"神童"。蒋百里又非常懂事，总能得到周围人的喜欢，所以

蒋百里（1882—1938）

也总能得到他人的帮助。蒋百里的叔父蒋世一延请老秀才倪勤叔给自己的孩子授业讲课。蒋百里经常溜到书房里去听。倪勤叔见其聪慧，生爱才之心，就对杨镇和说："百里这孩子是可造之才，我愿教他读书，不收'束修'（即学费）。"从此，穷孩子蒋百里即跟随倪勤叔读书，熟背了四书五经，习练了一手好字，课余还读了《水浒传》、《三国演义》等古典小说，而且还渐渐了解了中国的时势。

当时的中国灾难深重，1894年的中日甲午之战，更使古老的中国蒙受了巨大的耻辱，也深深地刺激了蒋百里。他经常手捧《普天忠愤集》，立誓为国效命。自此以后，蒋百里养成了阅报、读史的好习惯，受新学思想的影响，爱国思想逐日增强。1897年，蒋百里应试安澜书院，写了题为《问意索沙门湾宜如何措置？》的策论，得到海宁知

人生本不苍凉

州林孝恂的盛赞,评其为:"议论精谨,考核详明,得贾之横、得董之纯;为国家之栋梁者,是人;为国家之砥柱,是人。年未弱冠,而造诣如此,有深望矣。"1898年,戊戌变法,蒋百里醉心于变法维新之说,昼夜研读。同年秋入上海新创办的"经济学堂",学习法语、数学等。"百日维新"失败后,"经济学堂"亦被停办,蒋百里不得已返回家乡,应硖石郊伊桥镇孙氏之请,聘为塾师。此时他仍不忘时势,想方设法地找书看。他又与好友张宗祥一起考书院,"恰好双山学院购进了四大橱经、史、子、集和时务、策论、算学、格致等书",听到这个消息,蒋百里和张宗祥"真如穷人得着了宝藏,连忙请求老师每天早一两小时下学,到书院里看书。书院中一间小屋静静陈列着四个书橱,除了我们两人之外,连一个人影都不见。"(张宗祥:《蒋方震小传》)

  1900年春,蒋百里在清明回乡扫墓时顺道拜访一位同族塾师,看见案头有新任桐乡县令方雨亭所拟观风题试卷,列题三十,限期一月交卷,文体虽沿用传统的制艺、诗赋、策论之类,但立意革新,都是有关实际民生的论题。蒋百里颇感兴趣,抄录后如期作成交卷,洋洋洒洒数十万字。同年冬天揭晓的时候,蒋百里被取为超等第一名,方雨亭亲笔评论,并总结道:"此真我中国之宝也!"爱才心切,方雨亭破例给予三十银圆的奖金及膏火费,且派人请蒋百里到桐乡相见。翌年春,蒋百里到桐乡拜见方县令。方雨亭降阶相迎,他虽是旧官僚,但思想开明,劝蒋百里放弃科举的老路子,转求实学救国之路。蒋百里深受鼓舞。方雨亭还将蒋百里推荐给杭州知府林迪臣,使蒋百里进入林迪臣创办的新式学校——求是书院(浙江大学前身)就读深造,所读课程除国文外,还有英文、数学、格物(物理)等。蒋百里刻苦攻读,两次考试皆获全院冠军。课余又参加林迪臣所创的另一东城书院月课,屡列榜首,因此才名大噪,并引起求是书院监院(教务长)

蒋百里:做一个有骨气有作为的中国人

陈仲恕(陈叔通之兄)的注意与帮助。可以看出,在当时国家危难的时候,确实出现了许多急切为中国培育英才的人物,无论是方雨亭、林迪臣,还是陈仲恕,他们本与蒋百里没有任何关系,但非常热心地向蒋百里提供了真诚的帮助,解决了他的求学及生活费用,使得穷书生蒋百里得以在新式书院读书、上进,这些行为也潜移默化地影响着蒋百里,促使他做一个有用的人、高尚的人、对国家民族有益的人!

1900年的庚子国变再一次刺激了蒋百里,他深恨清政府无能,开始参加社团,抨击时政。同年八月,"自立军"首领唐才常因反清运动失败而被杀,蒋百里赋诗悼念唐才常,被书院总理陆懋勋发现。方雨亭、林迪臣、陈仲恕三人为保护蒋百里,共同出资,送蒋百里东渡扶桑留学。

在日本,蒋百里先后入东亚商业学校、陆军成城学校学习,1903年进东京陆军士官学校,一方面努力学习军事,另一方面仍在文化战线施展才华。他很快掌握了日文,并为中国留学生在东京出版刊物《译书汇编》(后改名为《政法学报》)译稿。1903年2月,大型综合性、知识性杂志《浙江潮》创办,蒋百里为主编。该杂志32开本,月刊,每期约8万字,行销国内及留学界,梁启超、鲁迅等人都积极支持《浙江潮》。该杂志的发刊词文辞激越、气势宏大,饱含年轻学子之爱国热情,即为蒋百里所写,内容如下:

> 我浙江有物焉,其势力大,其气魄大,其声誉大,且带有一段极悲愤极奇异之历史,令人歌,令人泣,令人纪念,至今日则上而士夫,下而走卒,莫不知之,莫不见之,莫不纪念之。其物奈何?其历史奈何?曰:昔子胥立言,人不用,而犹冀人之闻,其声而一悟也,乃以其爱国之泪,组织而为浙江潮,至今称天下奇观者,浙

人生本不苍凉

江潮也。

秋夜月午，有声激楚，若怨若怒，以触于吾耳者，此何为者也？其醒我梦也欤？临高以望，其气象雄，其声势大，有若万马奔腾，以触于我目者，此何为者也？其壮我气也欤？夫子胥之事，文明之士所勿道，虽然，其历史可念也。呜呼！亡国其痛矣，不知其亡勿痛也；知之而任其亡勿痛也；不忍任其亡，而言之，而勿听，而以身殉之，而卒勿听，而国卒以亡。呜呼！忍将冷眼睹亡国于生前，剩有余魂，发大声于海上，古事往矣，可勿言矣！而独留此一纪念物，挟其无穷之恨，以为吾后人鉴，吾后人可勿念哉？

抑吾闻之，地理与人物，有直接之关系在焉。近于山者，其人质而强；近于水者，其人文以弱。地理之移人，盖如是其甚也。可爱哉浙江潮！可爱哉浙江潮！挟其万马奔腾、排山倒海之气力，以日日激刺于吾国民之脑，以发其雄心，以养其气魄。二十世纪之大风潮中，或亦有起陆龙蛇，挟其气魄，以奔入于世界者乎？西望葱茏，碧天万里，故乡风景，历历心头。我愿我青年之势力如浙江潮，我青年之气魄如浙江潮，我青年之声誉如浙江潮，吾愿吾杂志亦如之，因以名，似为鉴，且以为人鉴，且以自惊，且以祝。

蒋百里还在《浙江潮》中发表许多作品，以全球及历史之眼光，分析中国的危难形势，寻求救国之路，对清末思想界产生重要影响。此外，他还在《新民丛报》发表《军国民之教育》，此文与蔡锷所著《军国民篇》相呼应，成为鼓吹军国主义的代表作品。蒋百里、蔡锷所鼓吹的军国主义，是面向全体国民进行军事教育，希望以尚武精神组建新式

蒋百里：做一个有骨气有作为的中国人

军队对抗帝国主义的侵略。蔡锷是蒋百里的同学，二人志同道合，成为形影不离的生死之交。蔡锷的老师梁启超也在日本，由蔡锷介绍，蒋百里结识梁启超并拜其为师。梁启超对蒋百里的才华分外赞赏，时有帮助；蒋百里也一直视梁启超为恩师，执礼甚躬。二人感情深厚。不过，私交归私交，在革命与改良的政治问题上，蒋百里却不赞同梁的改良主义，敢于公开驳斥梁的主张。梁启超在《新民丛报》上宣扬"立宪说"与"新民说"，称："中国所以不振，由于国民公德缺乏，智慧不开，故本报对此病而药治之。"蒋百里则在《浙江潮》中以飞生为笔名撰写文章，尖锐地指出："中国之亡，其罪万不能不归之于政府。国民之不责政府，国民之罪也；归亡国之罪于国民，而又劝其不责政府，则又何说焉？……《新民说》不免有倒果为因之弊，而《立宪说》则直所谓隔靴搔痒者也。"此文连载两期。刚刊出上半篇，即引起梁启超的高度重视，马上写《答飞生》一文进行辩解。这场师生间的论战，实际上是后来革命派与改良派那场大论战的先声，反映了两种思想的分歧。由于均出于公心，所以论战归论战，而在感情上，无论是梁启超还是蒋百里，都不会因此而疏远。

在军事学习中，蒋百里取得了最优秀的成绩，击败了同期300多名日本学生，以步兵科第一名毕业。由于是第三期士官生的冠军，蒋百里还获得了日本军人视为最高荣誉的奖励——由日本天皇亲自向他授军刀，这件事令日本军界非常尴尬。当时日本刚刚战胜俄国，正是目空一切的时候。不料，士官生冠军竟为一名中国留学生所得，这在他们心理上是感到羞耻的。尴尬之余，为防止再出现同样的事，从第四期开始，他们将中、日学生分别编队，这样就不会有中国人夺冠了。而蒋百里的名声则由此传开。蔡锷、张孝准也是此期士官生中的佼佼者，他们与蒋百里一道，被并称为"中国士官三杰"。

人生本不苍凉

1906年春,蒋百里回国,经陈仲恕介绍,25岁的他即被盛京将军赵尔巽破格任命为(东北)新军督练公所总参议(参谋长),筹建新军。赵尔巽转折奏保蒋百里为"特异人才,可以大用"。只因东北军队内部混乱,新旧军矛盾重重,蒋百里虽有奇才,却也难有作为。同年9月,赵尔巽拨款万元,派蒋百里、张孝准、宁调元三人赴德国实习军事,蒋百里再次踏上异国的土地。

与在日本时一样,蒋百里在德国的生活仍是多姿多彩的,不只是学习军事,而且学德语,大量翻阅德文版的欧洲著作,并到处游历,对欧洲文艺复兴的事迹深感兴趣,意识到文艺对于国家之复兴有重大的意义。他还擅长跳舞,在参加柏林的一次舞会中,他以华尔兹舞取得第一名。他尤其以军事方面卓越的组织、指挥才能,在德军演练的军事演习中展露出来,得到德军著名元帅兴登堡(后为德国总统)高度赞赏。兴登堡甚至拍着蒋百里的肩膀,意味深长地说:"从前拿破仑说过,若干年后,东方必出一伟大的将才,这或者就应在你的身上吧。"类似的话,德国军事家伯鲁麦将军也这样评价过蒋百里。由此可见,蒋百里在德国的实习也是非常成功的,同样为中国人争气!

轰动全国的自杀事件

1910年,蒋百里奉命回国,参与筹备接待德国太子访华事宜。当时,德、美、中三国已进行了数年的秘密外交,如果德太子访华成功,将有利于中国抵制英日两国同盟、防俄制日。对此,清政府是非常重视的,但由于内奸的出卖、外交人员的素质太低,再加上日本想方设法地破坏,竟使得这一利国利民之好事半途破产。蒋百里则由此进一步看到了清政府的不可救药。

蒋百里：做一个有骨气有作为的中国人

1911年，辛亥革命爆发时，蒋百里正在奉天赵尔巽处任东北三省新督练公所总参议，操练新军，着手规划把东北建成抗俄抗日的国防基地。武昌起义胜利的消息传来，蒋百里马上响应革命，策动东三省独立。只因赵尔巽骑墙观望，并调张作霖所率旧军进城，监视新军。蒋百里迫于形势，只好匆匆南下，被浙江都督聘为督署参谋长。

1912年，中华民国成立。蒋百里由云南都督蔡锷推荐，出任临时政府总参议。不久，袁世凯窃取革命成果，孙中山被迫辞职，蒋百里也随之辞去总参议职务，回老家居住，以读书写作为乐。同年冬，蒋百里到达北京。有人向袁世凯推荐蒋百里出任保定陆军军官学校校长，而蔡锷也邀请蒋百里去云南担任民政长。保定陆军军官学校时为中国最高的军事学府，出任此职，有利于实现自己的军事理想，将先进的军事思想灌输给年轻学子，为中国培养栋梁之才。所以，蒋百里考虑再三，婉拒了好友蔡锷的邀请，决定出任保定军校校长。

蒋百里上任之前，保定陆军军官学校正闹得不可开交。由于校长及教官都是无才无德的旧军人，该校全体学生向陆军部请愿，要求撤换校长。而校长赵理泰是陆军总长段祺瑞的心腹，打击他也就是不给老段面子，因此段祺瑞不仅不答应学生们的合理要求，而且决定要解散该校。学生们自然不甘失败，四处呼吁请援。事情闹得越来越大了，袁世凯势必要出面解决，他的侍从武官长荫昌便向他推荐了蒋百里。蒋百里名声在外，显然是最理想的人选。段祺瑞是地道的德国迷，自然也知道蒋百里在德国和中国的声誉，所以不好多说什么，便颁布了委任蒋百里为新校长的命令，并告诉蒋百里，将在必要的情况下予以经费补贴。

蒋百里怀着十足的信心来到保定陆军军官学校。他对年轻的学生是有信心的，说："我想，学生目的无非求学，我们只要满足他们这

人生本不苍凉

个要求,也没有什么不能解决的问题啊!"他对自己也是很有信心的,第一次向学生训话的时候,就说:"今世之谈陆军者,不曰德国,即曰日本。这两国我皆到过,其军队我皆考察过。他们的人也不是三头六臂,他们的办法,也没有什么玄妙出奇。不过他们能本着爱国精神,上下一心,不断的努力,所以能有这样的成就。我相信我们的智慧能力,我更不相信我们的国家终于贫弱,我们的军队终不如人。我此次奉命来长本校,一定要使本校为最完整之军校,使在学诸君为最优秀之军官,将来治军,能训练出最精锐良好之军队。我必当献身于这一任务,实践斯言!万一不效,当自戕以谢天下!"(史谢陵:《保定军官学校沧桑史》)学生们对蒋百里印象很好,觉得他是个生气勃勃、励精图治的人;对他的话也留下了深刻的印象,认为他与以前的校长完全是两回事,是可以尊敬和信任的。

  重要的还是看行动。蒋百里成为保定军校校长后,以身作则,锐意改革,他从抓"清洁与严肃"入手,从细节上纠正学生们的不良生活习惯。他努力改善学生的伙食,严格学校纪律,提高教学质量。他每日亲临操场、讲堂、食堂、宿舍,亲自指导纠正。同时请求调走能力、作风差的教员,约请了不少真才实学的军界新秀来任教,很得人心。他经常集合教官指示战术教学要点,要求教官授课时要讲求实用,除按照教材讲述外,还应讲解可能发生的临时变化,并指导学生们获得临机应变的能力。每逢周六下午,蒋百里必集合全体师生举行演讲会,讲述古今中外著名军事将领的言行,以此激励师生们奋发图强,提高自身的军人修养。他还签名赠送每位学生一册梁启超所著的《中国之武士道》,希望学生们忠于职守,忠于自己的国家。蒋百里也成为学校中最为忙碌的人,每逢哪位教官请假,他就自己代课。他的讲课内容丰富,观念新颖而深刻,深深地吸引着学生们。所以,学生们倒是盼望教官们经常请假。可以说,经过蒋百里几个月的管理,保定军校面目焕然一新,无论从外在的形式还是内在的军人素质,均有了长足的进步。

但是,蒋百里的军事理想很快受到了打击。"陆军部遇事掣肘:要调用的人迟迟不予发表,即使委任状也扣压,而撤换教官、队长的命令也不见发布;需用的教材不能及时供应,骑兵科没有马,炮兵科没有炮。很多速成学堂毕业的人把持陆军部,军学司魏宗翰就是速成学堂派的头头,蒋百里先生曾几度亲自到京交涉,而始终不获解决!"(季方:《白首忆当年》)在这种情况下,蒋百里每次赴京都要憋一肚子气,他意识到自己的上司们均是些党同伐异的小人,根本不以国事为重。他的合理要求一而再、再而三地被搁置,他本人则饱受冷眼,处处碰壁。尤其是军学部司长魏宗瀚,对他的计划先是搁置,转而全部推翻,故意刁难。蒋百里不由地想到:自己的这点要求都达不到,更谈何实现军事强国之理想。他感到异常的灰心,他在这灰色沉闷的官僚空气中看不到中国的出路,思来想去,决定以自己的死来唤醒国人的良心。

民国二年(1913年)6月17日夜,蒋百里又憋着一肚子气由京城回到保定,他的气色非常难看,校长室侍童史福十分担心,但不敢多问。蒋百里让史福为他磨好墨后,便让史福出去,然后把门关上,一个人在灯光下沉思。

他的思绪回到了当初出任校长时的训词:"我必当献身于这一任务,实践斯言!万一不效,当自戕以谢天下!"

他下定了自杀的决心,接着便写起了遗书。

他分别给军校教育长张承礼、军校教官张翼鹏并其他教官以及自己在老家的母亲写了遗书,接着又给好友蔡锷写了长信,最后又给

人生本不苍凉

段祺瑞写告别信,写完后自己又撕成碎片,扔在废纸篓里。

其中给张承礼的遗书中这样写道:"耀庭吾兄鉴之,仆于校事,不能尽责,今以身殉职。所有后事,处理如左:对于总长处,望即以告学生之语告之。惟有一事不能不加入者,对于军事,非有一至善之目的不能达到,勿以彼善于此之言聊以自慰也。校中款项,责成某经理提回,内有仆薪饷五百元,留作二侄女下半年结婚时费用足矣。家母处,望告以仆之死为殉职、殉国,善为劝解为祷。家中薄田数亩,老母寡妻,尚能度日。如能时常询问,聊慰高堂之寂寞也。十年知交,半年同事,知无不言,言无不尽,一朝永别,能无惨然!魂魄有灵,二十年后当再相见也。"

留给母亲的遗书这样写着:"为国尽忠,虽死无关重要,然于陆军前途及国民有益。遗币二百,薄田数亩,聊供赡养。"

安排好后事后,蒋百里静等黎明之到来。

第二天清晨,蒋百里召集全校两千多学生在军校操场紧急集合。他身着戎装,站在尚武堂的石阶上,用严肃的眼光扫视全场。学生见校长表情异常,均猜测发生了什么事,但他们绝不会想到校长竟要自杀。

全场静悄悄的。蒋百里开始讲话,他沉痛地说:"我初到本校时,曾经教导你们,我要你们做的事,你们必须办到;我办不到,我也要责罚自己。现在看来,你们一切还好,没有对不起我的事,我自己却不能尽校长的责任,是我对不起你们。"说到这儿,蒋百里提高了声音,郑重地说:"不能尽责任就得辞职,但是中国的事情到处都是一样,这儿办不通,那儿也未必办得通。你们不要动,要鼓起勇气来担当中国未来的大任!"(陶菊隐:《蒋百里传》)

学生们听到这些话,有的人感觉纳闷,有的人则不由地产生不祥之兆。就在这时,枪声已响,校长自杀了!

全场顿时一片混乱。

幸亏蒋百里身边的一名差弁李如意反应迅速,他在蒋百里讲话的时候,已感觉不妙,因为蒋百里从来没有这样悲愤过。后来,李如意见蒋百里伸手摸向腰间,便狂奔着冲上石阶,抢夺蒋百里的手枪。经李如意死劲一拉,蒋百里的枪口向左偏了一些,子弹从肋骨穿出,没有伤害心脏。而且子弹穿透前后肋骨时都是从骨头缝中穿过,也没有击碎肋骨。这样,蒋百里并没有死去。

见到蒋百里血流满面地倒了下去,学生们无不痛哭。又见蒋百里尚未气绝,乃由张承礼打电话报告总统袁世凯。袁世凯即日派高等顾问带领医护人员乘专车前来救护,将蒋百里挽救回来。蒋百里在军校医治期间,学生们轮流守卫,一直等到痊愈。

蒋百里自杀事件迅速轰动全国。朝野震惊。身任云南都督的蔡锷马上发电,要求北京政府务必查明事由。接着,湖南名流熊希龄发电:"此案如不水落石出,誓不甘休!"全国各地对政府的责难声纷纷传开,更有无数对蒋百里的慰问信。袁世凯为收买人心,请了日本最好的大夫和护士为蒋百里治病。而段祺瑞虽然受到一些压力,但并没有严惩自己的亲信魏宗瀚。北洋政府黑暗依旧。蒋百里从这一事件中悟到:"其实自己这样的死是不值得的,并不能因此唤醒国人。"所以,他辞去了校长职务,并对好友张宗祥说:"我从此认识了这一班狐群狗党的下流军人。"

蒋百里担任保定军校校长虽然只有半年时间,但自此以后,每一届保定军校学生都尊蒋百里为师长,并因以为自豪。蒋百里的门生遂遍及军界。

因为这次自杀事件,蒋百里认识了照顾他的日本护士左梅。左梅无微不至地关心着病中的蒋百里,并以女性特有的温柔劝说蒋百里:"自杀不是勇敢,'忍'才是大勇者所为。自杀是逃避人生责任。人生责任应以大无畏,冲破一切难关,从而实现伟大理想。如果有志气的男儿不能忍耐,轻言牺牲,那么谁能承担对国家的责任,国家还有什么希望?"在左梅的开导下,蒋百里的思想变化很大。他也深深地爱上了左梅。经过几番周折,有情人终成眷属。

导引国人奋发向上

蒋百里辞去保定军校校长职务后,袁世凯任其为总统府军事处一等参议,不久改任为陆军大元帅统率办事处参议。这段时间,蒋百里潜心于军事学术研究,独立完成了《孙子新释》一书,与刘邦骥合作撰写了《孙子浅说》,在好友蔡锷的启发下编写了《军事常识》。他与蔡锷起初对袁世凯抱有幻想,希望通过辅佐袁世凯达到强国之目的,但很快,他们便察觉到袁世凯的阴谋,乃转而进入反袁的行列。在蒋百里等人的掩护下,蔡锷离开京城,回到云南后发动了护国战争,迫使袁世凯取消帝制。蒋百里也伺机离开北京,辅助蔡锷,为总参议。蔡锷病重,蒋百里一直在旁照料。蔡锷赴日本治疗,蒋百里也一直相伴,陪着好友走完其最后时光。蔡锷病逝后,蒋百里代写遗电,与石陶钧等人扶蔡锷灵柩回国,并含泪撰写《蔡公行状略》,回顾好友生平,发扬其"置其身于生死外"的精神。安置好蔡锷遗体之后,蒋百里应邀入川,半途而知情况有变,乃重返北京,担任总统府顾问,仍勤奋著译,以此引领国人进步。

1917年,蒋百里成功地翻译了英国斯迈尔的名著《职分论》,并加以"附注",由上海商务印书馆出版。所谓"职分",即人生应尽的职

责与义务。蒋百里借此呼吁国人严于律己,勇于承担救国之责任。著名军事教育家徐培根对此有很高的评价:

> 欧洲文艺复兴,为近代欧洲文明发展之肇端,其关系至为重要。欧洲之所以能冲破宗教黑暗,创造出现代之文明,实由于此一运动唤起人生之醒觉。百里先生认为要发扬中国之文化,亦必须解除过去之束缚,获得思想之自由,始能推陈创新,有所建树。但百里先生有顾虑到自由思想之流弊,易于走向横决放荡,以至沦于堕落罪恶之途。因之,彼又译《职分论》一书,以为人生遵循之轨范。《职分论》里说:"人之生于世也,必各有不可不尽之职分。……而至高至善之人,决不以自身之幸福与名誉为其一生之目的。人之生也,固别有至强之重力,即导源于众善所归之事业是也。"至于事业为何?著者斯迈尔引述许多先哲之言行与行事,归纳为"至高至善之人,必须为其家庭、社会、国家,乃至全世界之人类谋福祉,乃为人生之职分。"百里先生并引述我国《大学》书中一段"身修而后家齐,家齐而后国治;亲亲而仁民,仁民而爱物",以为人生职分之解释。本书责任章里说:"职分者,自出生始,自死亡终,实与生以俱来。由家庭推及于乡里、社会、国家,以至于世界全人类,皆有吾人之职分。人与人相助而成社会,故社会之权利与个人之职分,各人皆当遵守,人类乃有生存之道。"百里先生介绍此种学说于人欲横流罪恶滔滔之世,正以箴规时俗,指引迷津,以济人心邪僻之穷也。总之,百里先生当时之介绍新思潮,乃是导引国人奋发向上,以至于至善至美之境域。

人生本不苍凉

在文化方面,蒋百里更重要的作品则出现在考察欧洲之后。1918年12月,梁启超、蒋百里、丁文江等七人组成欧洲考察团,前往英、法、德等国考察。第一次世界大战刚刚结束,欧洲大地一片荒凉,到处是战争留下的创伤。蒋百里等人乃能换一种角度,客观分析军事与文化,从而得出更为深刻的观点。考察欧洲战场后,蒋百里应梁启超之邀撰写《德国战败之诸因》,从政略和战略两个方面分析了德国战败的原因,最后得出结论:"军阀之为政,以刚强自喜,而结果也必陷于优柔而自亡。"此文表现出蒋百里已不再服膺于德国的军国主义,在思想上有了极大的变化,他开始主张"寓兵于民"、"生活与战斗一致"的军事思想。与此相伴的是欧洲文化对他的启发。他对资产阶级启蒙运动的发源地巴黎进行了广泛的考察,流连于博物馆、图书馆、美术馆等文化场所,并大量接触法国著名的政治家、思想家,与他们进行交流。

回国以后,蒋百里积极参与文化事业,主持编辑《改造》杂志,并发表《新思潮之来源与背景》、《中国之新生命——军国主义与立宪政治之衰亡》、《代军阀而亡者谁?》、《欧洲文艺复兴时代翻译事业之先例》、《我的社会主义讨论》、《如何是义务兵役制》、《裁兵计划书》等文章,产生了较大的反响。他还参与梁启超发起的其他社会文化活动,是"共学社"的主持人之一,并担任讲学社总干事,负责接待美国学者杜威、英国学者罗素、德国学者杜里舒、印度诗人泰戈尔来华讲学,促进了中西文化的交流。

1921年,蒋百里撰写的《欧洲文艺复兴史》公开出版发行,这是我国第一部系统介绍欧洲文艺复兴的图书。蒋百里并指出此书之现实意义,即"以中国今日之地位言,则社会蝉蜕之情状实与当时欧洲有无数共同之点",因此,此书一出,便受到社会的广泛关注,并出现

蒋百里:做一个有骨气有作为的中国人

一则美谈。

蒋百里写完此书后,本来是请梁启超作序。没想到梁启超一发而不可收,竟写了一篇洋洋六万多字的序言,其篇幅竟与蒋百里原著相当。世界上当然没有这样的序言,梁启超只好单独以《清代学术概论》出书。不仅如此,梁启超还反客为主,转而请蒋百里为之写序。蒋百里欣然同意。而梁启超则为蒋百里另写一序,郑重地向读者推荐,称其为蒋百里欧洲之行为中国所求之曙光,盛赞为极有价值之作。另一位大学问家曹聚仁先生则认为:"《欧洲文艺复兴史》,对于那时期的气息,体会得很亲切,文字中也流露着闪眼的光芒。"并说:"为什么一个大变动时代的人物,不只扮演一种角色,而要扮演许许多多样式的角色?史家解释欧洲的人文主义,说是一种活泼新奇的人生观!对于人生现实发生乐趣,富有自信力,为青春狂热所鼓动。人人对于现状乐观,对于世间一切都觉得有办法,即有尝试为之的精神,当其为旧的表示厌恶,对于一切新的即爱接受,自然而然,要多方面去尝试了。蒋先生文字中带来的乐观气氛,即是这一种活泼新奇的气氛;它之所以可能吸引人亦在此。"

这一时期,蒋百里还经常主动与年轻人交往,以激励中国青年有所作为。后来成为一代国学大师的梁漱溟先生即这样回忆:"1920年一个夏天,梁任公(启超)、蒋百里(方震)两先生由林宰平(志钧)先生陪同来我家(北京崇文门外缨子胡同)访我,以前辈而枉顾我一后学,这是我与两先生彼此交往之始……"

蒋百里还在1922年发表《军国主义之衰亡与中国》,以战略家的眼光,公开指出中国最感危险的是邻国日本的侵略,而"我侪对敌人制胜之唯一方法,即是事事与之相反。彼利速战,我持之以久,使其疲敝;彼之武力中心在第一线,吾侪则置之第二线,使其一时有力无用处……"这一持久战观点对中国抗战影响非常深远。

四年后,蒋百里路过徐州时,更是提出具体的方案:"将来有这么一天,我们对日作战,津浦、京汉两路必被日军占领。我们国防应以三阳为据点,即洛阳、襄阳、衡阳。"这一预见是令人钦佩的,在当时,中国之大,能有几人预见到中国竟会被日本如此纵深的入侵。

众军中的鹅毛扇

鉴于蒋百里卓越的军事才华以及在军界的影响力,他虽然也度过几年相对平静的脱离军队的生活,但很快又成为各路军队首领争取的对象。

1923年,河南督军冯玉祥因钦佩蒋百里,经常请蒋百里到开封军中讲演。冯玉祥调任陆军检阅使到达北京后,仍然每周请蒋百里到军中讲课,并试图请蒋百里担任参谋长,蒋百里不作正面回答,将话题转移。1923年6月13日,冯玉祥部逼走总统黎元洪,冯部旅长张之江就此事征询蒋百里的意见,蒋百里说:"总统好不好是另一问题,总之应求政治解决,军人不应有此动作。"此后,蒋百里不再到冯部演讲。

1925年,第二次直奉战争爆发。直系首领吴佩孚赴北京主持讨奉事宜,向蒋百里求教,并想约请蒋百里同去东北前线指挥。蒋百里在军阀混战之时不愿贸然卷入政治军事旋涡,婉言拒绝。吴佩孚又想请蒋百里指挥两个师驻扎湘鄂边境,也遭蒋百里推辞。吴佩孚当时正是势力强大、目空一切的时候,而蒋百里却无意置身南北纷争之要冲,保持着自己的独立判断。很快,由于第三路军总司令冯玉祥的突然倒戈,吴佩孚部两面受敌而败,精锐部队全部覆没,一代枭雄从

蒋百里：做一个有骨气有作为的中国人

此走了下坡路。而蒋百里却在吴佩孚重整旗鼓之时，出任了吴佩孚十四省讨贼联军的总参谋长。这自然不是什么所谓的义气，蒋百里当时的思想，是希望通过自己的努力，促成直系内部的团结，并将直系与广东的国民革命军联合起来，共同打倒奉军，从而实现中国的统一。然而，事与愿违，吴佩孚在面子上很尊重蒋百里，而实际上却根本不听蒋的建议。当蒋百里派人与广东国民革命军联系的时候，吴佩孚却暗中与奉军联系，他们一个是具有战略眼光的军事家，一个是朝秦暮楚的混世魔王，时间一长，自然无法相处。蒋百里最终离开吴佩孚，而吴佩孚则很快走向消亡。

部将孙传芳转而代替吴佩孚的位置，掌握着直系军队的主要力量，在南京正式宣布成立浙、闽、苏、皖、赣五省联军，自任总司令。孙传芳是日本士官学校六期毕业，极力拉拢士官同学，想方设法地找到蒋百里，力请其出任总参议。蒋百里一笑置之，只答应充任孙的非正式顾问。孙传芳又请蒋百里出任上海市长或江苏省长，蒋百里仍未同意，但转而介绍丁文江出任。丁文江则转介陈陶遗为江苏省长，自己出任淞沪市政督办。孙传芳一一任命。当时，蒋百里的老同学陈仪也在孙传芳手下担任浙军第一师长兼徐州总司令，他的许多保定军校的门生也在孙的军队里担任要职。如此，蒋百里虽然未出任孙的总参议，但幕后力量却不小。不仅如此，蒋百里也受到了广东国民革命军总司令蒋介石的邀请，请其出任总参谋长。蒋百里虽然也是一笑置之，但他意识到自己在南北双方军事力量中的有利位置，乃进一步推进孙传芳与国民革命军联合，致力于南北统一。不料，孙传芳还不如吴佩孚，也是从反奉走向联奉，走的还是旧军阀的老路子。蒋百里因此很瞧不起孙传芳，二人的合作也告一段落。不久，孙传芳被国民革命军彻底打败，蒋百里的老同学陈仪则转而加入了革命军的行列。

　　1927年3月,蒋介石进驻南京,约请蒋百里晤谈,称蒋百里为先生,礼遇有加。当时,蒋百里的得意门生唐生智任国民革命军第八军军长兼北伐军前敌总指挥,在武汉统兵十余万,为当时最有军事实力的将领之一。蒋介石与唐生智在长沙相会时,蒋提出与唐结拜,唐却说:"结拜也靠不住,从这次湖南大变动中,我摸透了,过去和我拜过把子的人,口里喊哥哥,手里摸家伙。拜把兄弟干起来,比外人还狠一些。"因而拒绝。宁汉对峙时,蒋介石再次提出结拜,并请蒋百里来说,仍被唐拒绝。唐生智非常敬重蒋百里,也常向蒋百里请教。蒋介石与唐生智既有合作又有对立,蒋百里则在蒋介石与唐生智之间摇动他的鹅毛扇,试图为国家统一作出努力。

　　1928年,国民党政府表面上统一了全国,但各派军阀仍混战不休。当年3月,蒋桂战争爆发,蒋介石起用唐生智为第五路总指挥,但对唐并不放心,于是请蒋百里做保证人。唐生智迅速召集旧部,导致桂系全线溃败。蒋介石取得胜利后,见唐生智力量壮大,竟变相软禁了唐生智。然而蒋冯战争很快爆发,在冯玉祥大军进攻下,蒋军屡败。蒋介石再次想到唐生智,但一时又下不了决心,于是再次请蒋百里商议。蒋百里力保唐生智,唐因此再度统领大军。蒋介石电令各军:"所有前方部队,均归唐总指挥节制调遣,即本总司令,亦唯唐总指挥之意见是从!"唐生智于是实力大增,并在讨冯战争中取得阶段性胜利。蒋百里此时也进入人生中最佳时期,保定系门生云集,在战争中形成一股巨大的军事力量。但也就是在这个时候,危机出现了。唐生智表面上继续率兵与冯军作战,而实际上则筹划着反蒋。他首先暗地里与冯军达成谅解,然后就为反蒋做准备工作。

　　在起兵反蒋前,唐生智曾征求蒋百里的意见。蒋百里密电致唐,

蒋百里：做一个有骨气有作为的中国人

郑重提出"东不如西"的战略性建议。就是劝唐生智不必在东部逐鹿，应转而向薄弱的西部发展，将大军开向西北新疆等地，然后可以久安于位，并进一步实施统一全国之大业。如果唐生智接受蒋百里建议，则中国军事政治格局将有大的变化，而中国形势究竟向何方发展将难以预料。只是这一次唐生智却没有听从老师的意见。蒋介石也请蒋百里转告唐生智，欲以调唐为军政部长进行拉拢，蒋百里未予传达。蒋百里显然是倾向于唐生智的。

唐生智起兵后并未果断地展开攻势，他的所谓联盟军阀锡山显然在利用他，使他很快陷入孤立状态，被从容以待的蒋介石瓦解。唐生明总部被抄，蒋百里给唐的密电本也被抄去。蒋百里的亲友纷纷劝其暂避风头，但蒋百里自信蒋介石还不至于向自己动手，仍然静守不动。这一次他想错了，他的生命不期然地遭遇了一段凄凉岁月。先被软禁于杭州一别墅中，接着解送到南京总司令部看守所。因是蒋介石"御令"，蒋百里虽有陈仪等老友在军中担任要职，又有张宗祥等人四处奔走，但直至1931年12月，才靠着挚友唐天如等人的帮助以及门生陈铭枢向蒋介石力保，终于获得自由。前后监禁达12月之久，虽然妻子左梅携女儿到南京租房居住，可以每天进监狱照顾蒋百里，但蒋百里仍备尝了人生的另一种艰辛与苦楚，对生命的体悟更为深刻，而其救国强国之雄心却并不因此而消失。

出狱时，蒋百里好友张宗祥写诗一首相赠：

闻蒋百里出狱

江风江雨逼衾寒，喜极翻成梦不安；
闻说六朝山色好，不妨留吓客中看。

蒋百里感老友之情谊,心潮澎湃,乃回赠二诗:

百里回沪寄诗代简(二首)

君向吴淞我汉阳,天教劳燕自分张;
白头期会知能几,况是重生返故乡。

中原谁是济川才,垂老雄心苦不灰;
倘使鼎中不全沸,好分片席筑书台。

深忧时局　推动抗日

1931年"九·一八"事变以后,中国局势更加危急。蒋百里忧心忡忡,密切关注战局。1932年"一·二八"淞沪战役爆发,陈铭枢旧部十九路军蔡廷锴、蒋光鼐等坚决抗日,蒋百里积极支持,以敏锐的洞察力,作出正确的判断,并提出很多切实可行的办法。曹聚仁后来回忆当时的情形,称:"有一天,那是'一·二八'淞沪战争发生后的第三天,二月一日,他(百里)和我们在一家的咖啡馆喝茶,翻开那天上海版的《每日新闻》,头条新闻是日本陆相觐见天皇的电讯。他沉吟一下,对我们说:'二月五日早晨,会有日军一师团到达上海参加作战了。'他何以这样说呢?他说日陆相觐见天皇的意义是报告日军正式出战。依日本当前的运输能力,三天之间,可运输一个师团兵力、四万战斗兵及其装备到上海。所以他估计这一师团,五日可以投入战斗。(后来,他把这一估计,告诉了蔡廷锴将军。)果然,'一·二八'战役,日军的第一场反攻是从二月五日开始的。他估计得非常正确。

蒋百里：做一个有骨气有作为的中国人

我对于百里先生的钦佩,就是这么开始的。"十九路军参谋长张襄等人是蒋百里的保定门生,经常向老师请教,蒋百里总是提出很好的建议。淞沪战役中,十九路军顽强抗战,有力地回击了日寇。中日签订《淞沪抗战协定》。此后,蒋百里过了一段平静的日子。

蒋百里以军事见长,但说到底他是一个文人,始终保持着文化人的生活习惯及追求。在无法施其报国之志的时候,他便顺乎自然地沉了下来,致力于自己的研究。在悟事、悟人的过程中,不忘著书立说,先后写成《东方文化史及哲学史》、《战斗与生活一致》、《法西斯与民主》等图书和论文。

而这段沉下来的日子,实则也是蒋百里梳理自己头脑、观察中国形势、为再展宏图所做的准备过程。他勇于从自己所处的阶层——知识分子阶层入手,揭批中国传统文人的致命弱点,从而激励中国知识分子不要再做迂腐的书呆子,而应该从事对社会对国家有用的实践工作,担当起救国强国的使命。他说:"古来士为四民之表率,国家弄到这样衰弱,文人实在应负大部分的责任。读书越多的人,越不能成为主权阶级,仅知如何逢迎君主,得了一人的恩宠,就能爬到高层辅佐阶级的地位。他们终身的目的不过如此……真正文人四十岁以前埋头读死书,变成了饱学的书呆子;四十以后埋头科举,纵能显亲扬名,这辈子已是个废物了……三年一小考,五年一大考,不知坑死了多少读书人。他们就是幸而考取,满头白发出来做了官,这种人对国家对民族哪里还有一点儿用处呢?……我分析起来,中国之大而弱,由于不读书的流氓做了皇帝,成为最高的主权阶级,而知识分子则沦为辅佐阶级。"蒋百里的这些评说,对当时知识界有很大的影响。曹聚仁即称:"百里的历史观,对我们影响很大。我的'书生无用论'以及'脱下长衫,莫作奴才'的口号,一半受了吴敬梓的影响,一半也受了百里先生的影响。"所以,在这段表面沉静的时期,蒋百里的内心却并非一潭死水,他也随时关注着日本的形势,思考着对策。

两年后,蒋百里从书房走出,开始参加各种活动,试图从各个方面寻求强国的力量。他曾在农商银行任常务董事,研究银行法及经济学,试图仿照美国农业银行的成例进行改革;他曾十分关注中国的工业发展,向好友丁文江等人了解矿产等方面的情况,提出可取的建议;他还研究战时的交通、工业的布局等等,这一切,在当时就是为抗日做努力。他抓住了当时中国存在的主要危机——日寇侵华日益深入,然后想各种办法,并尽可能地团结各界英才,大家一起来渡过难关。

梁漱溟也是一位像蒋百里一样的有识之士,他希望通过乡村建设来振兴中国农村,进而带动中国工业的振兴,从而实现强国之路。1935年8月20日,蒋百里特地到山东邹平去找梁漱溟,梁正守护着垂危的妻子黄靖贤。蒋百里上午到达后,梁漱溟的同事接待了他,但并没有告诉梁漱溟。及至下午,黄靖贤去世,蒋百里想到梁漱溟一定没有心情,便离开了。梁漱溟事后才知蒋百里来过,但不知蒋百里有何事。到了1936年,梁漱溟前往广州讲学,路经上海时特地拜访蒋百里,并问他为何去邹平。一谈之下才知道,蒋百里找梁漱溟是为了谈国家大事,谈日本侵略中国的问题。接着,二人进行了长谈。对此,梁漱溟先生于1985年作文回忆:

> 蒋先生素来熟习日本情况,而各方情报又很灵通,对我首先指出日本大举入侵我国将不在远。他说,中国人固是大难临头有不待言,而最后失败却将是惹是生非的日本人自己。日本人眼光短浅,它很不应当侵略中国。日本文化是接受中国的文化,

蒋百里：做一个有骨气有作为的中国人

它侵略中国,对它毫无好处,而给它带来的将是很大的灾难。他断言,华北纵然有失,将为时不久;就连已失去的东北,将来收回亦不成问题。理由是国际情势转变甚快,说不定三年五年就有机会到来。不过外面机会虽不难有,甚且一遇再遇,而我们自己没有准备,不成一个力量,对此种机会不能加以利用,则仍然无希望。……结论就在中国人自己要努力。

此时,蒋百里所关注的是整个国家的命运,不会因个人的得失而在意。所以,虽然蒋介石曾关押过他,但他还是从国家利益的角度,多次向蒋介石提出种种抗日的建议,二人达成和解。

1935年,蒋百里作为最佳人选,被蒋介石任命为军事委员会高等顾问,出国考察现代军事及总动员法。蒋百里行迹所至,有新加坡、印度、意大利、奥地利、德国、美国、加拿大等国,历时近一年,收获颇丰。反复研究后,蒋百里写出了《考察意国空军建设之顺序与意见》等报告,建议中国建设并迅速发展独立的空军,这是适应国防所必需的。蒋百里的建议内容非常全面,他是中国最早提出全面构建空军的战略家。

1936年12月12日,"西安事变"爆发时,蒋百里正好也在西安。他虽然被扣押,但很快成为西安事变得以和平解决的重要人物。因蒋百里崇高的声誉及无党派人士的身份,张学良对其非常尊重。当张学良与蒋介石处于僵持的危险状态时,蒋百里无意中成为缓和双方矛盾的合适人选,并提出很好的方案,促使张学良释放了扣押人员中他最不喜欢的蒋鼎文,以显示自己与南京和解的诚意。又是在蒋百里的建议下,使蒋介石将亲笔手令放心地交到蒋鼎文手中,从而把蒋介石的命令传回南京。这便为"西安事变"的和平解决作出了很好的铺垫。"西安事变"后,蒋介石对蒋百里的态度已不再是只有尊重,而且变得亲切了。

1937年初,蒋百里明确地阐述了中日战争的趋势将是长期持久的全体性战争,他本人也开始积极投入到抗战准备工作当中,视察南北防务,实地考察山东、湖北等七省,研究抗敌方案。这一年春天,蒋百里最重要的军事著述选集《国防论》出版,这是蒋百里一生军事著作的精华,其国防经济思想的核心是:"中国国民的军事特色,就是生活条件和战斗条件的一致。世界任何民族,生活条件与战斗条件一致者强,相离者弱,相反者亡。"他客观论述了中国近代以来国防建设的致命弊端,但对中国的未来充满信心,他认为中国的武力虽然不如日本,但中国有最大的武器就是坚强不屈的意志。他当然不会空洞而谈,而是"理论结合实践""现实结合历史"地提出令人信服的观点。特别是提出了"持久作战"的主张,认为对付日本的有效办法,就是要全面抗战和持久作战,即"我国家根本之组织,不根据于贵族帝王,而根据于人民;我国民军事之天才,不发展于侵略霸占,而发展于自卫","彼利速战,我持之以久,使其疲敝;彼之武力中心在第一线,我则置之第二线,使其一时有力无用处。"

针对当时普遍存在的恐日心理,蒋百里特地在《国防论》扉页上强调:"万语千言,只是告诉大家一句话:'中国是有办法的!'"

《国防论》最后的文字则是站在全人类的高度进行阐述的,蒋百里告诉世人:"我这里先是揭出了罗马牺牲个人以为群众的英雄主义,怎样与耶稣牺牲现在以为将来的宗教精神不谋而合地奠定了现代文明的始基,其后说到各种因素的一起一落,此消彼长,耶教怎样专制了人类的性灵,漠视了现实的世界,于是激起了反动,而有资本的崛起,文艺的复兴,宗教的改革,形成了商人的第三帝国,其间虽有许多的福利,但有更多的悲惨。少数的个人是得志了,多数的群众是憔悴了;现世的快乐是圆满了,未来的信念却动摇了,何异重踏希腊人的覆辙?新罗马精神,于是适应需要而起,为山穷水尽的现代文明另辟柳暗花明的境地;是的,她指示了全世界一条新的途径,一种新的人生观。让我们牢记着这两句教训:'锻炼个性以服务群众,努力现在以开拓将来。'呵,富于历史性和时代性的罗马呵!"

"七七事变"后,中国进入全面抗战阶段,蒋百里更是热血沸腾,决心拼死以报国。他临危受命,在极艰难的情况下出使德国、意大利。当时,德、日、意防共协定谈判实际上已成定局,蒋百里以拳拳报国之心及卓越的外交才干,促使墨索里尼会见了他,并在当面交谈中打击了墨索里尼狂傲的气焰,达到了难能可贵的外交效果。同样,在德国,蒋百里也施展了杰出的外交才干。这次出使,延缓了德、日、意的联合,对中国抗日是有益的。而在百忙之中,蒋百里还写就了《日本人——一个外国人的研究》,批评了日本人性急、短视和容易入于悲观的性格,并以渊博的学识分析了日本的情况,包含"民权与王权"、"暗杀与守法"、"文治与武功"、"双重外交"、"国粹与洋化",最后得出:"日本政治家天天在火山上跳舞!"蒋百里并以此告诉中国人:"胜也罢,败也罢,就是不要同他们讲和!"

人格之追求

蒋百里的人生观念,视人格为最重要者。年轻气盛时的自杀举动,虽然不足以宣扬,但反映了蒋百里对人格之至高追求。他在军事方面的主要贡献在军事理论方面,可称为军事学家,在这方面,他自然可以一览众小,独立地表达自己的意愿和主张;而在实际工作中,

人生本不苍凉

蒋百里一生多次担任参谋长,虽然身居要职,但在当时传统观念上则属幕僚身份,是最高长官的附属。这样一来,参谋长的独立性就大打折扣,人格完美之追求自然也难以达到。且看蒋百里是如何对待这一矛盾的。

1938年的后半年,蒋百里被任命为中国最高军事学府陆军大学的校长(此前由蒋介石兼任),上任途中,蒋百里即着手准备在陆大两个演讲,题目分别是《参谋官之品格》、《知与能》,由他口述,陶菊隐笔录下来。

陶菊隐先生在后来所撰的《蒋百里传》中做了详细的回忆,称:

关于第一题,百里认为:"参谋二字是从日文中译来的,我们原来叫做'军师'或'幕宾'。姜太公被尊为'师尚父';黄石公授张良兵书时告以'读此可为王者师',如此说来,参谋长便是帝王的先生。姜太公穷得以钓鱼为生,要周文王礼聘至再才肯出山,这便是参谋官的'品';张良世代为韩相,韩亡后散尽家财誓为故国报仇,不惜牺牲一己,这便是参谋官的'格'"。

"张良的无我精神一直传授给诸葛亮,他对刘先帝说:'臣本布衣,躬耕南阳',就是说他不找事也有饭吃的意思。一直等到先主三顾茅庐,然后才'感激',才'驰驱',而一出茅庐之后,人家把皇帝送给他做,他却报之以'鞠躬尽瘁,死而后已'"。

"参谋官的地位由'军师'降为'幕宾',虽不在三军主帅之上,但还是处于平起平坐的对等地位。自从中国成立新军以来,参谋长再降为军曹,甚至成了司令官的'马弁头儿',可以招之使来,挥之使去。今天要恢复参谋长的荣誉和原由地位,只有拿人格去争取,如果不能自重,休怪别人不肯敬重我们。"

蒋百里：做一个有骨气有作为的中国人

……

关于第二题《知与能》的问题，他脱口而出指示说："前面讲的品格问题就是有骨气，气要高，骨头要硬，这是做人的基本条件。但在讲学问的时候，却要两种相反的原理，就是心要虚，脑子要柔软。……"

以上这些话，可以称得上蒋百里对人格与学问的基本态度，他的一生也是秉着这一态度度过的。

蒋百里是于1938年11月4日逝世的。当时陆军大学奉命由湖南桃源迁往贵州遵义，蒋百里筹措迁校，长途跋涉中，风疾复发。在桂林时即感疲惫，但迁校心切，仍然抱病动身，等到宜山时大汗淋漓，益感不支，不得已停顿下来，请当地医生治疗。几天后病情似有好转，蒋百里再次拒绝夫人的建议，急切地想要动身。没想到，他在4日上午还与前来探病的学生长谈，下午3时还与郑晓沧长谈，晚饭后还听陆大教育长周亚民的工作汇报一直到8点钟，而9点50分的时候，蒋百里即在入睡后逝世。这一方面与他早年自杀举动所带来的后遗症有关，另一方面却由于他在抗战以来无休止的超强度工作有关，他是劳瘁而逝的！

蒋百里噩耗传开，举动震悼。国民政府明令褒扬，称："军事委员会顾问兼代理陆军大学校长蒋方震，精研兵法，著述宏富，比年入参戎幕，讦谟擘划，多所匡扶。方冀培育英才，用纾国难，不幸积劳病逝，轸悼良深。应予特令褒扬，追赠陆军上将，发给治丧费五千元，交军事委员会依例议恤，并将生平事迹存备宣付史馆，用示政府眷念耆贤之至意。"国民政府主席林森、国民政府军事委员会委员长蒋介石以及各界人士冯玉祥、张宗祥、陈立夫、陶菊隐、高子白、章士钊、钱均甫、李小川、刘文岛、黄炎培、梁漱溟、曹聚仁等纷纷撰写诗文悼联,表达对蒋百里的无限痛惜。蒋百里先生被公认为品行高尚、好学深思、博古通今、融会中西的硕学儒将。

参考书目:

蒋方震:《国防论》,出自《民国丛书》第二编,上海书店,1990年。
蒋百里:《欧洲文艺复兴史》,东方出版社,2007年。
陶菊隐:《蒋百里传》,中华书局,1985年。
张宗祥:《蒋方震小传》,出自《文史资料选辑》(合订本)第3卷,中国文史出版社,1999年。
许逸云:《蒋百里年谱》,团结出版社,1992年。
张学继:《兵学泰斗:蒋方震传》,杭州出版社,2004年。
梁漱溟:《忆蒋百里先生》,出自《梁漱溟全集·第七卷》,山东人民出版社,1993年。
季　方:《白首忆当年》,出自《纵横》1984年第3期。
李晋阶:《保定陆军军官学校第一期回忆》,出自《旧中国军事院校秘档》,中国文史出版社,2006年。
沈　宁:《一个家族记忆中的政要名流》,中国青年出版社,2008年。
宋　晞:《蒋方震》,出自《中华民国名人传》,近代中国出版社,1984年。

杨杰:绝不为亡者之臣

阳光下的杀机

1949年8月的一天下午,阳光明媚,昆明三节桥靖国新村风景如画。杨杰将军,这位一向以姜太公、诸葛亮自命的著名军事家,正慢慢地从一栋房子里出来,一边散步一边想着问题。他感觉心情舒畅,脑海中则酝酿着一个惊天动地的计划。

发动更多的力量反蒋!

与国民党一号人物蒋介石多年共事的结果是,杨杰看清了蒋介石的真实面目,于是义无反顾地走向了蒋介石的对立面。尽管这意味着生命的危险,但早在多年前,杨杰已旗帜鲜明地反对着蒋介石。

鉴于杨杰在国民党军队中长期形成的威信,蒋介石有所忌讳,长期派人秘密监视。杨杰敢说敢做,不畏强暴,他得知蒋介石在重庆派人监视自己,有一次请假为母亲办丧事时,当面要求蒋介石不要派人监视自己,弄得蒋介石十分尴尬。抗战期间,杨杰经常在重庆等地发表联俄、联共、联合各民主党派一致抗日、反对蒋介石独裁的言论,深为蒋介石忌恨。抗战胜利后,蒋介石不顾国内人民期待和平的愿望,积极筹备发动内战。杨杰更加积极地参加反蒋活动,与谭平山、王昆仑、陈铭枢等人组织"三民主义"同志联合会,投身民主运动,反内战、

人生本不苍凉

反独裁。1948年1月1日,中国国民党革命委员会在香港成立,杨杰作为主要领导人之一,负责西南地区的组织发展和活动等工作。他密切配合国内革命形势,将西南的爱国人士紧密地团结在一起,开展反对蒋介石的斗争。他与四川、西康、云南、贵州军阀刘文辉、邓锡侯、龙云、卢汉等都有往来,国民党重要人物张群、朱绍良、杨森也经常与其往来。重庆行辕正副参谋长萧毅肃、刘宗尧及川东供应局局长邱渊、云南供应局局长乐韶成是杨杰的得意弟子,随时向杨杰请教。因此,杨杰在西南绝对是一个一呼百应的人物。

蒋介石曾试图拉拢杨杰,亲自召见,希望杨杰担任云南省主席,并解除云南龙云的势力,杨杰当场拒绝。蒋介石见杨杰不能为自己所用,十分顾忌,加紧监视,甚至买通杨杰的姨太太偷取文件。杨杰干脆以养病为借口,迁居昆明,一方面为了摆脱监视,一方面为自己更好地进行民主运动。昆明属于卢汉的地盘,卢汉虽然受蒋介石管制,但对蒋的势力有所抵触,尤其是在三大战役之后,国民党已如西山落日,卢汉也在是否脱离蒋介石的问题上举棋不定。昆明的民主氛围十分高涨,杨杰如鱼得水,四处宣传自己的主张,进行反独裁、反内战的活动。同时,他利用自己在国民党军队中所特有的威信,组织策划川、康、滇军队起义,由此引起国民党特务机构保密局的高度警惕,将杨的行为一一上报。杨杰对此也有所耳闻,可是他不怕。

杨杰的思维继续转动着。他居所的对面也是一栋楼房,楼房前有一片草坪,修剪得很整齐,他几乎每天都要路过那儿。现在他正向草坪走去,但他仍低着头,自顾自地想着,仿佛忘却了周围的一切。

淮海战役结束后,国民党统治区人心惶惶,莫知所从。留在重庆山洞的陆军大学部分教、职、学员二三百人,由该校研究室主任杭鸿志出面,邀请杨杰去该校讲一讲当前形势。杨杰不避危险,演讲一个多小时,深入细致地分析局势的变化,他批评蒋介石政府政治上毫无办法,军事上士气颓败,指挥不当,大败是意料中事,并断定当时的江防部队阻止不住解放军的渡江,明确地说:"我看红是红定了。"这些话给到场的人以深刻的印象,使他们在迷茫中认清了方向。杨杰进一步指出,再跟着蒋介石走,必然走向绝路,只有弃暗投明,投靠共产党,才可以走向光明。为解除教职员工的顾忌,杨杰讲述了苏联对帝俄时期有一技之长的旧军官十分重用、优待的情况,以此作比较,说明投靠共产党不会受虐待,反而会受到优待的道理。经过耐心的分析阐述,终于帮助陆军大学教职员工丢掉包袱,下定起义投明的决心。

1949年6月,刘文辉计划在四川各地号召失意军人和袍哥土匪起义,各地失意军人响应者众多。此事直接受杨杰的策划与支持。七八月间,杨杰加紧革命活动,在昆明托"西南政务委员会"委员戢翼翘带一封信给黎又霖,转给周崇化和周幼时,要他们联络川康地方军人准备起义。此时,杨杰正等着回信。

杨杰仍在想着,不知不觉便来到了草坪边。突然,他听到一声亲切的童音:"杨伯伯。"

"哎。"杨杰马上知道是沈家的小姑娘在叫他。他抬起头来,愉快地看着对面跑过来的小女孩。

小女孩长得很秀气,非常聪明,杨杰很喜欢。每当看到这个无忧无虑的小女孩,他的心情总是充满了欢乐。他高兴地将小女孩抱了起来,转了几圈。小女孩高兴地笑了,发出银铃般的笑声。

"杨先生,快放下她,小心累着您。"一位慈眉善目的老太太在小女孩后面跟着,笑着对杨杰说。

他们是邻居,经常见面,虽不知对方是干什么的,但见面时总是充满了人情味。由于小女孩的缘故,两家的大人都十分亲切。

"伯伯,给我讲故事吧。"小女孩拽着杨杰的手说。

"好,等伯伯有时间的时候,一定给你讲。"

"不行,现在就讲。"小女孩不依不饶。

杨杰有点松动。

老太太说话了:"别淘气,杨伯伯还有大事要办,别捣乱,到我这儿来。"

小女孩嘟着嘴,来到老太太身边,朝杨杰做了一个鬼脸,引得杨杰和老太太都笑了起来。

窗外的情形被小女孩的父亲全部看在眼里,他忍不住叹了一口气,思想再次出现矛盾。

天真的小女孩当然不会知道,她的父亲竟然就是蒋介石派来暗杀杨伯伯的特务头子。

特务头子的名字叫沈醉。

他已经把杨杰的情况了解得一清二楚。

军中公认的名将

杨杰,字耿光,1889年生于云南大理。1905年就读于云南陆军武备学堂,后入保定军校学习。1907年留学日本,先后在日本陆军士官预备学校、士官学校炮兵科学习,在此期间加入中国同盟会。1911年,杨杰回国参加辛亥革命,开始其戎马生涯。此后在多起战役中,杨杰屡立战功,不断晋升,1921年时已晋级陆军中将。但杨杰却于此时自愿放弃中将军衔,再次留学日本,入日本陆军大学学习,后以第一名成绩毕业于该校。

杨杰：绝不为亡者之臣

1924年,杨杰重返故国,先后担任国民军第三军参谋长、军官教育团教育长等职。1926年加入国民革命军,在北伐战争、中原大战中立下汗马功劳,深得蒋介石信任与倚重,出任过国民革命军第一集团军总参谋长、第二炮兵集团指挥官、陆海空军总司令行营总参谋长、国民党中央执行委员、陆军大学校长及教育长等要职。

杨杰是军中公认的名将。

杨杰(1889—1949)

早在1912年的黔东战役中,杨杰便显露出卓越的军事才能。当时,杨杰任滇军团长,奉滇督蔡锷之命进入贵州,援助唐继尧部。他们的对手是贵州原督军杨荩诚,正率数万官兵由湘入黔,要驱逐只有两千余人的唐继尧部出境。唐继尧看到敌众我寡,忧心忡忡,问计于杨杰。杨杰镇定自若,边看地图边想对策,认为此时此刻切不可自乱,当以奇计克敌。他首先分析道:杨荩诚兵分两路,向铜仁的大鱼塘一带疾进,形势十分危急。能否打败对方,关键是能否保住铜仁。因为铜仁总辖全省,一旦丢失,便牵动大局。而大鱼塘一带又是铜仁的要道,万不可失。分析完当时形势后,杨杰献出一计,请求在镇远一带派得力官兵进行堵防,先诱敌深入,然后两翼出奇兵突击。唐继尧当即采纳,派杨杰率千名官兵前往镇远,自己在后策应。接着,恶战开始了,杨杰只有区区千人,对方却有上万之众,但由于杨杰计策用得

人生本不苍凉

好,两天多的恶战之后,竟然大获全胜。杨荩诚率部败退湖南,滇军士气大振。此一役,杨杰声名大振,被滇军视为建立"奇勋"之人。

护国战争中,护国军入川时与袁世凯所遣川军对峙于泸州。川军依仗沿江工事予以顽抗,护国军久攻不下。眼见硬攻无法奏效,徒然损兵折将,杨杰决定以智取胜。他采用三国诸葛亮"草船借箭"之计,一连三夜以30余只小船沿长江漂下,船上装载穿着护国军衣帽的草人。敌军在夜色中无法看清,以为护国军乘夜偷渡,急忙以重火力攻击。三夜之后,敌军发现船上压根就不是士兵,便放松警惕,在第四夜时对江上漂下的船只便不射击了。杨杰见时机成熟,马上指挥千余兵力从三个地点偷渡,于次日凌晨到达对岸,然后一声炮响,三支队伍突然出现在敌军面前,使敌军措手不及,很快占领几处阵地。接着,护国军后续部队大举进攻,很快夺取泸州,乘胜追击,掌握了战争的主动权。杨杰在"泸州战役"中表现出的杰出才干,备受广大官兵称颂。

国民革命军第二次北伐时,杨杰以第一集团军总参谋长的身份跟随在蒋介石身边。军队到达济南时,遭到日本帝国主义的阻挠。日方害怕国民党统一全国后会妨碍其在华利益,便以保护侨民为借口,对济南发动武装攻击。蒋介石畏惧日军的势力,竟然要第一集团军全面撤退。杨杰见此情景,耐心地向蒋介石分析当时的形势,劝说蒋介石不可中了日军的诡计,提出可以改道继续北进,避开日军,以收北伐全功。蒋介石经过再三权衡后,最终采纳了杨杰的建议。结果很快将奉系张作霖驱逐出关,取得了巨大的胜利。杨杰因此受到蒋介石的器重。

蒋冯阎中原大战时,杨杰多次为蒋介石立下大功。蒋、冯、阎三支军队曾胶着于陇海路中段郑州—开封—兰封—考城等地,蒋介石

杨杰：绝不为亡者之臣

无法挽回劣势，心急如焚，九次电邀杨杰南下问计。杨杰南下后，陇海线正在吃紧，双方混战正急。蒋介石总部驻扎柳河车站，大部分军队已派往第一线，留在身边仅能控制的只有一个特务营。此时，飞机突然从高空来电："敌军一个骑兵大集团正在向车站急进。"蒋介石顿时十分惊慌，因为根本无法调回军队支援，以己方一个营的兵力对付对方一个骑兵大集团，无异于以卵击石。他急忙问计于杨杰。杨杰急中生智，说："现在情况紧急，我没有时间解释，你可以立即告诉站上，将列车的两头各安一个车头。"蒋介石没有别的办法，对杨杰的话言听计从，马上照办。这样，当敌军大举进攻车站的时候，杨杰令列车向北急驶，等开出二三十里地后，马上向南急驶。敌军因此跟着列车跑来跑去，很快筋疲力尽。对方指挥官看见这样不是办法，于是改变行军路线，派兵去烧附近的机场。杨杰了解到：此前，空军有些轰炸机因找不到目标，没有投弹，刚刚返回机场。按当时规定，如重磅炸弹使用未完，不得留在机场降落，以免发生爆炸。现在事出变化，杨杰当机立断，下令飞机马上降落机场，但不准卸下炸弹。如此一来，敌军火烧机场时，重型炸弹先后爆破，震耳欲聋。敌军以为中了埋伏，赶紧撤退。杨杰乃下令特务营乘机冲出，迅速打退了敌骑兵集团。蒋军此次以少胜多，多亏了杨杰的指挥，蒋介石笑眯眯地对杨杰说："耿光！不是你在此，我们一定当了俘虏了。"

有段时间，蒋介石在冯军的强大攻势下节节败退，屡屡遇险，打算退却。杨杰在危急关头，力陈退则全线溃乱，对己方极为不利，建议再苦撑几日，稳住阵脚再以良策克敌。蒋介石采纳了杨杰的意见。此后，杨杰不遗余力地为蒋出谋划策，在争取张学良，麻痹阎锡山，中立桂系，集中力量攻打冯玉祥，为蒋介石扭转战局方面，立下汗马功劳。蒋介石因此对杨杰更加信任。

人生本不苍凉

杨杰曾先后担任国民党陆军大学校长、教育长等要职。他总是不满足于现状，不断地提高自己，主持陆军大学几年后，杨杰为了弥补自己的不足，主动申请到欧洲各国考察军事，增长见识。一年后回国，他在军事教学管理方面的能力明显增长，引进了新的教学理念和方法，给师生们留下深刻的印象。陆军大学特别班第二期学生章培后来回顾当时的情景，称：

> 杨杰提出一个口号："讲堂和演习地，都想定是战场，学员和教官、顾问对垒以决胜败。"同时他又一再吩咐学员："对德国顾问必须作有组织有计划的问题，才能学到真东西；对本国教官必须留一手，免得打倒太多，无处聘请。"现地战术的学习时间也加多了，本国教官和德国顾问讲授时间都是10天。在演习时，学员们骑着马，对演习地各处都要经过侦察。杨先生每天轮流参加一个战术班，在学员和教官辩论结束之后，他总要根据想定，就现地提出一个问题，考试学员、教官，最后由他作总结。我们都认为他是"画龙点睛"，比大家有高一着的见解，所以人人对他尊敬。……此外，三年以来，每星期一的纪念周，总由杨先生亲自作报告，或邀请名人演讲，其内容主要是国际问题和经济问题，都是与国防有关的。

在杨杰的带领下，陆军大学教学质量日益增强，并吸引了许多知名人士前来就学。在陆大学生岳星明的记忆中："首先最著名人士当数冯玉祥，那时他是军事委员会副委员长，他对杨杰颇为尊重敬佩。记得蒋介石主持第11期开学典礼时，冯玉祥也曾参加，我们看见冯表示要来陆大求学愿望时对杨杰作一长揖。以后冯玉祥及其部高级将领鹿钟麟、石敬亭曾来特别班第二期旁听。"

除实际工作外,杨杰还在军事理论方面作出巨大成就。他曾先后撰写《战争诀要》、《总司令学》、《保留城垣意见书》、《军事与国防》、《国防新论》等多部军事论著,成为与蒋百里齐名的杰业军事理论家。民盟成员杜重石曾就杨杰及其《国防新论》有一段回忆:

我仔细读了耿光先生(即杨杰)《国防新论》原稿,和一些第二次世界大战的有关翻译文稿及其他的军事书籍,记得其中有蒋百里先生的著述和毛泽东的《论持久战》。我实在对军事学太无知了,不仅什么具体意见提不出来,就连把各种军事学的文稿综合起来,勾画出一个《国防新论》的粗线条的轮廓也无从着手。耿光先生似已看出我对此很感为难的窘态,对我说:"你不是军人,说点外行话也没关系,更何况现在不是要你说行话,只是把这些材料,特别是二次世界大战的军事材料,按兵种、敌我制约、效能……等先分类整理成素材就行了。"我试着提出,是否可以把"国防根据和假想敌"一章安排在"国防要义"一章之后;《论持久战》在抗日战争中的战略、战术上起过很好作用,如犬牙交错的战争形势、防御中的进攻、持久中的速决、内线中的外线作战以及游击战争的"敌进我退、敌疲我扰"的战略防御和战略进攻、把游击战提到战略地位等,是否也可以考虑作《国防新论》的论点之一;在我国将来的较长时期内,经济、军事仍处于弱国地位,我们的国防必须以这种国情为依据。

耿光先生未从正面答复我,而是指出,现在还有人把"好铁不打钉、好男不当兵"当作看不起军人的比喻,真是大错特错。其他学科,物理就是物理,天文就是天文……做一门学科的博士较单纯,要做一个军事博士就不那么单纯,要对天文、地理、数学、化学都要懂才够格;好的军事家才真正够得上称博士。时代总是在前进中发展的,刀箭时代可以单人匹马打天下,但也要有士卒。关云长的青龙偃月刀能过五关斩六将,赵子龙的长枪可以在长坂坡横撞直冲,几进几出,这些都早送到博物馆去了。以小米加步枪为前提的战略战术也谈不上有多大的价值意义。未来的战争,在战场上已无前、后方之分。《国防新论》的新也要立足于"新时代、新科学、新形势、新国情"的新字上。科学是日新月异的,美国投日本的原子弹就是明证。科学发达的国家已把最新的科学技术运用到军事上来,将来的国防也必然会对军事家提出新的课题。可是蒋介石的国民政府搞了二十多年,连部汽车也造不出来,飞机更要靠美国人。现在我们的脚虽已踏上了美国的"空中霸王"号(抗日胜利后美国最新式的民航机,能坐48人)的舷梯,如果脑子却仍睡在小米加步枪的战马背上,沾沾自喜于过去已取得成就的老思想上,是很危险的误国误民的祸根。我过去把陆军大学当成是培养军事人才的熔炉,要培养出既有龙虎雄姿,又有麟凤华采的儒将。抗日时期的军事著作,是根据敌我条件而写的"实用书",《国防新论》是运用于将来的军事学,但游击战中的战略防术和战略进攻、把游击战提高到战略地位来看待,仍有一定的重要意义。

我敬聆了耿光先生这些高论之后,十分钦佩他的远见和学识的渊博。

姑不论杨杰对"以小米加步枪为前提的战略战术"的评价是否欠妥。就其目光完全站在世界最先进的军事理论前沿,光这一点,试问当时之世能有几人？单从这一点而言,杨杰即可笑傲群雄了！

更为可贵的是,杨杰著此书的目的乃是将最先进的理论普及到全体人民,进而成为救国强国的最重要力量。所以,他在1943年5月20日所写的《国防新论·自序》中呼吁:"军事学术和国防问题的研究,在今天的中国还是极少数专家的事,我万分期望着,从今以后,它渐渐地——不,很快地成为全国同胞的普通常识。要救中国,必须从武装全体国民的头脑做起;要复兴中华民族,必须集中一切的精神力量、物质力量,完成最新的也就是'超时代'的国防建设。"在《国防新论》第三版"自序"中,杨杰再次强调:"每一位忠实的读者,应当准备回答下面这三个问题:(一)国家需要我做些什么？(二)我能够为国家做些什么？(三)假如我能够做国家需要我做的事情,我将怎样做法？"如此一来,《国防新论》已不再仅仅是一本军事著作了。

绝不为亡者之臣

作为国民党重要将领,杨杰与蒋介石之间曾有过很亲密的关系。然而,曾几何时,由于双方在一些重大问题上的分歧,使二人关系逐渐疏远,最终分道扬镳,乃至成为政敌。

杨杰自始至终拥护孙中山先生提出的"联俄、联共、扶助农工"三大政策,但蒋介石则在孙中山去世后,企图消灭共产党。杨杰对此明确反对,他非常愿意与共产党合作,认为共产主义是一种世界潮流,蒋介石想剿灭是不可能的。他对蒋介石在抗战中的不抵抗政策也是极不满意的,他主张积极抗日。1938年至1940年,杨杰出任驻苏大使。在苏期间,他经常与斯大林、伏罗希洛夫等领导人密谈,受到高度重视,为中国争取到大量的军用物资和贷款,有力地支援了中国的抗战。他仔细研究了苏联的社会制度及军事国防，认真研读了《共产党宣言》《资本论》等著作，思想发生巨大变化。回国后，杨杰多次主张改革内政，实行对苏友好政策，遭到蒋介石的不满，只授予他一个军事委员会顾问的闲职，留居重庆，还派人秘密监视。

杨杰为人刚直不阿，渐渐看清蒋介石的独裁面目以及国民党内部的腐朽堕落，非常不满。这种心理促使杨杰从蒋介石的亲信转化为蒋介石的政敌。一次，有位黄埔学生问起他与蒋介石的关系，他直言不讳地说："蒋介石这个人，不足与之共事。"他还指出："蒋介石最重要的一点，他不是按总理（指孙中山）'天下为公'那样办事。恰恰相反，他私心太重。就拿你们黄埔学生来说，虽同是黄埔生，但浙江籍的黄埔生和非浙江籍的黄埔生就是不一样。至于黄埔与非黄埔，那就更不待言了。"

1943年，符昭骞在重庆与杨杰相遇。这虽然是杨杰最倒霉的时期，但杨杰却对符昭骞说："我现在在炼铁锤，侍机再起。铁锤炼好后，只要一敲，那些王八蛋立成粉碎。"又说："我将来必做王者之师，霸者之友，绝不为亡者之臣，蒋介石已走下坡路，他要请我出来，我也不干。"

抗战胜利后，蒋介石悍然发动全面内战，试图依仗明显的军事优势，"戡乱建国"。国民党将领纷纷迎合蒋介石的旨意，发出不切实际的狂妄言论。杨杰将军非常清醒地洞察全国军事形势，在讲学中作出了明确的判断。时为陆军大学学生的梁明泉讲述了这样一件事：

1946年初夏的一个星期一早晨，蒋介石戎装佩剑主持了在重庆山洞陆军大学礼堂举行的"扩大纪念周"，并即席讲话，大谈有利的形势……紧接着登台发言的是新近接替何应钦任参谋总长的陈诚。陈诚为迎合蒋的意图,在整个发言中慷慨激昂,不时挥舞右臂,最后狂妄高呼:"有人说平汉、津浦两线一年可以打通,也有人说6个月可以打通,但是我陈诚保证只要3个月一定打通!"这时蒋介石在台上微露笑容,频频点头,文武百官照例鼓掌。

事隔不久,经过在校同学邀请,当时隐居重庆南岸海棠溪附近过着平民生活的杨杰先生来校作学术演讲。杨杰先生是有名的军事学家,过去任过陆大教育长和代校长,极受陆大同学尊崇。他当时因为从事爱国民主活动备受蒋介石迫害,在特务监视下行动不自由,言论不能发表。这次以学术演讲名义来校作公开演说,海报贴出轰动全校。因为许多在校同学包括笔者在内都还从来没有瞻仰过杨先生的风采,所以当天一早全校各期同学都已携带笔记本汇集礼堂,欢迎杨先生的莅临。杨杰先生身着西装未系领带,神情十分潇洒。他登台以后首先声明这次是应同学们之邀来作学术探讨的,没有预定题目,请同学们提出问题即席作答;同时声明不谈政治,希望同学们在有关军事学方面提出专题共同讨论。话毕条子纷纷递上,杨先生边看边皱眉头,并不时摇首。一二十张条子看了一半,他叹了一口气说:"同学们何苦为难我,你们都要我谈时事,这时事有什么可谈的!"接着又看其余的条子,看完以后沉吟片刻,又叹了一口气说:"好了,你们的问题都差不多,我就谈谈当前的军事形势吧,好在这也是军事学方面的学术问题嘛!"这时台下一片掌声。杨先生继续说:"听说陈辞修(陈诚字)前几天立下了军令状,他要在3个月内打通平汉、津浦两线,真可算壮志凌云了。但是依我看来,以陈辞修为将,不但3个月打不通,就是给他3年也打不通!"在一阵热烈掌声之后，杨先生继续阐述用兵之道是在顺天意、得民心，接着用古今中外战例加以论证，最后谈到："自从第二次世界大战结束以后，我国已臻于五强之列，天赋予我们和平建国良机，因此全国民众渴望团结、和平、民主。我主张各党各派捐弃成见、精诚合作，惩治豪门贵族、贪官污吏，把他们的不义之财拿来安辑流亡，优抚抗日阵亡将士遗属和复员将士，兴办建设，实现总理遗教，那么岂只平汉、津浦两线即日可通，中华民国和全国民众的富强康乐也指日可待。"

在陆军大学特八期学习的黄韬远则回忆："请杨杰到校讲课一天，杨在讲课中大骂国民党反动派而赞扬共产党，并预言长江守不住多久的。还将他一生的学习心得，像留遗言一样告诉我们。在我们是觉得他诚恳、渊博、言之有理，深受感动。"

随着杨杰公开指责蒋介石的行为越来越多，蒋介石对他的监视也越来越紧密。蒋介石曾多次想向杨杰下毒手，但鉴于杨杰在西南的影响，总是有所忌讳。可是，在1949年，当蒋介石得知杨杰策划陆军大学教职员工起义的消息，并从特务手中得到杨杰指使川康军队起义的密信后，蒋介石意识到了杨杰对他的巨大威胁，下定决心，要不惜代价地铲除杨杰。

1949年9月，蒋介石在云南进行"九·九整肃"，大肆搜捕共产党人及进步人士。他亲自拟了一个黑名单，黑名单上第一人就是杨杰。

虎口脱险

看着杨杰从自家的草坪走过，与自己的女儿亲密无间的神情，特务头子沈醉陷入矛盾中。他的手中正捏着那份黑名单,黑名单上的人除杨杰外,还有陈复光以及云南省政府民政厅厅长安恩溥、保安司令部参谋长谢崇文、保安旅旅长龙泽汇等五人。1948年8月,身为保密局云南站站长的沈醉已接到保密局局长毛人凤的两次密电,令他尽快除掉上述五人,可他迟迟没有动手。

并不是沈醉不好下手,因为杨杰就住在他家斜对面,两人很熟,常有往来,暗杀杨杰太容易了。也不是沈醉不敢下手,因为沈醉在特务机关已是出类拔萃的人物,暗杀行动对他来说已不是什么生疏的事。可是他迟迟没有动手的原因,除私情外,更有他自己的想法:"一是因为毛人凤命令我暗杀五个人,我如果先杀杨杰,其他的人就会提高警惕,以后不易下手;二是当时我全家老小都在昆明,发生了暗杀事件,卢汉定会猜到是我,我即使能逃脱,但家人会受牵累;三是看到国民党大势已去,杀几个人也不一定能保住云南。"这样想着,沈醉一直没有实施命令。

当时,杨杰与云南省省长卢汉相交甚密。卢汉每逢大事,总要请杨杰商议。蒋介石曾命令卢汉向杨杰下手,但卢汉没有执行。而卢汉与杨杰的特殊关系,也成为保密局不敢轻易杀害杨杰的背景。

蒋介石则下定除掉杨杰的决心。他一面向卢汉施加压力,一面在不久后召见毛人凤,当面严令:杨杰正在大肆活动,替民革拉拢国民党军队的高级将领,务必先将此人除去,以免后患。接着,毛人凤发密电给沈醉,令他三天之内完成刺杀任务,不得违抗。

形势既如此紧迫,沈醉被迫开始行动。他召集几个专搞暗杀的特务来他家一间小会议室密谈,指示他们于当晚杀掉杨杰,并事先设定了两个方案:第一个方案是,在杨杰晚上回家路过沈家对面的大草坪时,在那里靠近他,用无声手枪朝其头部射击。由于草坪中间路灯照不到,所以特务们可以先等在那里。杨杰身材很胖,走起路来慢腾腾的,特务们都非常熟悉,一旦目标出现,很容易下手,而且不会认错。第二个方案是,杨杰如果当晚不出去,特务们便直接到他家中行刺。杨杰家的情况,特务们已摸得一清二楚,里面只有一个副官,一个司机、一个厨师,还有一个十多岁的女孩,很好对付。无论是敲门进去还是翻墙入院,都可以从容地对杨杰进行狙击。附近的邻居都是高墙独院,即使听到动静,也没有人会管。

计议已定,特务们离开沈宅。沈醉一个人坐在沙发上,估量着此事十拿九稳。没想到,就在此时,他的母亲突然从小客厅通往阳台的门外闯了进来。原来,老太太正好坐在阳台上看书,沈醉与特务们的密谈都被她听到了,她气得浑身颤抖。

由于沈醉以前从不把公事带回家中处理,老太太只知道自己的儿子是一个政府官员,并不知道他具体干什么事情。沈醉又是一个孝子,对母亲的话向来不敢违背,母亲常教导他与人为善,他总是满口答应,对自己的特务活动非常隐蔽。此次由于保密局云南站缩小机构,沈醉被迫将办公地点搬到自己家中,没想到竟被母亲知道了。

他看到老太太激动绝望的样子,跪在地上解释说:"这都是上面的命令,我自己并不想谋杀杨杰,可是身不由己。"

老太太不肯原谅儿子,痛斥他不该为虎作伥,不该随便杀害好人,还要与他断绝母子关系。

沈醉慌了,一面安慰母亲,一面将特务们召回,声称情况有变,以后再刺杀杨杰。

老太太深恐沈醉当面一套背后一套,于是天天注意杨杰的行踪。沈醉没敢对杨杰下毒手,因此少犯了一个罪行。

毛人凤等不甘就此罢手。不久之后,他们命令沈醉将全家送往香港，准备以后更好地采取行动。实际上，这是以沈醉家人的安全为要挟，逼迫沈醉尽快动手。与此同时，蒋介石于9月间召见卢汉，提出要在昆明实施大逮捕计划。卢汉为麻痹蒋介石，假意表示同意。毛人凤当即急电沈醉，要沈迅速部署行动。沈醉接电后立即召集特务头目，将他们可以掌握的近千名特务及武装部队人员组织起来，做好了大逮捕前的一切准备。并命令监视杨杰的几个特务随时做好准备，只要一声令下，即可将杨杰逮捕。

1949年9月9日，当卢汉专机返回昆明时，毛人凤派遣的以西南长官公署第二处处长徐远举为首的大批特务也随之前往，一场血腥的大逮捕行动开始了。他们的首要任务就是逮捕杨杰。

然而，就在特务们恶狠狠地冲如杨宅时，却发现杨杰家中早已人去楼空。

杨杰究竟是怎样虎口脱险的？特务们抓获了正好前往杨家的民革教授陈复光，严刑拷打下得知：杨杰是由民革一位负责人朱剑飞以杨漱石的化名代买飞机票，并藏在朱剑飞汽车车座后面，躲过特务监视而走脱的。

蒋介石得知杨杰逃走的消息，雷霆大怒，严令一定要查出杨的行踪。毛人凤乘飞机赶往昆明，大骂沈醉。沈醉自感"理亏"，默然不语。过了一会，他拿出从杨杰家中抄出的日记和信件，递给毛人凤。

从杨杰养女的一本日记中，特务们发现杨杰在香港的通讯地址。于是，暗杀行动即刻在香港展开。

无法弥补的损失

夜色笼罩了大地，虽然太阳很快就回出来，但魔鬼们并不甘心，他们还想竭尽全力地维持他们的统治。毛人凤的脸色非常难看。如墙皮一般白的脸上,两只黑眼珠转来转去,发出阴冷的光。

按照蒋介石的指令,毛人凤亲自物色得力人手,组织暗杀杨杰的活动。在毛人凤看来,杨杰竟从昆明逃脱,实在是他的耻辱。为此,他已遭到蒋介石一顿臭骂。这一次,绝不能失手。

保密局办公室副主任兼第二处处长叶翔之正好在香港,执行暗杀前云南省主席龙云的行动。毛人凤于9月17日打报告给广州的保密局广州办事处处长郭旭,让他转告叶翔之,暂缓暗杀龙云,先除去杨杰。叶翔之受命后,马上出动特务,四出寻找杨杰在港的具体住址。一位名叫李元山的特务找到了伪装成民主人士的军统分子卢广声,从其口中得到杨杰的详细地址。卢广声还说:"要动手赶快动手,因为杨杰很快就要离开了。"叶翔之于是迅速上报,并很快部署了暗杀步骤。

郭旭曾亲耳听叶翔之本人叙述暗杀杨杰的经过,他在一篇文章中这样写道:

"9月19日上午10时左右,叶翔之由香港飞到广州,来到我处,拿了一张当天的香港《星岛日报》给我看,并说:'杨杰已于昨天下午被我杀了。报上已将杨被刺的照片登出来了。'我看了报上登载杨杰被刺的消息后,问叶进行暗杀杨杰的经过。叶说:'17日晚,由卢广声处获悉杨杰住在香港轩尼诗道260号4楼同乡家中,日内即将离港赴北平开会。我即亲往侦察杨的住所的环境,得知杨的住所铁门常关,不易登堂入室,乃假以贺耀祖(即贺贵严先生)的名义,写了一封信,邀请杨吃饭商讨问题,并叫毛钟新和盛昌富(保密局香港组组长)备好手枪。次日下午4时

杨杰：绝不为亡者之臣

许,我带了韩世昌(名字记不十分清楚了)等四人前往轩尼诗道260号,看到杨在四楼平台上乘凉,凭着栏杆频频地伸出头来俯视街上。我即分派韩到杨的住所借送信杀杨,另一人到楼上把风,我和另二人在三楼二楼和楼下看风。当我分配任务时,韩正在吃水果。我把他的水果夺过来扔了,拍了他一掌,壮他的胆,叫他快去,干了回来再吃。韩即携信和枪上楼,借送信为名,进入宅内,要求将信亲手交给杨。杨闻声走下平台来接见,韩即将信交给杨。当杨折开信来看时,韩即拔出手枪对准杨的头部补了一枪。杨应声扑于桌边,韩又打了一枪,见杨已被打死,忙转身退出。另一人持枪看住宅内的工人,不许他声张,将电话线割断,将铁门关好反锁后下楼。五人分乘两部的士从容逃逸。次晨,我乘飞机离港,他们四人则乘火车来到广州。"

叶翔之的叙述中有两点可作补充说明。第一,杨杰当时住在同乡李焜的家中,已应中国共产党邀请,打算即日离开香港前往北平参加新中国的政治协商会议;第二,杨杰之所以轻信特务,是因为特务们伪造了贺耀祖的假信。贺耀祖也是从大陆到香港的知名人士,曾与杨杰一道拜访过寓居香港的原国民党东北"剿总"总司令卫立煌。杨杰了解贺的为人,一看到特务们仿照贺耀祖笔迹写的信件,马上信以为真,以致引狼入室,遭遇不幸。

关于杨杰被害之事,还有两种说法:一种说法是,毛人凤等人从查过的信件中发现杨杰常与一个叫李宗理的人书信往来,于是将这些资料转给叶翔之,叶翔之等人乃冒充李宗理的名义和口气,模仿其笔迹给杨杰写信,获取信任,然后借机使阴谋得逞。

另一种说法是,直接凶手并非叶翔之等人,而是曾任军统广州湾直属行动组组长的陈家庆。据说陈家庆是以卢汉的亲笔函为词赚门而入，刺杀杨杰的。

笔者认为，还是以郭旭的说法更为可信，更与事实接近。毕竟，郭旭是当事人，且由于参与这一案件，得到400银圆的奖赏。而叶翔之、韩世昌等也获得巨额奖赏。

郭旭的说法还可以由沈醉印证，沈醉解放后曾回忆："杨先生在港被害的消息在报上公布的时候，我去见毛人凤，因他一直到深夜才看完文件入睡，所以起来很迟。我把报纸给他看时，他也从文件中抽出一份台湾发来的加急电给我看。那封电报是叶翔之打给他的，说刺杨任务已完成，全部特务已安全返回。"

后来，蒋介石由重庆撤到台湾后，曾专门召见叶翔之，当面"嘉奖"，并颁发了所谓的"忠勤勋章"。从这件事上，可以侧面看出，杨杰对蒋介石的威胁有多大。反过来，对中国人民来说，杨杰将军的去世是一个无法弥补的损失。

噩耗传开，中国人民因失去这位为民主奋斗的将军而痛心。

1949年9月21日，在北平召开的中国人民政治协商会议第一届全体会议的开幕式上，由中国共产党代表团提议，发出了全体会议致中国国民党革命委员会的唁电，揭露了杨杰将军的死因，并给予杨将军高度的评价：

"惊闻杨杰将军在由滇经港来平出席中国人民政治协商会议的途中，

新华社所发杨杰将军
噩耗及短评

惨遭国民党匪帮用最卑劣的手段加以暗杀。本会议全体同人，无不痛悼！杨杰将军多年来为民主事业奋斗，久为反动派所深忌，于今竟遭惨祸；本会议全体同人，除一致决议向贵会表示哀悼外，深信杨杰将军的死，将会更加激励全国人民，一致努力，把革命进行到底，彻底消灭国民党反动派及其主子美帝国主义在中国的最后残余统治，建设崭新的中国，以慰先烈，而安生者。谨电致唁！"

同时还发出中国人民政治协商会议第一届全体会议致杨杰将军家属的礼鉴："惊闻杨杰将军惨遭国民党反动派杀害，不胜悲愤。尚望节哀，为人民事业努力奋斗。谨此电唁！"

这是即将诞生的新中国对一位为民主事业奋斗而遭受惨祸的中国人所能给予的最尊贵、最隆重的礼遇！

主要参考资料：

杨　杰：《国防新论》，出自《民国丛书》第二编，上海书店，1990年。

沈　醉：《我受命策划在昆明暗杀杨杰》，出自《政治暗杀秘闻》，中国文史出版社，1988年。

郭　旭：《杨杰香港被害记》，出自《政治暗杀秘闻》，中国文史出版社，1988年。

岳星明：《关于陆军大学从北京南迁的情况》，出自《文史资料选辑》总第138辑，中国文史出版社，2000年。

黄韬远：《陆军大学特八期简介》，出自《文史资料选辑》总第138辑，中国文史出版社,2000年。

　　章　培:《陆军大学的教育情况》,出自《旧中国军事院校秘档》,中国文史出版社,2006年。

　　杜重石:《令我长忆的杨杰将军》,出自《文史资料存稿选编·军政人物(上)》,中国文史出版社,2002年。

　　董绍昌:《缅怀为爱国民主献身的杨杰》,出自《文史资料存稿选编·军政人物(上)》,中国文史出版社,2002年。

　　符昭赛:《我所知道的杨杰》,出自《文史资料存稿选编·军政人物(上)》,中国文史出版社,2002年。

　　梁明泉:《陆大后期片段回忆》,出自《旧中国军事院校秘档》,中国文史出版社,2006年。

　　新华社短评《悼杨杰》,出自《人民日报》1949年9月22日。

　　短讯:《中国人民政协代表杨杰在港惨遭暗杀》,出自《人民日报》1949年9月22日。

邵飘萍为"新闻救国"而死

2009年4月的一天,下班时分已是下午五点,但天色明亮,夕阳的余晖仍让人感到有点热。我匆匆忙忙赶往北京宣武区魏染胡同,去访寻昔日曾创下新闻事业辉煌战果的京报馆,看看那位京报馆的主人是否还留下什么历史的痕迹?他在那儿成就了他的事业,也是在那儿被逮捕而遭毒手,那儿曾吸引了无数民众的目光,成为独立新闻之坚固阵地,但毕竟已逝83年,它还会存在么?

我先在地图上找到魏染胡同的位置,然后乘地铁在和平门站下车,从西南口出来,向南走过宽敞的南新华大街,行十分钟左右,找到前孙公园胡同的入口,然后折而向西,街道变窄,路两边的房子全部是平房小院,许多平房明显是民国建造的,并留有当年的笔迹,这让我感到兴奋,觉得离京报馆越来越近了。但也有点不安,有的民房已经被拆了,不少墙壁上还有"拆"的字样,京报馆想必不会被拆吧?这样想着,脚下的步子不由得加快了。

前孙公园胡同的尽头就是魏染胡同,我凭着直觉向南寻找。幽深的胡同,阳光被挡在胡同外,胡同里很是凉爽。目光所及的仍是平房,而从以前见过的照片中显示,京报馆是楼房。我且认真寻找。

寻找是急切的,但找寻的结果是令人惊喜的。向南不远,很快出现一栋青灰色的小楼。按照现在的观点,这实在是非常普通,但我猜测着,这楼若放在80多年前的民国,那就是了不起的建筑了。它或

人生本不苍凉

许就是京报馆。

当我急步来到楼房门口,一眼见到门楣正中的青砖上赫然写着

京报馆

"京报馆"三个大字。这就是我要找的地方呀!更令我惊喜的是,"京报馆"三个大字旁边还写着"振青"二字。"振青"就是京报馆主人邵飘萍的本名!这一意外的发现令我非常欣喜。

原来,京报馆早在20世纪80年代就被列为北京市文物保护单位,这使它可以永远保存下去,供世人瞻仰。楼房上的一个个窗户里面,就是邵飘萍他们忙着出报的地方,一篇篇振聋发聩的新闻报道就是从这里出来的。我似乎又看到急着买报的民众,在乱世中,他们希望从报上了解最新的真实的时势动态,也想阅读邵飘萍新鲜犀利而

又独立的评论。这儿是光明的所在。然而,此时此地,当我拍完照片安静下来,细细端详这个旧建筑并捕捉记忆中的邵飘萍往事时,我的兴奋之情很快被苍凉的感觉所代替。

楼前的槐树枝叶似乎也有同感,它在风中摇曳,仿佛是在轻轻述说……

邵飘萍的新闻事业

"余百无一嗜,惟对新闻事业乃有非常趣味,愿终生以之。"这是邵飘萍经常讲的一句话。其实,邵飘萍对新闻事业何止于"趣味"二字,他是将其视为一种可以升华生命从而使生命价值发挥到最大的大事业来看待的。这一事业可以使自己获得乐趣,可以很好地服务于大多数的民众,可以救国乃至于救世。他的这种理念是在青少年时逐步形成的。

早年的邵飘萍与其他晚清出生的孩子一样,接受的是封建科举教育。他于1886年出生在浙江金华,名振青,字飘萍,幼聪慧,五岁起随父亲在私塾读书,十四岁奉父命到杭州参加科举考试,得中秀才。当时正值百日维新之后,一方面是整

邵飘萍(1886—1926)

个国家面临更大的生存危机,另一方面则是新思潮涌入中国的大城市,冲击着知识分子的头脑。邵飘萍的杭州之行,使他开了眼界,对

人生本不苍凉

腐败之清政府有了较深的认识,从此不再热衷科考,转而学习声光电化等自然科学,1902年入浙江省唯一的大学浙江高等学堂学习。大学期间,他受新思想启蒙,尤其是报刊杂志上的新鲜材料强烈地吸引着他,而梁启超笔下的犀利文章更对其产生莫大之影响。梁启超在文章中探讨救国之路,例如在《报馆有益于国是》中提出报纸有"监督政府"和"向导国民"的"两大天职",这使邵飘萍热血沸腾,遂萌发"新闻救国"之志,并愿意为此奋斗终生。他因此常常在作文时模仿梁启超的政论文字,受到守旧教师的严厉训诫,但同时得到一些进步老师的好感。他也常常给上海各报(主要是《申报》)投寄有关杭州和金华的地方通讯,从而与报馆有了联系。

1905年,邵飘萍大学毕业后返回金华,任金华府学堂国文、历史教员,但主要精力仍是为上海的一些报纸写通讯,并成为《申报》特约通讯员。1906年,邵飘萍与奇女子汤修慧结婚。1911年辛亥革命后民国成立,中华民国临时政府约法中规定:"人民有言论著作刊行之自由",激发了人们办报的热情。邵飘萍辞去学校工作,再次来到杭州,拜访著名报人——《汉民日报》社长杭辛斋,表达自己想要办报的想法和激情。杭辛斋思想进步,二人虽是初次见面,但志同道合,迅速引为同道。杭辛斋马上任邵飘萍为《汉民日报》主编,邵的办报生涯从此开始。

1914年,邵飘萍由上海东渡日本,就读于东京政法学校,课余与潘公弼等同学创办东京通讯社,为京津沪汉著名报纸提供东京通讯。当时正值日本向袁世凯政府提出"二十一条"之际,邵飘萍议论激越,并将"二十一条"真相及时地驰报国内,在全国人民的强烈抵制下,卖国的"二十一条"终于未能兑现。1916年春,袁世凯倒行逆施要做皇帝,上海新闻界电邀邵飘萍回国,以加强进步新闻的力量,讨伐袁世凯。邵飘萍匆匆抵达上海，为《申报》、《时事新报》、《时报》等报撰写评论稿件。他署名"阿平"（即"平不平"之意），以犀利笔锋在舆论界产生很大影响。1916年6月6日，袁世凯败死，邵飘萍被《申报》社长史量才看中，聘请他到北京做《申报》驻京记者，负责撰写"北京特别通信"。这一年，邵飘萍32岁。

民国初期的北京报纸，几无重要有系统的新闻。记者（当时叫访员或外交记者）地位低下，社长只是挂名，报纸成为各派别政客的私家工具，不核实文章内容之真假，只为本派别服务。因此，北京报纸的名声是很臭的。外国人在中国有通讯社，凡属国内外重大新闻，皆为外国通讯社所把持。他们也是从自身利益出发，不顾事实，任意左右中国的政闻。邵飘萍目睹这种情景，深以为耻，于是首创华人自办的通信社（即北京新闻编译社），致力于真实新闻的采集编排以及外电的选择翻译。戈公振先生在《中国报学史》一书中记述："我国人自办通讯社，起源于北京，即民国五年七月邵振青所创立之新闻编译社是也。"

在此期间，邵飘萍一度兼任章士钊主办的《甲寅》日刊的主编。

邵飘萍千方百计提高新闻的真实性与独立性，并努力提高新闻记者的地位和影响。他认为："报纸之第一任务，在报告读者以最新而又最有兴味、最有关系之各种消息，故构成报纸之最要原料厥惟新闻。""改良新闻材料，乃改良报纸之根本先决问题。新闻材料何自来？全赖外交记者之活动（日人所编著之《新闻学》中，称外交记者或外勤员，即我国人称为访事或访员，英语之 Reporter）。""人类社会文化愈进步，则报纸之需要与责任愈增加。报纸内容之最重要者即为新闻，而新闻之所自来，则由于外交记者（访员）所供给之消息材料，然则报纸内容之价值如何，评论事物之正确与否？国家社会所受言论界之影响，其责任大半外交记者负之。不仅关于国内也，世界外交上之大问题，帝国主义者准备大战争之阴谋，每因新闻访员之一电，足以左右之，揭破之，使局势根本变化。……是故外交记者（访员）所处之地位为社会、国家、世界之耳目。……无耳目，则脑府顿失其功用，于此可以知外交记者所负之务任及其地位为何如矣。"

担任《申报》驻京特派记者期间，邵飘萍以各种方式获取重要新闻，每日给《申报》发电两三千字，并间日撰写通讯报道。他所撰写的《"府院之争"的关键》以及披露国会议员丑态、揭发北洋军阀内战真相、揭露对外借款内幕的报道，等等，都在当时产生广远而实在的影响，一时风靡全国。

邵飘萍因此成为当时最有思想、最活跃、最有影响力的记者之一，他将记者视为"新闻界战斗之壮士"，采访手法最为灵活，几乎是无孔不入，所以往往能采访到别人无法采访到的内容，比别人更能快速地获取最重要的消息。他自己就讲过这样几个很有意思的事例：

> 愚某次在北京饭店宴全体阁员、府院秘书长等，各人兴致勃然，无所避忌，吐露甚多重要之消息。愚预备电报纸于隔室，令两脚踏车守候于门外，随得随发，宴会未终，而各种重要消息已达于上海。越两日各阁员见上海《申报》披露许多重要电报，为之跃然，亦一有趣事也。

> 当中德断交尚未决定之际，愚某日在国务院某秘书室中，隔室即为总理办公之所（彼时国务总理为段祺瑞）。闻院仆致电话于美国公使，谓"下午三时，段总理赴贵使馆访晤贵公使"。其时适美国与德断交，希望我国一致行动之日，愚料此事必与中德问

邵飘萍为"新闻救国"而死

题有关,且总理亲赴美使馆,尤可测其关系之重要。立即赴美国使馆,与某参赞晤谈,询以段总理下午三时见贵国公使有何商议。某参赞突受此问,颇为惊讶,愚告以此事大体业已知之,惟欲得一参政之资耳。于是美政府有训令到驻京使馆遂以探得。又急回国务院见段总理,询以下午赴美使馆事,亦故示已完全知某内容。中德断交之一段消息,遂能最早知其实行之期,然动机不过先闻院仆之一电话。假使当时不甚注意,亦即将机会错过,可见新闻记者之耳目,当时时留意,不可因无足轻重而忽之也。

当黎段(指黎元洪与段祺瑞,一为总统,一为院长)争衡,府院(指总统府与国务院)风潮正烈之日,有一次段氏忽辞职而赴天津,政界陡起极大风波,而外人均莫测此事动机因何种原因而致此。段既赴津,各方纷纷赴津挽劝,黎亦表示尊重内阁,段乃奏凯回京。其时已为晚间十一时半,愚赴车站欲与段氏会晤,至则段已由站归宅,迎迓之人亦散。此时想已无法可以与段见面,然愚尚欲为最后之奋斗,急换乘汽车,奔赴府学胡同段邸,两方栅门已闭,守卫森严。愚令车夫急鸣警笛,仍向邸内进行,门者以为时已夜深,必系阁员或要人有何重大问题面告总理,栅门大开,愚遂入内。门者见愚,显示不悦,谓总理自天津归,非常劳顿,业已就寝,请明日来。愚告以我有要事,请君姑且入告,谁知此时段方战胜黎氏,满腔得意,愿对愚谈,遂肃愚入。自十二时半谈至三时,非但黎段此番冲突之因果完全明了,且一年以后政局之变化,均得知其推演之径路,(如一年后梁启超任财政总长,而是晚段已与愚谈及之)可谓大告成功。其时愚适与行严君(指章士钊)合办《甲寅日刊》,自段邸出即直赴印刷所,将此项详情插入要闻栏内,第二日报遂售罄,引起阅者之极大兴味,设使当时稍无勇气,即错过机会矣。

仅此几例即可看出邵飘萍对采访的激情,称其为拼命三郎不算过分,他以超人的勇气和智谋打造着自己的事业。同时,他又在实战中积累了大量的经验,并总结出许多理论。例如,他归纳出记者所必须具备的独特智能,要"知新闻之价值"、要有"观察力、推理力、联想力"、要"细密"、要"机警与敏捷"等等。他探索出采访新闻的具体办法,认为"外交记者之种种准备,无非欲完成其探索新闻之职务而已。若能彻底了解,再加以相当经验,且遇事奋勇前进,有机警精细之脑筋,无畏难自沮之暮气,则成为优良之外交记者不难矣"。他也全面熟悉了办报的种种环节,为自己的事业谋取更大的发展空间。

1918年,邵飘萍辞去《申报》特派记者的职务,在北京创办了自己的报纸——《京报》。在《京报》创刊词中,邵飘萍公布了自己以"新闻救国"的大抱负,称:"时局纷乱极点,乃国民毫无实力之故耳。""必从政治教育入手。树不拔之基,乃万年大计,治本之策。""必使政府听命于政党民意之前,是即本报之所为作也!"同时发表评论,称:"民国以来,军阀所为者俱为祸国病民,今则必须国民共起,志同道合,协力除之!"《京报》创刊时,邵飘萍还特地在编辑室大书"铁肩棘手"四字,勉励报馆同人"铁肩担道义,棘手著文章"。

同年10月,邵飘萍积极支持学界青年组织的国民社。国民社的宗旨为:"增进国民人格,灌输国民常识,研究学术,提倡国货。"邵飘萍则在他的祝贺演说中提倡:"吾国今日所最缺者为国民之学术思想,国民在学术上无所表示。在日本东京等处,杂志甚多,小道如弈,亦且研究甚详,而国民互相传递心理,法至善也。今既有杂志之组

邵飘萍为"新闻救国"而死

织,甚望能导国民于学术之途。"

这一年,邵飘萍还参加了中国第一个新闻学团体北大新闻学研究会的创建活动,应邀担任该会的讲师,教"新闻学总论"。从 1918 年 11 月 3 日起,邵飘萍每周上两个小时的课,所讲内容从世界各国新闻机构的组织情况一直到一份报纸的具体出版程序等方方面面,既有学术性,又颇为实用,是邵飘萍多年来理论与实践的成果。当时,年轻的毛泽东也常去听课,邵飘萍对其帮助很大。

1919 年"五四"运动期间,邵飘萍走上讲台疾呼:"现民族危机系于一发,北大是全国最高学府,应当挺身而出,把各校同学发动起来,救亡图存,奋起抗争。"又在《京报》上刊登《为学生事警告政府》等文章,揭露政府的卖国行径,《京报》因此被皖系军阀查封,编辑潘公弼被捕。邵飘萍被通缉,不得不离开中国,东渡扶桑,受聘于日本大阪《朝日新闻》。邵飘萍从事新闻工作的同时,以大部分时间研究各国政治思想动态及各国新闻舆论的历史与发展。他还撰写了五万字的《新俄国之研究》一书,详细介绍了布尔什维克的历史以及列宁领导下苏维埃政权的情况。

1920 年安福系政府垮台后,邵飘萍返回北京,重新办起《京报》,使其迅速成为国内一流的报纸。据汤修慧回忆:

> "《京报》第一次出版时,以限于资力,故仅以短小精干著称于时,及第二次出版,乃大加扩充。复以公利用在朝日新闻社服务之余暇,肆力于新闻之学,并实地研求此日本新闻界大权威之组织运用等,一旦重办《京报》,便出其心得,于可能范围之内,对于报馆内部之组织、编辑之方法、新闻之汇集、排印之体裁,无不尽量革新。故在最短期内,此呱呱坠地未久之《京报》,便与久握

人生本不苍凉

首都舆论界牛耳之二三报馆，争雄竞长。公（即邵飘萍）不特富于组织力，其个人治事之勤敏，察物之精审，机杼之灵活，议论之透彻，一时莫与之京。此《京报》所以发达之又一大原因。《京报》因得公主持而日益发达，公亦以《京报》而声誉日隆。"

扩张后的《京报》由原来的对开四版一大张变为对开四版两大张，遇有重大事件，另外发行特刊和号外。在加强新闻报道的同时，邵飘萍注意开拓新领域，先后创办了《海外新声》、《小京园》、《经济新刊》、《民众文艺》、《图画周刊》、《妇女周刊》、《新闻副刊》等几十种副刊，涉及面广，影响面大，孙伏园、徐志摩、刘半农、石评梅、鲁迅、王小隐、徐凌霄等人都曾参与编辑工作，刊发了许多有价值的文章，对中国思想、文化、经济、教育等诸领域均有重大贡献。

魏染胡同内著名的京报馆，就是邵飘萍于事业发达之际自筹资金建成的。1925年12月7日，邵飘萍等人迁入时，《京报》特地出版了《京报特刊》，上面赫然刊登着新报馆与邵飘萍的大幅照片！此时，邵飘萍的新闻事业达到巅峰状态。他在总管报社大事的同时，仍以采访报道为第一要务。他既是社长，又是编辑部长，还是总主笔。为方便采访，邵飘萍购买了一辆黑色小轿车，成为中国首位以自备汽车进行采访的记者。

办报的同时，邵飘萍不忘新闻教育事业，他在北京大学执教，撰写《新闻学总论》一书；在北京平民大学讲课，编写出版了《实际应用新闻学》一书。这两部新闻学专著，是中国最早的一批新闻理论著作，影响了一代代的新闻人。直到2008年，北京大学新闻学研究会仍将两书内容编入《邵飘萍新闻学论集》中重新出版，邵飘萍理论与实践紧密结合、既生动又有深度的文笔深深地吸引了我的注意力，深夜阅读而不觉累,免不了再次品味他那"飘萍一支笔,抵过千万军"的盛誉。

责任心命我不得不死也

邵飘萍最重视记者的品行和人格。

而高尚的品行与人格,又以责任心与良知为根本。

他在《实际应用新闻学》中一再提倡新闻记者的良知、责任心和品行,称:"社会所以不重视访员之故,半由无对于新闻事业重视之观念,半由为访员者于上述弱点之外,更多不健全之分子,不能自重其人格,对于新闻材料不求实际之真相以忠实态度取舍之;或受目前小利之诱惑,或以个人意气泯灭其良知,视他人名誉为无足轻重,逞其造谣之技,一旦被人指摘,则以'有闻必录'一语自逃其责任。愚意我国报纸中时见有所谓'有闻必录'之无责任心的表示,乃最易流于不道德之'专制'恶习。以革新进步自任之外交记者,万万不可沿袭之,以招社会之厌恶与轻视。"

郑重告诫:"愿有志于新闻事业者,振起其责任心,凡事必力求实际真相,以'探究事实不欺阅者'为第一信条。"

强调:"外交记者精神上之要素,以品性为第一。所谓品性者,乃包含人格、操守、侠义、勇敢、诚实、勤勉、忍耐及种种新闻记者应守之道德。贫贱不能移,富贵不能淫,威武不能屈,泰山崩于前,麋鹿兴于左而志不乱,此外交记者之训练修养所最不可缺者。"

在《新闻学总论》中,邵飘萍仍再三强调新闻记者的责任心,将其视为全书思想的根本所在。在最后一节"对于读者之希望"中,他还从自己的实例中阐发,称:"新闻记者之尽职,以道德人格为基础,以侠义勇敢为先驱,而归本于责任心之坚固。张勋复辟之役,余因亲赴天津发电,彼时京电局为辫子兵所占守,途经丰台,夹杂两军之中,几死于流弹之下。当时之危险状态,至今思之,犹为心悸。若果死,则责任心命我不得不死也。倘缺乏此项根本条件,全书皆成虚语矣。"

回顾邵飘萍的记者生涯,面对死亡威胁的次数不可谓不多,邵飘萍也免不了与常人一样会"心悸",但他将责任心建立在"新闻救国"的信念之上,所以并不退缩。

这是一个新闻记者的大道。

早在主编《汉民日报》时,邵飘萍就经常揭露浙江地区贪官污吏的丑恶行径,猛烈抨击袁世凯窃国称帝,称袁为"袁贼",行"共和其名,专政其实"。因而,邵飘萍办报不足三年,屡遭磨难。据邵飘萍日后回忆:"之岁,遂与杭辛斋君经营浙江之《汉民日报》。忽忽三载,日与浙江贪官污吏处于反对之地位,逮捕三次,下狱九月,最后《汉民日报》遂承袁世凯之电令而封闭。"可见,在办《汉民日报》时,邵飘萍已具备了不惜为新闻事业而牺牲的坚定信念。他不惧危险地揭露着贪污腐败,称:"人但知强盗可怕,不知无法无天的官吏比强盗更为可怕。"杭州的贪官们因此仇恨邵飘萍,曾想放大火烧死邵飘萍,幸亏印刷工人发觉而未酿成大祸。《汉民日报》的笔锋还直指袁世凯等军阀,而邵飘萍的论调尤其激烈。所以,等袁世凯的势力进入浙江后,邵飘萍被扣上"参加二次革命嫌疑"的帽子,逮捕入狱。其妻汤修慧四处奔走,终设法使邵飘萍得以缓刑,并于1914年出狱。此等灾难并未使邵飘萍退缩,相反,经此磨练后,邵飘萍更深刻体验到世道的黑暗,乃更加义无反顾地冲锋于"新闻救国"的前线。

1920年,邵飘萍因揭露军阀卖国行径,《京报》被查封,他本人亦处于极度危险当中,"仓促间从屋顶逃出,幸未就擒,暂避于东交民巷

邵飘萍为"新闻救国"而死

六国饭店。然未几安福内阁以扰乱京师治安罪名照会公使团引渡,并行文全国通缉"。邵飘萍不得已乔装逃往日本,其在国内的新闻事业也不得不中断。在此重挫之下,邵飘萍没有丝毫妥协,相反,几年后他办起了影响面更大的新《京报》,"以全力与帝国主义者挑战,赤手空拳,大声疾呼"。

鉴于邵飘萍的才干和影响,袁世凯、张作霖等军阀均试图以重金收买他,邵飘萍不为所动。军阀们见无法收买邵飘萍,便将其视为仇敌,写上黑名单。邵飘萍处境危险,他在原则问题上毫不动摇,而又以非常灵活之手腕与权要们周旋。正如张炽章在《追悼飘萍先生》中所讲:"北京大官,本恶见新闻记者,飘萍独能使之不得不见,见且不得不谈,旁敲侧击,数语已得要领,其有干时忌者,或婉曲披露,或直言攻讦,官僚无如之何也。自官僚渐认识飘萍,遂亦渐重视报纸,飘萍声誉,以是日隆,而仇之者亦日以多矣。"随着邵飘萍的影响力日益强大,仇恨他的官僚虽想害他,但有所顾忌,也不那么容易了。也有一些官僚,开始敬佩邵飘萍的胆气,见其慷慨豪爽,"躯干不逾常人,而修眉爽额,目光炯炯四射,平居不甚拘小节,临大事乃蹶起无所避,不惜与北庭权要相接",是奇男子,一世英豪,也愿意与之交往。更有一些进步官员,将邵飘萍引为同道。冯玉祥即称赞邵飘萍为"立德立功立言"。

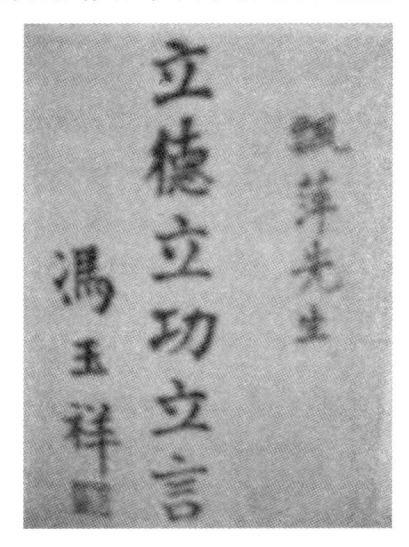

冯玉祥赠言

人生本不苍凉

邵飘萍在办报的生涯中,始终把办报救国放在首位,但国外强敌凌辱,国内军阀混战,整个中国的形势越来越危急了。邵飘萍为此心急如焚,他办报以"无党籍、热心国是,不偏不袒"为原则,但遇到进步力量与恶势力相争斗时,他的言论明显倾向于前者。

早在1921年中国共产党成立之初,李大钊等人即与《京报》保持紧密联系。邵飘萍与孙中山领导的国民党要人也多有联系。

从1923年起,北京陆军检阅使冯玉祥经常约请新闻界人上,共同探讨救国之道。1924年5月的一天,邵飘萍等人再次受邀参观冯玉祥的阅兵式。阅兵时,冯玉祥问官兵:"你们是什么人的军队?"官兵们齐声回答:"老百姓的!"又问:"你们的吃穿用是谁给的?""老百姓给的!"冯玉祥的军队给邵飘萍留下很好的印象,冯玉祥的作风也是邵飘萍所赞赏的。但在阅兵后的交谈当中,邵飘萍不像旁人那样当面称赞,而是分析国内外时势,指出冯玉祥军队的不利处境及弱点,提议冯军应远离军阀激烈争夺的北京,驻军唯一没受帝国主义染指的西北,"借以时日,必可使西北富业发达,物产丰富",从而进一步造福于全中国。冯玉祥听后大为赞赏,当晚又约邵飘萍密谈。邵飘萍建议冯玉祥立即联合南方孙中山的革命力量,将军队改编为国民军。冯玉祥听后动容,对邵飘萍更加敬重。

1924年9月17日,以曹锟、吴佩孚为首领的直系军阀与以张作霖为首的奉系军阀展开激战,第二次直奉战争爆发。冯玉祥原属直系,他于10月23日发动北京政变,囚禁曹锟。25日,冯玉祥电请孙中山北上。此时,冯玉祥虽政变成功,但尚无力量完全控制北京。在各种力量的纠纷中,所谓的中华民国临时执政府成立,段祺瑞就任"临时总执政"。孙中山为了国是,不顾自己的身体,转道北上,抵天津的当晚,肝病发作。12月31日,孙中山扶病由天津进入北京,受

邵飘萍为"新闻救国"而死

到十万余群众热烈欢迎。孙中山发表《入京宣言》，重申救国主张。孙中山北上，使邵飘萍看到了救国之希望，于是积极拥护孙中山，在《京报》上大量地刊登有关孙中山的消息。孙中山也非常看重邵飘萍及《京报》，特地将自己的照片赠予《京报》。《京报》以副刊《图画周刊》创刊号的方式予以刊登，标题为："全国景仰之中山先生。"此后，又隆重地印发了"中山先生来京纪念号"。

孙中山先生一生为救国救民而奔走，他生命的最后时光是在北京度过的。短短的三个月之后，孙中山先生病逝。临终前，他立下著名的遗嘱，称："余致力国民革命凡四十年，其目的在求中国之自由平等。积四十年之经验深知欲达到目的，必须唤起民众及联合世界上以平等待我之民族，共同奋斗。现在革命尚未成功，凡我同志，务须依照余所著《建国方略》、《三民主义》及《第一次全国代表大会宣言》，继续努力，以求贯彻。最近主张开国民会议及废除不平等条约，尤须于最短期间促其实现。是所至嘱。"

孙中山的遗嘱是近世影响力最大的遗嘱，感召了无数的有志之士。邵飘萍亦受孙中山高尚精神之感召，为救国不惜牺牲生命。

大危机与大决裂

邵飘萍生逢乱世，见国家形势一天比一天危急，而各方军阀只顾自己利益，受帝国主义幕后支持展开混战，使整个中国濒临国破家亡的危境。他的爱国情绪因此而更加强烈。

之前，为了报纸的长远发展，邵飘萍有时也不得不与军阀周旋，尽量不作鱼死网破般的奋争。但随着国家形势的恶劣，在巨大的危机面前，在一些激烈事件的刺激下，邵飘萍便顾不了太多，因而不惜

人生本不苍凉

冒生命危险,与军阀头子发生大决裂。

对于奉军首领张作霖,邵飘萍早在1918年即因张作霖抢劫政府军械而撰写一篇《张作霖自由行动》的报道,对张作霖冷嘲热讽:

> 奉天督军张作霖,初以马贼身份投剑来归,遂升擢而为师长,更驱逐昔为奉天督军现为陆军总长之段芝贵,取而代之。"张作霖"三个字乃渐成中外瞩目之一奇特名词。至于今所谓"大东三省主义",所谓"奉天会议",所谓"未来之副总统",所谓"第二张勋",时时见之于报纸,虽虚实参半,褒贬不同,委之马贼出身之张作霖亦足以自豪也矣。……
>
> 消息传来,此当中原多故、西北云扰之时,张督军忽遣一旅之师,截留政府所购枪械二万余支,陈兵滦州,观光津沽。当局莫知其命意,商民一夕而数惊。

对此报道,张作霖自然非常恼火,但还不至于动杀机。而1925年间发生的事,使张作霖开始仇恨邵飘萍,必欲铲除而后快。

当时,邵飘萍对奉军中的革新派虎将郭松龄寄予厚望,不仅发表大量文章称赞郭松龄,而且促成冯玉祥与郭松龄的合作。1925年,郭松龄与冯玉祥达成密约,在冯玉祥发动北京政变的同时,郭松龄起而讨伐张作霖。《京报》为此发表了许多声援郭、冯二将军的新闻与评论。12月7日,《京报特刊》特地以一大张两整版的厚铜版纸,异常醒目地登出了当时重要政治人物的照片,每个人物的下面,是邵飘萍亲自撰写的介绍语,例如:"保护京畿治安京畿警卫总司令兼京畿警察总监"鹿钟麟,"时势造英雄首先倒奉"之孙传芳,"通电外无所成自岳州赴汉口"之吴佩孚,"东北国民军之崛起倒戈击奉"之郭松龄,

邵飘萍为"新闻救国"而死

"忠孝两难"之张学良,"一世之枭亲离众叛"之张作霖,"鲁民公敌"张宗昌,"直民公敌"李景林,"甘心助逆"之张作相等等。特刊一出,传播面非常广,直接到达前线,使张作霖的军心为之动摇,连连失利。此外,邵飘萍还在报上鼓励张作霖之子张学良"父让子继",接任"镇威军"总司令的职位,改造东北政局。郭松龄与张学良交情深厚,邵飘萍此举乃是离间之计,以此动摇张作霖的军心。张作霖的部队节节败退,张作霖这个相信武力万能的武夫,至此真正领教了邵飘萍笔杆子的厉害,因此汇款三十万元,想要收买。邵飘萍以前曾收过袁世凯等军阀的钱,但收钱后该痛骂时还是痛骂,并不丧失自己的办报原则。这一次则显得更加坚决,为表明自己的明确立场,邵飘萍当即将银钱全部退回。张作霖恼羞成怒。他为了打败郭松龄,不惜答应日本政府提出的丧权辱国的条件,以此换来日军的支持。1925 年 12 月 23 日,郭松龄部队遭到奉军与日军的联合夹攻,兵败被杀。邵飘萍闻讯后悲愤万分,不顾自己的危险处境,立刻发表《日本暗助奉张之战功》,分析郭松龄军队战败的原因,揭露张作霖及日军阴谋:

> 日本阻止郭军之前进,各省严守中立态度,实际则使郭军中途淹留,奉张可以从容备战,致从九死一生中获得最后之胜利。故此次郭军之失败,乃日本助张政策之成功,日本亦何爱于奉张乎?简而言之,日本侵略东省之成功而已。日本之外交,颇为敏捷而普避嫌疑,然今次竟不避嫌疑以补充守备名义而增兵东省,亦可知其大非得已矣!

此文面世后,张作霖加强了必杀邵飘萍的念头。

1926 年 3 月 18 日,北京各界民众在李大钊等人的领导下,在天

人生本不苍凉

安门前召开国民大会，要求段祺瑞执政府拒绝日、英、美等八国提出的撤除大沽口国防设备的最后通牒，抗议日舰12日对大沽口的炮击。会后，两千余人前往执政府东门和平请愿。段祺瑞出兵镇压，凶残对待手无寸铁的民众，造成四十七人死亡、两百余人受伤的"三·一八"大惨案。邵飘萍闻讯，马上派记者到现场调查，自己则亲自到权威部门访问。第二天，《京报》刊登邵飘萍所写《世界空前惨案——不要得意，不要人意》的时评，公开鞭挞段祺瑞政府，称："世界各国无论如何专横暴虐之君主，从未有对于徒手民众之请愿外交而开枪死伤数十百人者。今因有人与教育界及各团体为仇之故，蒙蔽当局，竟胡乱惨杀青年如此之多，不问政府借口之理由如何充足，皆不能不课以重大之责任，而况毫无理由可据乎？倘犹以为得意，是用心之险狠甚于彼等之所谓暴徒乱党矣。清夜自问，安乎否乎？此项账目，必有结算之一日。本报替政府中人设想，官固不可不做，但今后尚欲在中国做人与否，似亦不应绝不计及之耳。"这是一篇战斗的檄文，但同时也对中国之大危机有清醒的认识，对民众、对爱国青年都有告诫："民众方面，本报劝其不必再为与虎谋皮之愚举。昨闻青年界死伤数十百人，既痛惜政府之戕贼人民有如草芥，而种下今后之因，将来革命怒潮中，必有十百倍惨酷于此之事实出现，此真未来之大危机也。"文中还鲜明地表达了作者热爱生命的主张，认为生命可贵，要保存力量，不做无益之惨死，称："政府既抱极端之主张，本报殊不愿青年徒为无益之惨死，政治中之真相，有非徒恃理论与热心所能达到者，故敢劝爱国诸君之勿再大意也。"由此看来，邵飘萍是非常注意生命之安全的。在当时如此恶劣之政治环境中，邵飘萍发表这样的文章，自然洞察其风险与危机。只是，他在劝别人的时候，自己却以救国信念而甘愿冲锋在最危险的第一线。

邵飘萍为"新闻救国"而死

很快,邵飘萍又写一社论,题目为《可谓强有力之政府矣——举国同声痛哭,列强一致赞成》,矛头直指列强与段祺瑞等人,对其冷嘲热讽:

> 英、日诸国迭次对华宣言有云:"我们极愿以好意帮助中国,可惜中国老没有一个强有力的政府。"此种慈祥恺悌之言,在长于"内感外感"之段祺瑞等闻之,不禁合掌而深谢曰:"善哉善哉,小子敢不勉诸?"于是,"武力统一"也,"战而不宜"也,种种活剧,闹得中华四分五裂,杀人盈野,血流成河,寡人之妻,孤人之子,焚烧抢掠,全国无一片干净土。……前日之夕,凯歌齐奏,列队游行,谓已战胜徒手青年,子弹无一弹虚发,尸横满院,伤者尤充塞街衢,有漏网者,随之以通缉令。武力统一北京之政策,予以达到,列强多年所希望之强有力的政府,自此完成。猗欤盛哉!此诚中华民国之新纪元,段祺瑞半生学佛之大善果也。虽举国难免有痛苦之声,而列强则一致赞成,决践好意援助之前诺,岂非段祺瑞、章士钊、贾德耀等之一大成功也哉。至于自来讨死之青年,徒供竖子成名之材料,在吾人或以为可怜,然以我佛之慈悲慧眼观之,亦"活该"而已矣。

20日,邵飘萍写《小沙场之战绩》;21日,写《警告司法界与国民军——段、贾等可逍遥法外乎?各方注意屠杀案要点》,既痛骂段祺瑞等人的暴行,又尖锐地揭露出段祺瑞企图将惨案嫁祸于冯玉祥的阴谋。

邵飘萍除亲自上阵外,还邀鲁迅、孙伏园等人并肩作战。鲁迅所写的《可惨与可笑》、《如此讨赤》、《大衍发微》等犀利的文章均发表于

《京报》。

3月23日，北京民众自发举办追悼会，一方面悼念惨案的死难者，一方面抗议这场军阀大屠杀。公道自在人心，但当时已是白色恐怖，人人自危。追悼会即将开始，大会主席尚未确定，时为中法大学学生的陈毅挺身而出，充任大会主席。他愤然登台，谴责段祺瑞政府祸国殃民的暴行，全场震动。陈毅讲完之后，一时无人发言，会场出现令人窒息的沉默。这时候，邵飘萍昂首走上讲台，揭露段祺瑞不得人心之暴行。邵飘萍敢作敢当，给陈毅留下深刻的印象。

大义所激，邵飘萍自觉地为自己选择了一条异常危险的道路。他自己非常清醒，所以在给友人伯子的信中这样写道："弟今日处境甚危，段氏方面，弟因其杀无辜学生，已与之大决裂。"

邵飘萍大笑而死

邵飘萍上了段祺瑞的黑名单。张作霖、吴佩孚等军阀均想杀害他。

1926年春，张作霖与段祺瑞互相利用，并与以前的敌手直系军阀吴佩孚恢复合作，一起进攻冯玉祥的军队。冯玉祥当时正在出国赴苏途中。在对方优势兵力的压力下，冯玉祥不得不命令部队离开北京，退到西北。冯玉祥的国民军退出北京之时，纪律严明，"不扰民真爱民"。邵飘萍特发一篇《欢送国民军》的评论，公开称颂。

冯玉祥对邵飘萍的处境非常担心，劝其出国。邵飘萍虽知有万险，但不愿就此远离自己在北京苦心经营的新闻事业，所以冯玉祥的军队撤出北京后，他只是避入俄国使馆，并在东交民巷内的六国饭店租用了一个房间，接待来访客人。与此同时，他安排夫人汤修慧暂守报馆,继续维持。

张作霖的部队开进北京后,公布所谓的《维护地方治安公告》,其中特别规定:"宣传共产,鼓吹赤化,不分首从,一律处以死刑。"北京军阀遍地,陷入白色恐怖当中。

邵飘萍在租界本来是安全的。张作霖记恨邵飘萍,特以两万块大洋外加造币厂总监的职位收买了邵飘萍的旧交——《大陆报》社长张翰举。张翰举见利忘义,接受张作霖的指派,多次前往六国饭店找邵飘萍,表现得非常亲密,并自称:"我已向张学良少帅疏通过,张答应《京报》可以正常出版。"邵飘萍久离报馆,见军阀对报馆并无什么举动,警惕性有所放松。报馆还有许多事务需要及早处理,他早想回去了。听张翰举信誓旦旦地打着保票,就决定冒险回报馆看看。

1926年4月22日下午五点多,邵飘萍乘私人汽车返回《京报》馆,见到汤修慧后,马上将一纸文字交给汤,嘱咐她在《京报》上刊登出来。没想到这成为邵飘萍最后的绝笔。内容如下:

飘萍启事

鄙人至现在止,尚无党籍(将来不敢预定),既非国民党,更非共产党。各方师友,知之甚悉,无待声明。时至今日,凡有怨仇,动辄以赤化布党诬陷,认为报复之唯一时机。甚至有捏造团体名义,邮寄传单,对鄙人横加攻击者。究竟此类机关何在?主持何人?会员几许?恐彼等自思亦将哑然失笑也。但鄙人自省,实有罪焉,今亦不妨布之于社会。鄙人之罪,一不该反对段祺瑞及其党羽之恋栈无耻;二不该主张法律追究段、贾等之惨杀多数民众(被屠者大多数为无辜学生,段命令已自承认);三不该希望取消不平等条约；四不该人云亦云承认国民第一军纪律之不错（鄙人从未参与任何一派之机密，所以赞成国民军者，只在纪律一点，即枪毙亦不否认，故该军退去以后尚发表一篇欢送之文）；五不该说章士钊自己嫖赌，不配言整顿学风（鄙人若为教育总长亦不配言整顿学风）。有此数罪，私仇公敌，早伺在旁，今即机会到来，则被诬为赤化布党，岂不宜哉！横逆之来源，亦可以了然而不待查考矣。承各界友人以传单见告，特此答陈，借博一粲。以后无论如何攻击，不欲再有所言。

邵飘萍并没有在报馆耽搁太多时间，但就在这短短的不到一小时的时间内，张翰举已急着通风报信去了。将近六点的时候，邵飘萍从报馆出来，刚刚行至魏染胡同北口，便有数名侦探围了上来，问："您是邵先生么？"邵飘萍回答："是。"侦探马上将邵飘萍拘捕，带到警厅。

4月25日，《北京晚报》刊登了"京报馆被封"和"邵飘萍先生被捕"的消息，北京报界联合会及报界同志会均全力营救。以杨度为首的十三位代表前往石老娘胡同找到张作霖之子张学良，请其救出邵飘萍。张学良予以拒绝，称："取缔宣传赤化分子，早经奉天军事会议决定，警厅奉令执行，邵飘萍不过其中之一而已。"众人找出种种理由为邵飘萍求情，张学良不为所动，说："逮捕飘萍一事，老帅和子玉（吴佩孚）及各将领早已有此种决定，并定一经捕到，即时就地枪决。此时飘萍是否尚在人世，且不可知。余与飘萍私交亦不浅，时有函札往来。惟此次碍难挽回，而事又经各方决定，余一个亦难做主。"代表们再三求情，均无结果，张学良最后说："飘萍虽死，已可扬名，诸君何必如此强我所难。……此事实无挽回余地。"如此一来，邵飘萍必死无疑。

邵飘萍为"新闻救国"而死

邵飘萍是在 1926 年 4 月 26 日被杀害的。罪名是所谓"赤化"。1926 年 4 月 27 日的北京《晨报》如此报道邵飘萍临终前的情景:

> 至昨晨一时余,邵由警厅解到督战执法处,审问一过,即判处死刑。三时余又解回警厅,至四时三十分,由警厅一面通知外右五区警署预备刑场,一面用汽车二辆,将邵提到天桥,执行枪决。当时邵穿长夹袍,青马褂。汽车行抵刑场,由警队扶之下车,走至监刑官案前报名,邵向监刑官狂笑数声,往南行数武,由行刑者用马枪向脑后射击,砰然一响,邵即应声倒地,弹由右眼穿出,即时毙命。

邵飘萍乃是大笑而死的,临终前仍不失豪气。他早就立下"新闻救国"的宏愿,愿意为此牺牲生命。这一次,他就是为自己的宏愿而死!

于右任称赞邵飘萍:"既为干将莫邪兮,宁畏缺折!呜呼,报界之牺牲者!"

马寅初写《飘萍先生千古》,称其:"报社巨子,新闻导师。议论锋发,文笔觚奇。灵犀其心,磨蝎其命。遗箸既传,莫容何病。"

邵飘萍堂弟邵泛萍所题《飘哥殉报纪念》:

> 人生皆有死,死贵得其宜。义气山河并,毫芒宇宙弥。
> 为民兼为国,无党又无私。嫉恶言词鲠,含冤性命牺。
> 百身人莫赎,半面我难期。直笔昭千古,雄名中外知。

这些,当然只是无数悼念邵飘萍文字的一点点而已。

人生本不苍凉

邵飘萍，一位爱国者，一位殉报者，一位名流，一位义士，一位浩气长存者……一位值得人们永远纪念的了不起的新闻界人士！

主要参考资料：

邵飘萍：《实际应用新闻学》，出自《邵飘萍新闻学论集》，北京大学出版社，2008年。

邵飘萍：《新闻学总论》，出自《邵飘萍新闻学论集》，北京大学出版社，2008年。

汤修慧：《先夫子言行纪略》，出自《邵飘萍新闻学论集》，北京大学出版社，2008年。

汤修慧：《被难后追述之事实》，出自《邵飘萍新闻学论集》，北京大学出版社，2008年。

张炽章：《追悼飘萍先生》，出自《邵飘萍新闻学论集》，北京大学出版社，2008年。

潘公弼：《纪念飘萍先生》，出自《邵飘萍新闻学论集》，北京大学出版社，2008年。

伯子：《飘萍被难之一因》，出自《邵飘萍新闻学论集》，北京大学出版社，2008年。

汤修慧：《一代报人——邵飘萍》，出自《文史资料选编》第六辑，北京出版社，1980年。

杜钟彬：《邵飘萍传略》，出自《文化史料》第四辑，文史资料出版社，1983年。

宋北风：《邵飘萍采访新闻轶事》，出自《文化史料》第四辑，文史资料出版社，1983年。

郭汾阳：《铁肩辣手——邵飘萍传》，浙江人民出版社，2006年。

林溪声　张耐冬：《邵飘萍与〈京报〉》，中华书局，2008年。

《邵振青昨早被枪毙　〈京报〉已启封》，出自《晨报》1926年4月27日。

林白水：赴死岂能无眷恋

"生平不作亏心事,天应佑我家人也。"

1926年8月6日凌晨一时,北京棉花头条胡同《社会日报》报馆传来剧烈的敲门声。京畿宪兵司令王琦奉张宗昌之命,找到报人林白水,勒令他更正《官僚之运气》一文,并让其请罪。林白水据理力争,称:"言论自由,决不容许暴力干涉。"无论如何,他是不肯认错的。王琦立刻令手下将林白水拥入汽车,押往宪兵第二营。接着,将林白水绑了起来。林白水自知大祸将临,他神态自若,要求给家人写遗嘱。遗嘱写道:"我绝命在顷刻,家中事一时无从说起,只好听之。爱女好好读书,以后择婿,须格外慎重。可电知陆儿回家照应。小林、宝玉,和气过日。所有难决之事,请莪孙、淮生等诸友帮忙。我生平不作亏心事,天应佑我家人也。丙寅八月七日夜四时,万里绝笔。外玉器两件,铜印一个,又金手表一个。"匆促之间,"八月六日"错写为"八月七日"。

临终前,林白水一方面以生命为代价,维护着"言论自由"的坚定信念;一方面又对亲人充满着无限的眷恋之情。

8月7日,北京《晨报》刊登消息:"林白水昨晨被枪决。一时被捕四时行刑,赦令已下只差半时。"时人阅报,无不慨叹。

人生本不苍凉

以林白水著名报人的身份,只因说了一些真话,便被军阀抓捕,不经任何法律程序,冠以"通敌有据"的莫须有罪名,转瞬间被杀。军阀之草菅人命,令人发指。

"用语体的报纸来作革命的宣传,恐怕我是第一人了。"

林白水,名獬,又名万里,字少泉,号宣樊,又号退室学者,中年自号白水。1874年出生于福建闽侯县(今福州市)。1901年6月,林白水到项藻馨创办的《杭州白话报》担任报纸主笔,翻开人生新的一页。

出任《杭州白话报》期间,林白水以启迪民智为职责,提倡用白话文写社论和新闻,以便于广大群众阅读。在政治上,他反对清朝统治,遭到清吏嫉恨,被迫离开浙江,来到上海。1902年,他与蔡元培、章炳麟等在上海设立第一个全国性的教育团体——中国教育会。他表面办教育,实际上却积极进行反清的宣传。

林白水(1874—1926)

1903年春,林白水东渡日本留学,曾组织参加反抗沙俄侵略东北的拒俄义勇队、国民教育会,受到清政府驻日使馆干涉,返回上海。

林白水：赴死岂能无眷恋

同年12月，他与蔡元培等在上海创办《俄事警闻》，专门报道有关拒俄消息，宣传革命。他还在1904年1月10日《俄事警闻》上，发表《新说》，号召"工人联合起来作主人翁"。1904年2月，该报更名为《警钟日报》，革命倾向更加强烈。

与此同时，林白水还自己创办《中国白话报》，以活泼的形式宣传民主思想，抨击清政府的专制统治以及帝国主义的侵略罪行。林白水是该报论说、新闻、时事问答的主要撰稿人。在《中国白话报》第一期上，林白水便刊出"为民众说话"的"论说"文章，称："这些官吏，他本是替我们百姓办事的。……天下是我们百姓的天下，那些事体，全是我们百姓的事体，……倘使把我们这血汗换来的钱拿去三七二十一大家分去瞎用……又没有开个清账给我们百姓看看，做百姓的还是供给他们快活，那就万万不行的！"此"论说"振聋发聩，在社会上引起强烈反响。

林白水满怀着爱国激情，他希望自己的思想能推进中国革命的进程，希望中国民众能尽快脱离受列强欺辱、受专制压迫的苦难命运，他呼吁民众觉醒，说："列位啊，可怜啊！……如今，大祸已经进门，可怜你们还一点不晓得……所以，握着一把眼泪，写这样一张字，送把列位，好教你们列位兄弟赶紧设法自己救自己啊！……如今我们这中国，你若不去救他，再没有人去救他了！"

林白水也在摸索着救国之路，尽管他的想法不一定完全正确，他在尽着自己最大的努力。他在《中国白话报》发表《论刺客之教育》，鼓吹暗杀。爱国志士吴樾读罢此文，热血激荡，萌生了新的想法。后来，吴樾为炸清廷考察宪政五大臣而舍身取义，在中国近代史写下苍凉而悲壮的一幕，而吴樾最后给妻子留下的绝笔中则写道："自阅《中国白话报》，始知革命宗旨之可贵；自读《论刺客》一篇，始知革命当从暗杀入手。"

《中国白话报》在社会上产生广泛的影响,也为林白水赢得巨大的声誉。由于其思想新颖、语言通俗、文笔犀利,其影响范围从知识界拓展到广大民众,林白水也由此而成为"白话文的鼻祖",他自己便在日后不无自豪地回忆:"说起《杭州白话报》,算是白话的老祖宗,我从杭州到上海,又做了《中国白话报》的总编辑,与刘申培两人共同担任,中国数十年来,用语体的报纸来作革命的宣传,恐怕我是第一人了。"

可以想到,《中国白话报》肯定不会为清当局所容,所以,不到10个月即被查封。而林白水并不因此气馁,他继续写出大量的脍炙人口的文字。

1904年慈禧大办七十寿辰之际,林白水撰写对联,辛辣地讽刺了当权者,一时广为传播。此对联公开发表在《警钟日报》上,内容为:

今日幸西苑,明日幸颐和,何日再幸圆明园,四百兆骨髓全枯,只剩一人何有幸;

五十失琉球,六十失台海,七十又失东三省!五万里版图弥虙,每逢万寿必无疆!

此对联道出无数人的心声,所以传播四海。

1905年7月,林白水再次东渡日本,入东京早稻田大学主修法政,兼修新闻。他先后与宋教仁、孙中山结识,并加入同盟会。一年后,林白水返回中国。至1911年,林白水一直悄无声息,潦倒度日。

林白水：赴死岂能无眷恋

"一年内颠覆三阁员，可谓甚矣。"

辛亥革命爆发后，林白水赶回福建，被任命为都督府政务院法制局局长，开始涉入政坛。1913年，林白水被选为第一届国会众议院议员，接着被袁世凯聘请为总统府秘书兼直隶省督军秘书长。此后，林白水成为拥护袁世凯称帝的帝制派，扮演过一些不光彩的角色。袁世凯死后，林白水与王士澄等人合办《公言报》，成为安福系言论机关的主笔，为段祺瑞效命，鼓吹段祺瑞"武力统一"的政策。此时，林白水扮演的角色似乎仍是不光彩的，不过，他那根植于内心深处的"说真话不说假话"的办报思想，又使他毫不客气地将矛头指向贪官污吏——即便是段祺瑞的心腹。

1917年春，段祺瑞手下的财政总长陈锦涛贿赂议员拉选票，被林白水得知，迅速公布，使《公言报》成为北京第一家揭露贿选丑闻的报纸。另一政客许冠英，虽与段祺瑞关系颇深，但也因林白水的揭露，狼狈不堪。林白水对这两件事亦非常得意，在1921年12月13日的《新社会报》上回忆：

> 我还记得合肥（指段祺瑞）当国的时代，交通总长许冠英，因为他靠着合肥是他拜把的弟兄，一方又是入了国民党的党籍，所以胆子大了。办一个津浦租车的大事件，不幸给区区知道了，想尽法子，把他那租车合同抄得一份，给他一个体无完肤的批驳，在《公言报》上一登，这位矮许先生第二天就在国务会议席上，自己乖乖的告发自己，还请总理派人查办。以合肥那样蛮干的家伙，也不能不有三分尊重舆论，因此也就暗暗的劝他辞职。你想

吧,那时候的合肥,简直跟项城(指袁世凯)差不多远,他以总理之尊,却不能保护一个把弟兄,可见当时北京城还有些纪纲。

还有一位财政总长陈锦涛,也是因为五万块钱的贿赂,给区区知道了,当天在报上一发表,陈锦涛也是乖乖的自己在国务会议席上,自请查办。不上几天,陈氏辞了职,就给地方厅传了进去押起来。审判结果,定了徒刑的罪名。后来还是费了多大的劲,弄个大总统援照约法,给他特赦出来。不然,至今还关在监狱里哩。

后来,林白水还在《社会日报》上再次撰文回忆:"《公言报》出版一年内颠覆三阁员,举发二赃案,一时有刽子手之称,可谓甚矣。"

段祺瑞于1920年下野,《公言报》随之停刊。1921年春,林白水在北京创办《新社会报》,开始专事新闻工作。

"社会舆论决不为政治军事暴力所压制"

相对于当时将注意力集中在上层显贵的诸多大报,《新社会报》将目光投向了广大民众,关心社会下层的疾苦,决心"树改造报业之风声,做革新社会之前马"。一次,他将一位洋车夫向他讲述的凄惨生活如实披露,迅速得到社会的广泛回应,乃至于"都门中下社会胥为之震动,报纸销路飞涨,日以数百份计"。此事还对新闻界产生巨大影响,《国闻周报》称赞道:"苍头异军突起,报界风尚为之一新。"林白水受到鼓舞,更加关注民众的疾苦。反过来,他对为富不仁者则冷眼相对,因其熟悉政客丑闻,所以"涉及权贵私德问题,形容备至,不留余地"。他也将此作为获利的资本,"打算向人要钱,就指名大骂一顿","给钱就不骂,决不恭维"。

1922年2月,《新社会报》因揭露直系军阀吴佩孚搬运飞机炸弹和盐余公债的黑幕,触怒当局,被北京政府警察厅勒令停刊3个月。复刊时,林白水将报名改为《社会日报》,称:"蒙赦,不可不改也。自今伊始,除去新社会报之新字,如斩首级,示所以自刑也。"一语双关,暗含着"社会舆论决不为政治军事暴力所压制"的决心。

林白水尤其痛恨贪官。1923年,当林白水得知政客潘复想通过张宗昌的关系爬上山东省长的宝座时,马上将潘复贪污的丑闻刊登在1月25日的《社会日报》上:

山东全省好矿都要发现了

矿师潘大少爷恭喜山东人发财

你们山东人应该知道,你那位贵同乡潘大少名复,快要做山东省长了。讲起这位潘大少,他的做官成绩,实在可惊。他统共做了一年零几个月的财政次长兼盐署署长,在北京就买了两所大房子,连装饰一切,大约花去十万块钱。又在天津英(租)界,盖一座大洋房,光是地皮,就有十亩之大,一切工程地价,统共花去十五万块钱。你想,一年半的次长,能有二十五万买房子的大成绩,其他,古董、哭(家)具、陈设,怕不也得花十几万块钱吗?就这一项简简单单的大房子,已经值得四十万左右,那么这位潘大少的穿衣、吃饭、赌钱、经商、供给姨太……

此外,林白水还刊登诸如《拿办贪官污吏　蓟除政客奸商》、《资本主义之狠毒》等文章,不断抨击社会腐败。他还勇敢地揭露议院的

人生本不苍凉

卖官丑闻,称:"你们爱作榷运局长(运输税局局长)、官钱局长么?这些荐任以上的官吏,都有定价。或是两万或是四万,尽汝挑吧!你们爱做财政厅长、海关监督吗?这些简任的肥缺,官大价也大,大概总得十来万,或五七万以上才行。要是没有大资本,但愿小就的,那么签事或任用等,只要两千块洋钱,或是一千六百块,包管你必达目的。"1923年曹锟贿选总统时,林白水无畏地将曹锟及受贿的议员们骂个体无完肤,称议员们为"猪仔"。曹锟见势不妙,深恐林白水如此骂下去,自己便做不成总统了。于是下令将报馆封闭,且逮捕了林白水。据林白水女儿林慰君回忆,曹锟虽然将林白水关起来,但手法还算温和,"他们给先父(林白水)预备了一排三间的屋子,卧室外面是会客室,会客室的另一端是一个侦缉队员的屋子,他当然是看守先父的。一日三餐可以由家人送去,先父每天可以看书、写字或接见亲友,就是不能写文章。每次有人去看他时,那些侦缉队队员像佣人似的,还给客人倒茶。先父在侦缉队里住了三个多月,曹锟在这三个多月里已被'选'为总统而就了职,他坐稳了总统宝座之后,才把先父送回家"。

林白水办报,有很风光的一面:既具有强大的社会影响,还有过可观的经济收入。家中佣人最多时可达10人,家庭教师5位,房子有四五个院子、三四十间,林白水本人还常常购买各种名砚,出手相当大方。但另一面是,要办一份不怕得罪权势的好报纸,除时时隐藏的政治威压外,也免不了面临着缺少经济支持的现实压力。1925年7月3日起,林白水在《社会日报》副刊"生春红"每期登载《林白水卖文字办报》广告:

> 仆从事新闻,已逾三十载,硁硁自守,不敢以个人私便之故,

林白水:赴死岂能无眷恋

累及神圣之职业,海内知友,类能见信。《社会日报》自出世以迄今日,已满三年,耗自己之心血,不知几斗;糜朋友之金钱,不知几万。艰难缔造,为社会留此公共言论机关,为平民作一发抒意见代表,触忌讳,冒艰险,所不敢辞。然为资力所扼,发展无望,愧对读者。今则此不死不活之状态,犹难维持。一切环境,如警吏、侦探、印刷工人、纸店掌柜,均可随意压逼,摧其生命,避免无术,如陷重围,揶揄之鬼载途,将伯之呼不应,计不得出,唯有出卖其自以为能之文与字,藉资全活。海内读吾报与表同情者,或能不吝援助,俾得其保此公共言论机关,则靡惟区区私人之感幸已也。

此后他又刊出"润例启事"。如此,林白水生财之道,轻松地渡过难关,达到与读者的互动互利。

正直文人所面对的……

1924年秋,第二次直奉战争爆发,冯玉祥发动北京政变,囚禁曹锟,控制北京,电邀孙中山北上共商国是。国内形势大变。林白水见冯玉祥思想进步,其率领的军队纪律严明,所以颇有好感,免不了发表一些表扬性的文章。他对孙中山也是十分敬佩的,曾发表几篇欢迎孙中山北上的文章,如《欢迎孙中山》、《吾人对中山先生之敬意》等等。孙中山逝世后,林白水特地带女儿去中央公园瞻仰孙中山先生的遗容,语重心长地告诉女儿:"孙中山先生是中国现代最伟大的人物,也是我的朋友。你们应当看看他。将来你们长大后,可以告诉你们的朋友,年老的时候,可以告诉你们的子孙:你小时曾看见过孙中山先生，虽然只是看见他的遗容，你也是很幸运的。他的名字在世界历史上会永远流传，永远受人尊敬。"此次，林白水还无意中透露了自己对生死的看法，他对女儿说："人死就像睡觉一样，没有什么可怕。只有迷信的人，才会怕死人。你是我的女儿，我不迷信，你也不应当迷信。所以你不应当怕。"

1926年春，冯玉祥的军队被直奉军阀迫离北京。冯军退离时仍然秩序井然，毫不扰民，非常难得。林白水称赞："数万大军能于数个钟头之内全行撤退，而京师全市，并不生丝毫之惊动，且有多数市民，并不知局面有如此之大变化者，此不能不钦服国军当局处置之得法，态度之从容。吾人以其行也，谨致深切之感谢与敬意。"

而直奉军阀却与冯玉祥军队形成显明的对比，林白水毫不遮掩地予以批评，称："直奉联军开到近畿以来，近畿之民，庐舍为墟，田园尽芜，室中鸡犬不留，妇女老弱，流离颠沛。彼身留兵祸之愚民，固不知讨赤有许多好处之后，而但觉目前所遭之惨祸，虽不赤亦何可乐也！"写至愤怒处，林白水忍不住斥责："不料奉军至今，犹不改其胡匪之性质。"他自然也知道自己直言可能招来的祸端，所以写道："在这无法无天的时候，我要是天天把市面萧条、人心不安的状态，写得绘影绘声，仿照郑侠流民图的故事，那些军阀老爷必定会大发雷霆，说我是有意与他为难，成心给他捣乱，只要轻轻的赏我一个赤字，我便铁锁郎当的向警备司令部做隐士去了，那报馆封闭，更是不消说的。"

事实上，现实比林白水所想的还要严重，正直文化人所面对的，不只是被关押，而是直接面对死亡的威胁。1926年4月26日，著名报人邵飘萍被杀，北京新闻界危机四伏。在这种情况下，林白水不畏强暴，仍仗义执言，撰文道："军阀既成阀，多半不利于民，有害于国。"还针对"讨赤"进行猛烈抨击："时至今日，若犹以讨赤为言，兵连祸结,则赤党之洪水猛兽未见,而不赤之洪水猛兽先来。"这些言论招致军阀的嫉恨。

杀身大祸

奉系军阀张宗昌进京后,耀武扬威,无恶不作。他的亲信也想借机升官发财,狠捞一把。潘复是张宗昌的赌场知己,张宗昌之所以能够投靠奉系,潘复起过很大作用。张为了酬谢潘复,曾聘其为山东军署参议。潘复从此成为张宗昌的幕后军师,被称为张的"智囊"。这一次,潘复企图利用与张宗昌的特殊关系谋个财政总长当当。不料事与愿违,只得到河道督办一职。为此,潘复与张宗昌均对北京当局大为不满。此事被林白水得知,特撰《官僚之运气》一文,嬉笑怒骂,予以嘲讽。文中写道:

狗有狗运,猪有猪运,督办亦有督运,苟运气未到,不怕你有天大来头,终难如愿也。某君者,人皆号之为某军阀之肾囊,因其终日系在某军阀之胯下,亦步亦趋,不离晷刻,有类于肾囊之累赘,终日悬于腿间也。此君热心做官,热心刮地皮,固是有口皆碑,而此次既不能得优缺总长,乃并一优缺督办亦不能得。经某君极力斡旋,垂即提出国务会议矣,因先期宴客,以语某军阀,意欲讨好。不料某军阀大不谓然,且云某某无必须畀以某缺之必要,随便与以督办之名可矣。于是变更前议,派一剖池子差事。肾囊大为懊恼,复向某军阀噜苏。闻昨日政府又接到某军阀来缄,盖为某某进言者,且云前谈并未指明剖池子一事,奈何真使某某剖池,未免过于难为他矣,以后某缺如乏人,仍望为某设法。当局得信,难以置复。有人谓此亦不过当面敷衍肾囊先生,并非某军阀之真意,可以不必作答,遂搁置之。……

读者不难看出,文中之"肾囊"即所谓的"智囊"潘复。

潘复阅之,大怒,哭诉于张宗昌之前,从而导致了林白水的杀身大祸。

林白水被抓后,报馆编辑赶紧打电话四处求援。林白水的好友薛大可、杨度等人急匆匆赶往潘复的住宅,找到正在打牌的张宗昌及潘复,为林白水求情。薛大可生怕出事,竟跪在张宗昌面前,声泪俱下,讲述古代名将的种种美德,希望张宗昌有大将作风,饶恕林白水,张宗昌终于被打动,答应暂缓执行,杨度赶紧起草了一纸暂缓执行的公文,由张宗昌处派人送往宪兵司令部。然时已晚矣。清晨四时许,"暂缓执行"的公文尚未到达之时,身穿夏布大褂的林白水已被拉到刑场。在原天桥农民早菜市场附近的一个垃圾堆上,林白水立足未稳,枪声便响了。林白水倒在血泊中,年仅 52 岁。

无尽的悼念

1928 年 8 月 19 日,北平各界为邵飘萍、林白水两位报人举行了隆重的追悼会,会上有一挽联:"一样飘萍人生,千秋白水文章。"

袁克文也曾为林白水写挽联,其中一联写道:

君虽死而犹生,人间历历,剩弱女弱姬,奇文名砚;
谁能免于今世,天下荒荒,遍瘟疫盗贼,饥溺刀兵。

可以说,林白水之死,是武人当国下,文人的悲哀!

另有报人林步挽林白水曰:

笔有阳秋,文字真成孙盛祸;
狱无佐证,士民争讼陆机冤。

世人对林白水的悼念是无尽的,直到现在,仍常常看到关于林白水的文章,称其为"白话报的鼻祖 通俗化的大师"、"革命先驱,报人楷模"……

主要参考资料:

《社会日报社长林白水昨晨枪决》,出自《晨报》1926年8月7日第6版。
林慰君:《林白水遇难前后》,出自《中华文史资料文库·第16卷》,中国文史出版社,1995年。
张次溪:《杀害林白水》,出自《土匪军阀张宗昌》,中国文史出版社,1991年。
刘庆云:《林白水》,出自《新闻界人物·四》,新华出版社,1984年。
王仲莘:《白话报的鼻祖 通俗化的大师》,出自《炎黄纵横》2006年第8期。
俞月亭:《记者的笔》,出自《炎黄纵横》2006年第8期。
张建安:《林白水之死》,出自《民国大案》,群众出版社,2002年。

成舍我与《民生报》被封事件

民国官场,贪污盛行,严重腐蚀着国家的根基。正义的报人,起而揭露贪污事件,希望藉此达到舆论监督、惩处贪官的目的,可是,在当时腐败的社会,这样的行为注定遭受打击。即便如此,许多正义的报人并不放弃自己的追求和社会责任,他们勇敢地站出来,与权贵对抗,为民众服务。

创办《民生报》的成舍我先生,因为一篇贪污报道而惹火上身,人被监禁,报纸被查封,但他毫不妥协,即便对立面是行政院长,他仍坚信:最后的胜利应属于自己。

反贪报道激起轩然大波

1927年4月,29岁的成舍我在南京创办了《民生报》。此时,成舍我已是著名的报人,他在北京创办《世界晚报》、《世界日报》、《世界画报》,成为中国新闻史上一人办三报的第一报人。1926年,他因坚持"不畏强暴"的办报宗旨,敢于揭露社会阴暗面,引起军阀们的注意。林白水被反动军阀张宗昌枪杀后,北京报界笼罩在高压恐怖的氛围当中,成舍我不畏风险,决定将林白水被杀"这一不幸消息,以第一条大字标题,加黑边,刊登在下午出版的《世界晚报》上"。这则敏感新闻更加刺激了张宗昌,成舍我被抓捕起来,险被枪毙。经多方营

成舍我与《民生报》被封事件

救后,成舍我九死一生后来到南京,创办新的报纸。他仍然坚持自己的办报理念:一、言论公正;二、不畏强暴;三、不受津贴;四、消息灵确。

《民生报》是南京最早的民营报,以"精、简、全"的原则,及时准确地报道社会新闻,反映民众关心的问题,很快赢得欢迎,创办一年,销数由 3000 份猛增到 3 万份。成舍我自己也写文章,1928 年 3 月,他发表了《南方政局之剖解》的文章,对时政发表评论。

成舍我(1898—1991)

1931 年 9 月,发表署名"百忧"题为《国人抗日应有之认识》的社论,揭露日本侵华暴行,批评国民党"不抵抗三字,直可为民族崩溃之别解",呼吁"立止内争,协力御侮,实为今日最迫切之惟一要务"。此外,他还发表《吾人将何以自处?》、《谁谓我革命军人不堪一战》等社论,为抗日鼓与呼。

成舍我对国内官僚们的贪污腐败一直深恶痛绝。1934 年 5 月,有位记者采访到一条新闻:"行政院"盖大楼,建筑商贿买汪精卫的亲信、行政院政务处长彭学沛,给他修了一座私人住宅小洋房,以致在主体建筑上偷工减料,而且屡次追加预算,超过原来计划一倍以上。《民生报》总编辑张友鸾听说彭学沛是成舍我的亲戚,有些踌躇,拿着稿子征询成舍我的意见。成舍我不徇私情,说:"既然确有其事,为什么不刊登!"有些亲友得知此事,也劝成舍我不要刊登,并说出两个理由:一、汪精卫为行政院长、国民党副主席,权势很大,何必得罪他;二、彭学沛是成舍我妻子萧宗让的姑父,何必跟自己的亲戚较劲。但

人生本不苍凉

成舍我认为,主持公道是报纸的职责所在,义无反顾地在报上公开揭露。

于是,《民生报》很快在5月24日登出这样的报道:

某院处长彭某辞职真相
有贪污嫌疑……某当局大不满

某院处长彭某,此次向某当局提请辞职之真实原因,外间鲜有知者。兹据记者探悉:彭某此次经手建筑某院新屋,经核定预算原为六万元,及至兴工以后共用去十三余万元,竟超过预算一倍有余,且彭某适于是时另在鼓楼自建新式洋房一幢,因之外间颇多非议,而某当局素以廉洁勖勉僚属,自得知此项情形后,表示非常不满,故彭某迫不得已即呈请辞职,并闻辞意甚为坚决,外传可望打消辞意之说实非事实云。

报道登出后,顿时激起轩然大波。报道中虽然没写彭学沛的名字,但事实俱在,很容易分辨。即便不知实情的人,联系《民生报》5月19日刊登的"彭学沛处长表示引退"的短讯,也容易明白"彭某"即为"彭学沛"。彭学沛自然非常恼火,乃向后台汪精卫告状。汪精卫大怒,马上下令将《民生报》停刊三日,以示惩罚。

拿起手中的舆论武器

面对汪精卫的淫威,成舍我毫不惧怕,迅速予以抗争。民国二十三年(1934年)5月29日,《民生报》复刊后的第一天,便在第三版和第四版登出署名"舍我"的长篇社论:《停刊经过如此!!!敬请全国国

1934年5月29日《民生报》社论

民公判"言论自由"固可为"国家自由"而牺牲……但非法摧残决不能不依法抗争》。

社论一开头，便直截了当地点出《民生报》被封三日的事实：

《民生报》今天复刊了。从五月二十六日，到二十八日，这三天被停刊期内，首都数十万市民，甚至全国民众，从行政命令"不服检查"四字上推想，一定会疑心《民生报》，已犯了如何严重的滔天大罪。我们因为要使全国国民，知道我们这次被罚的真相，同时希望全国国民，及负有保障人民权利，纠弹官吏错误的政府机关，能给我们一个公平的裁判起见，所以，不得不于复刊第一

日的今天,来写出下面这一篇真凭实据,童叟无欺的报告:

行政院罚我们停刊三日的命令,是于二十五日下午七时半,由首都警察厅派警传到。命令全文,照抄如左:

行政院密令第二八四九号:

查《民生报》于本月二十四日登载关于本院之恶意新闻,毫无事实根据。照肆意造谣,不服检查,应即依,中央政治会议第三九五次决议,予以处分。着自本月二十六日起,停版三日示儆,合亟令仰该厅遵照,即日执行,此令。

接着,社论讲述了报社被封后所遭受的不公正待遇,并指明引起祸端的所谓"毫无事实根据的恶意新闻"就是那篇《某院处长彭某辞职真相》,然后表明他们的愤怒,称:"自从这个'犯罪的原因'寻到以后,固然使我们十分悲愤,同时,也使我们弱者的胆量立时从'呵!原来我们并不犯罪'的自觉中,解放而增强起来。我们站在法律和正义的立场,对于行政院罚我们的命令,无论如何,是不能甘服的。"这样,成舍我等人便拿起手中的舆论武器,奋起反击:

第一,这条"某院处长彭某辞职真相"的新闻,假使确如行政院所云,"毫无事实根据,肆意造谣",那么,请问行政院,从什么地方,可以证明,这条新闻,就是说的高高在上的贵院。因为从头至尾,并没有"行政院"三个字,国民政府下,机关而以院名者……总不下数十千百,至处长,及处长而姓彭者,更衮衮皆是。何以其他大中小三等之院,均不出面,而行政院独挺身而出,将此项新闻,一肩担当……何以"毫无根据肆意造谣"之无头新闻,行政院一看,即能认定,这是《民生报》"指着和尚骂秃子?"同时又即能断其"毫无事实根据,肆意造谣?"

第二,我们这条新闻,纵如行政院所想,新闻中的某院,读者很易看出即指行政院,彭某,即指五年前流亡海上,贫至不能举餐之彭学沛先生。但是,请问行政院,又从什么地方,可以看出这条新闻的文字,有对行政院表示恶意之处?……

第三,不但我们对行政院这个机关,绝无恶意,即对于彭学沛先生个人,也是绝无丝毫恶意的。……行政院建筑新屋,及彭先生自造新宅,这都是铁一般的事实,无法否认,也不必否认的。因为行政院造屋,固然公开,而私人造屋,也并非犯法。不过这两所房子,是否有联带关系,那么这是监察委员,和法院检察官的职权,我们当然不便越俎。而我们在这条新闻内,所说的,也止于外间"颇有非议"。我们并没有说:"彭某原极穷困,当其五年前逃亡失业时,贫至无以自活,其离婚夫人萧女士,每月向索生活费,均无以应,及一旦荣任政务处长,不特对萧女士,立将巨万之生活费,完全清付,俾本人眠花宿柳,从此了无挂碍。且将行政院另建新屋之款,吞没若干,另建新屋,此实国民政府最大之污吏,非加重惩,不足以树立廉洁政治。"

在对行政院密令进行批驳的同时,成舍我还表明自己对"检查新闻"的态度。他说:"我是《民生报》的负责者,老实说:'检查新闻',在'九·一八'以前,我,及我们的同人,都是反对的。……但在战时,则新闻记者个人的言论自由,当不能不为争整个国家民族对外的自由,而相当牺牲。"

但是,他又提出问题:"检查新闻,是否可以于有关对外之军事、外交及地方治安以外,而任意禁止其他不利于某一机关或某一个人新闻的发表。尤其像我们所登有贪污嫌疑,这一类的消息。我们相信,现在全国新闻界,所以肯忍受苦痛,来服从政府检查,并不是畏惧政府的权威,更不是受了政府任何物质上的贿赂,而完全是为整个国家民族争自由着想。政府正应在此时,披肝沥胆,与全国新闻界,开诚合作,共筹如何可以唤起民众,打开国难的方法。同时更应该劝全国新闻界,对于政府设施,尽量批评,贪官污吏,尽量揭发。从前专制时代,遇到外患危迫的时候,皇帝尚要下诏罪己,广求直言,诛戮奸邪,岂有号称民国,而反利用国难,封锁舆论之理。现在各地的新闻检查,往往多已超过应该检扣的标准,甚至一个当地要人的汽车疾驰闯祸,都可叫新闻所传令报馆,不许登载。一个官办印刷局长的被监察院弹劾,都可以请托检查员,禁止发表。试问这种检查,于国家是否有利? 是否对得起为国家而牺牲自己自由的新闻界。……"

最后,成舍我郑重地宣示对于此次被迫停刊的意见:

一、我们认为这次行政院的处分,全然为一种非法行为,我们为使此种非法行为不再发生起见,决向法定机关,提起抗告。

一、我们认为现在新闻检查的标准,日益浮滥,裁制新闻的机关,太不统一,我们不仅为保障自身及全国新闻界权利,应联合全国同业,向中央宣传委员会提请纠正。即为促成政府与舆论开诚合作,一致对外起见,此种纠正,也实在认有必要。

成舍我此文长达万余言,占据了《民生报》两个全版,无疑是对彭学沛及汪精卫的最为强烈的反击。在当时的社会,在国民党的统治区,有谁敢对汪精卫如此"无礼"。汪精卫自然大发雷霆,在他的授意下,彭学沛以"妨害名誉"为由,将成舍我告上法庭。

决不低头

江宁地方法院受理此案。6月4日,法院检察处开侦查庭讯问。彭学沛、成舍我均到庭候讯,时间长达两小时。次日,《民生报》将这一消息登于报端。

在等待法院继续审理的过程中,成舍我并没有被动地干等,而是利用手头的舆论武器有节有度地为自己鼓劲呐喊。6月7日,《民生报》发表社论,题为《惩治贪污为今日急务》,呼吁:"国家之败,由官邪也,官之失德,宠贿彰也。惩治贪污,实今日之急务,政府与国人,曷急起图之。"

知情人均知道,彭学沛的背后有汪精卫撑腰,法院肯定会偏向彭学沛,转而对成舍我不利。但成舍我仍然没有丝毫退缩的意思。6月18日,法院公开审讯此案。成舍我则于6月中旬,在《民生报》的显眼位置连续刊登《成舍我特别启事》,内容为:"行政院政务处长彭学沛,因《民生报》载其有贪污嫌疑一事,于被行政院罚令《民生报》停刊三日后,更在法庭向鄙人起诉。江宁地方法院,已定本月十八日上午九时半,开庭审讯,鄙人在平(指北平)接电,星夜抵京(指南京),准时出庭应诉。同时《民生报》对于行政院罚令停刊三日之违法处分,亦决依法定手续,向主管机关先行诉愿。现此两案,均在依法进行中。吾人以一介平民,毫无政治后援,所敢不顾一切,毅然抗争者,实因深切认定,一则欲期廉洁政府之完成,必须全国舆论,对贪污嫌疑,能尽量揭发。一则欲纳国家于途轨,必使全国上下,尤其高级当局,能养成忠诚守法之习惯。若人民逆来顺受徒贪眼前之省事,流弊所及,不仅蹂躏民权,当局者将毫无顾忌,而法治前途,亦且永无观成之望。吾人献身新闻事业,垂二十年,在北方军阀腐恶势力高涨之时,亦曾殊死苦斗,今留此袁世凯安福系张宗昌欲杀未得之身,仍愿以始终拥护整个国家利益,为唯一之鹄的。刻司法行政权,虽在行政院统治之下,但吾人深信司法独立之尊严,决不为政治所左右。吾人今愿以此事之是非曲直,静待国家法律公平之裁判。吾人并深信以拥护国家利益之赤忱,及本于代表舆论之天职,或不致有万一之不幸。倘竟智穷力索,亦可告尤愧于国民。在鄙人离京数日中,深蒙各界先进,或宠赐鸿文,或亲临存问,爱护逾恒,感愧交并。惟以返京伊始,答谢未遑。而文字声援,在此依法进行期间,吾人既已一切信托法律公平之裁判,民生报本身,尤未便于公判以前,多所刊布。将来是非大白,倘有必要,自当另刊专集,藉以见公道之未泯,垂义声于不朽。倘亦爱护正义之诸君,所为鉴许者也。"

18日之公开审讯,吸引了四面八方的人群,法庭旁听席座无虚席。成舍我斗志昂扬,与他的辩护律师尤宪祖一起来到法庭。然而,彭学沛作为原告,却因种种顾虑而没有出庭。因此,法庭上只有成舍我一人在辩论。成舍我要求法院传彭学沛到庭对质。

6月29日,法院进行第二次公审。这一天天气酷热,但由于此案已轰动全国,前来旁听者人数之多,为历来所未见。公开审理是在上午10点20分开始,然而,"刑一庭旁听席上,八时即告入满,后至者已无旁听证可领,均与法警情商,前往听审。甚至审判官台上,亦站有百余人之多。靠右地板,因不胜载重,竟踏断两三块。法官背后,沿墙站立者,亦颇不少"。大多数民众对成舍我寄予同情与支持。由于人数太多,室内温度达到罕见的程度。有人见成舍我陈述时挥汗如雨,便不顾自己,将手上的折扇赠与成舍我。

而这样的盛况下,原告彭学沛仍然没有到场。成舍我侃侃而谈,滔滔不绝,其论述得到在场人群的支持,也将带有倾向性的审判官驳得哑口无言。

彭成案越闹越大,在整个南京城沸沸扬扬地传播着。而民意方面,成舍我占有绝对的优势。不仅如此,成舍我及《民生报》在7月4日又发表《贪污之发生与遏止》的社评,称:

自有官吏,即有贪污,况在功利主义及唯物史观盛行之今日,人皆习于奢靡,渴望享受,其朝夕所寤寐以求之者,惟在如何增殖货财,以遂其大欲;苟一旦位居显要,有权势足以剥削人民,又有爪牙足以供其奔走,自非人格清高、深明取与之分者,又孰能不见利而忘义乎?此种贪污官吏,在资本主义之国家,固属事所恒有,即以社会主义立国自诩之苏俄,亦何尝绝对无之?不过在政治已上轨道之

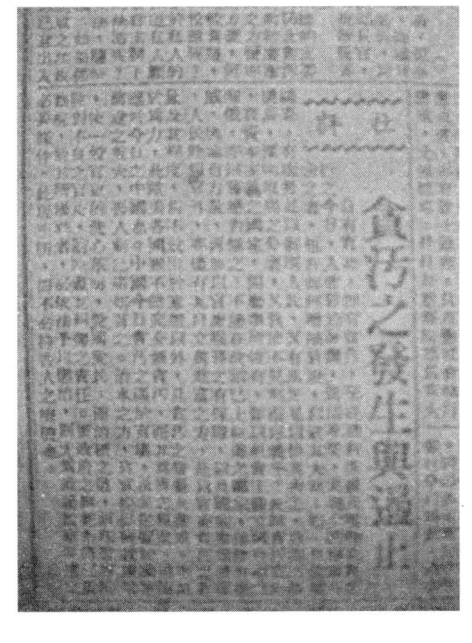

1934年7月4日《民生报》社评

国家,法律有权威,舆论有力量,再加以官吏服务之有保障,以及国家实业发达,人民除服官外,亦尽有其自立与致富之方,是以官吏贪污之数量及其程度,尚不致出于意想以外,且贪污之发觉及惩戒,亦易于为力,此欧美各国虽不能完全无贪污,而其为害

之程度,固远逊于今日之中国也。中国今日贪污之遍及官场,及其影响于国家前途之重大,吾人前已痛切言之。治本之方,自宜提倡礼义廉耻,使一般官吏的洗心革面,爱国爱民,而治标之道,则在监察院能对不良之官吏,随时尽其纠弹之责任。至政府之应绝对信任监察院,于其所举劾者,必依法予以惩治,则尤为维护监察制度之必要条件,此理至明,固不必待吾人之哓哓也。

文中的主张虽然未必完全正确,但基本代表了民众的呼声,引起了强烈的反响。彭学沛见形势对自己很不利,又害怕此事追究下去,免不了节外生枝。因此,在第三次公开辩论前,彭学沛主动撤回了对成舍我的告状。这样一来,彭成诉讼案不了了之。然而,事实上,此案结束后不久,更大的交锋出现了。

最后胜利,必属于我

彭学沛知难而退,但他的后台汪精卫却不答应。汪精卫虽然不能直接就彭成案指手画脚,但却可以借其他名义打击报复成舍我。

7月20日,《民生报》刊登一条"蒋电汪于勿走极端"的新闻,里面涉及蒋介石就行政院监察院争执事而电汪精卫、于右任(时为监察院院长)以图调解的两院新闻。此事若在平时当没有任何问题,而且消息是由一家通讯社发布,并通过审查的。但汪精卫借题发挥,以此向成舍我发难。7月23日,宪兵司令部以"泄露军情"罪将成舍我逮捕,关押起来。

经多方营救,成舍我被押40天后,于9月1日获释。国民党当局责令《民生报》永远停刊,并不许成舍我在南京用其他名义再办报纸。

当时有一内幕是：成舍我被释放后，汪精卫曾派人对他说，只要他向汪写一封道歉信，汪就可以收回成命。成舍我当场拒绝。如此一来，曾有巨大影响的南京《民生报》在报界消失了。

林语堂在《中国新闻舆论史》中对此事有一评论："汪精卫在反蒋时期高举'保障民权'的口号，结果不过如此！这很容易让人对所谓的民权的呐喊产生怀疑。"

后来，成舍我本人曾在《我有过三次值得追忆的"笑"》一文中回忆此事："民国二十三年，我所主办的南京《民生报》，因为揭发行政院政务处长彭学沛经手建筑行政院官署，贪污舞弊，汪（兆铭）是行政院长，不料竟认为这是对他的一种重大冒犯。虽然铁证如山，他仍不顾一切，以最大压力，将《民生报》非法封闭，将我非法拘禁了40天，并永远不许我在南京办报。此在当时，曾为一轰动全国之巨案。我出狱以后，他叫人示意，如果我向他低头，则一切不难和解。那位居间奔走的朋友劝我，新闻记者和行政院长碰，结果总要头破血流的。我曾执拗地答称：'我的看法，与你恰恰相反。我相信我和汪碰，最后胜利，必属于我。因为我可以当一辈子新闻记者，汪不能做一辈子行政院长。'其后我又在上海创办立报……"

主要参考资料：

短讯《彭学沛》，出自《民生报》1934年5月19日第四版。
短讯《某院处长彭某辞职真相》，出自《民生报》1934年5月24日第三版。

人生本不苍凉

成舍我:《停刊经过如此!!!敬请全国国民公判"言论自由"固可为"国家自由"而牺牲……但非法摧残决不能不依法抗争》,出自《民生报》1934年5月29日第三版。

社论《惩治贪污为今日急务》,出自《民生报》1934年6月7日第四版。

成舍我:《成舍我特别启事》,出自《民生报》1934年6月17日第三版。

《成彭案昨辩论终结 法院定七月五日宣判》,出自《民生报》1934年6月30日第五版。

社论《贪污之发生与遏止》,出自《民生报》1934年7月4日第四版。

周靖波:《成舍我的业绩》,出自《报海生涯——成舍我百年诞辰纪念文集》,新华出版社,1998年。

成思危:《成舍我的四种精神》,出自《传记文学》1998年第8期。

张友鸾:《报人成舍我》,出自《胡子的灾难历程——张友鸾随笔选》,北京十月文艺出版社,2005年。

林语堂:《中国新闻舆论史》,上海人民出版社,2008年。

史量才："人有人格，报有报格"

提起民国间报纸，影响面最大的应该是《申报》了。《申报》不仅是我国第一张具有近代意义的报纸，而且持续时间长。在其鼎盛时期，《申报》几乎成为当时所有报纸的代名词。

史量才是《申报》的总经理，称得上一位超级富翁。更因为《申报》的影响，史量才实际上掌握着旁人无法比拟的发言权。这一发言权，势必要与政治发生牵扯。对此，史量才的思想有一个变化的过程。当他毅然决然地为"言论救国"而不惜得罪最高统治者的时候，民间也广泛传播开他的事迹。

最有名的一则故事，是史量才与蒋介石的对话。

蒋介石特地召见史量才，要求《申报》发表言论时要注意影响，并不无威胁地说："我手下几百万军队，激怒他们是不好办的。"史量才非常反感，回答："《申报》发行十几万，读者总有数十万！我也不敢得罪他们。"蒋介石盯着史量才，说："史先生，我有什么缺点，你报上尽管发表。"史量才不卑不亢地回答："委员长！你如有不对的地方，我照登，绝不会客气。"二人不欢而散。

此故事还有另外的版本。其中一则是这样的：史量才接受某国民党政府要人的邀请，参加盛宴。席间，此要人故意宣传蒋介石的军威，称有雄兵千万，足以安内攘外。史量才听后，很不以为然，当着众人的面嘲弄道："我没有雄兵千万，但约莫估计，总有数千万读者拥护！"

史量才这种性格，势必会引起独裁者的嫉恨。

1934年11月13日，沪杭公路翁家埠地段发生命案，六个黑色短衣打扮的特务拦路刺杀了史量才。这是一起周密部署的行动，组织者是戴笠，下达命令的正是蒋介石。

那么，史量才究竟是一个什么样的人？

"宁愿以直言开罪于人，决不愿谄谀人而乱是非"

史量才，原名家修，字量才，1878年生于江苏省江宁县龙都乡杨板桥。1901年考入杭州蚕学馆，毕业后投身上海教育界，先后在育才学堂、兵工学堂、务本女中、南洋中学等校任教。1904年，史量才在上海创办女子蚕桑学堂，开我国女子教育之先河。同时，他还到苏州等地开拓蚕桑事业。1905年，史量才与黄炎培发起江苏学务总会。三年后，史量才的目光开始转向报业，兼任起《时报》的主笔。《时报》创办人狄楚生特在报馆辟出一个房间，供报馆同仁和教育界、学术界、金融界

史量才(1878—1934)

等各界人士广泛交流，展开讨论。史量才积极参与，认为兴教育、办报纸、开民智，这是救国救民的重要途径。他还积极参加江、浙两省收回路权运动，社会声望得以提高。辛亥革命爆发后，史量才参加江

史量才:"人有人格,报有报格"

苏独立运动和南北议和会议等重要政治活动,曾出任上海海关清理处及淞江盐务局长等公职,以办事精干而获好评。然而,史量才好直言,嫉恶如仇,"宁愿以直言开罪于人,决不愿谄谀人而乱是非",这种性格使他遭到了一些挫折,也因此看到了政界的黑暗,遂退出仕途,全身心投入到自己喜欢的新闻事业当中,与实业家张謇合资12万元购进了《申报》。

《申报》创刊于清同治十一年(1872年),初由英国商人美查创办,以华人席子眉为经理,蒋芷华为主笔。席子眉去世后,其弟席子佩继任经理。后来,美查返回英国,席子佩购得《申报》全部股权,使《申报》得以转入国人手中。但由于经营不善,《申报》并未得到发展,反而连年亏损,销售量仅7000多份。史量才接办后,以先进的理念进行内部整顿,聘请了得力人才,努力提高报纸的吸引力;在加强经营管理的同时,他还争取到江浙财团的大力支持,购置了新式机器,并利用第一次世界大战的机会低价购入大量纸张,积极开展广告业务,拓宽发行渠道……最终使《申报》成为经济独立、无党派关系、完全商业化的报纸。由于其经营有道,《申报》发行量从民初的7000余份发展到民国17年公开宣布达15万份,成为全国影响最大的报纸。

1916年,张謇等退股,《申报》成为史量才独家经营的企业,他自任总经理,并进一步向外扩展。1927年,史量才买下了《时事新报》。1929年又从美国人福开森手中购得《新闻报》的大部分股权。20世纪30年代,史量才又创办《申报月刊》,编印《申报年鉴》,开办"量才业余补习学校"、"量才流通图书馆"等机构,使其不仅成为名符其实的报业大王,而且是一位举足轻重的社会活动家和实业家。

不过,史量才毕竟是一位民族资本家,在其发展的道路上,不免要受到官僚当局的压制。购买《新闻报》就是一例。

人生本不苍凉

1929年，雄心勃勃的史量才想要收购上海另一家报纸《新闻报》的股权，进一步实现自己的报业梦想，组建自己庞大的报业集团。当时，美国人福开森为《新闻报》的老板，拥有65％的股权。由于对国民党政府的怀疑，福开森害怕自己的产业流产，所以在《新闻报》办得正蒸蒸日上的时候，福开森决定卖掉股权，以获取高额利润。得到这一消息，史量才兴奋异常，认为这是千载难逢的良机，决不能失之交臂。他马上行动起来，与福开森多次秘密谈判后，最终以70万元的价位达成协议，并签订了让股合同。只是，福开森暗中出卖股权的行为遭到了该报总经理汪伯奇的极大不满。汪伯奇不仅组织报社职工抵制史量才派人接收，而且联合上海闻人虞洽卿等人一起反对史量才。此事越闹越大，为国民党当局插手此事提供了条件。

国民党当局早就注意上史量才了。他们认为《申报》本来就实力雄厚，影响力大；如果再加上《新闻报》，极有可能发生不可控制的局面。所以，国民党上海特别市党务指导委员会一边警告《新闻报》持股人不得出卖股权，一边呈请国民党中央收买福开森的所有股权。他们还发表致《新闻报》的公开信，说该报的大量股票被反动分子购买，一定要在两星期内将之收回。史量才本人也受到了恐吓，处境非常恶劣。这种情况下，史量才派出了与蒋介石有过交往的总主笔陈景韩活动，再加上邵力子也劝说蒋介石，认为政府不宜直接插手民间股权纠纷，蒋介石这才打消收买意图，但仍然给史量才以压力。史量才不得不撤回对《新闻报》接收人员的任命，转而将《新闻报》改组为华商有限公司，仍由汪伯奇任总经理。史量才还很不情愿地将到手的部分股权转让给上海的工商界人士。最后的结果，史量才虽然仍持有50％以上的股份，但是他既不能担任董事长，也不能干涉报馆事务，以前的设想基本泡汤。

史量才:"人有人格,报有报格"

接着,史量才经历了日本人侵略中国的历史,他的思想发生了很大的改变。

爱国者的声音

史量才开始办报时,还不具有明确的新闻救国的思想,他是以实业来办报的,意图以实业救国。他办报以赢利为主导思想,政治态度比较保守,经常采用光报道不评论的方式。当遇到当局的红灯时,他常常采取躲避的行为,尽量避开政治大事,或者说一些模棱两可的话,让读者不知所云。

1931年之前,史量才具有两面性:一方面,他促使《申报》走向现代化道路,加强了新闻性,并聘请了来自国内外的大量专职、兼职通讯员,以多种形式展示民国时期的风云变幻,激起读者的关注。他还重用黄远生、邵飘萍等目光犀利的记者,发表一些令世人瞩目的时局报道。正因为这样,《申报》受到了广大读者的欢迎。而另一方面,史量才又生怕自己的事业受到当局及外国势力的摧残,为求生存,也作了一些违心的不真实的报道。例如,在"五卅惨案"后,《申报》竟然刊出公共租界工部局恶意攻击中国人民爱国反帝运动的《诚言》第一期,引起中国各界人士的极大愤慨,革命报刊严厉批评《申报》为"帝国主义走狗的机关报",呼吁人们不要订阅此报。史量才虽然意识到自己的错误,在《申报》上刊出道歉启事,并在原来刊登《诚言》的地方登出《辟诚言》一文,还自愿捐助银币,支持工人群众。但这一事件,还是暴露了史量才的局限性和软弱性。

"九·一八"事变发生后,史量才突破了以往的局限,勇敢地站了出来,成为要求抗战、反对内战、正视危机、要求进步的爱国人士,《申报》也因此换了一个天地。

"九·一八"事变爆发的第二天,《申报》就以自己采写的47条电讯和"日军大举侵略东省"等为题,详细报道了事变的真相,指出日本侵略的性质。接着在9月23日,又针对南京政府的不抵抗政策,及时发表题为《国人乎速猛醒奋起》的时评,要求南京政府"应为维护国家维护民族,而作自卫之背城战"。当年12月,全国各地学生组成抗日请愿团齐聚南京,向南京政府举行爱国示威,受到血腥镇压。《申报》不顾最高当局的禁令,向全国真实报道了27日发生的珍珠桥惨案真相,并发表评论文章,支持学生的爱国运动。

国难当头之际,史量才积极投入到爱国的洪流之中,他经常参加集会,与各界人士商讨反日对策,参加抗日救国的社会活动。他被增选为上海抗日救国委员会委员,负责主持国际宣传委员会和检查奸商偷售日货行为。在日本步步紧逼、谋占上海,而上海市政府按照南京政府旨意步步退让之际,史量才邀集20余名社会名士,在他的住宅成立"壬申俱乐部",每周举行一次集会,讨论抗日对策。他多次向上海市长吴铁城提出准备自卫的建议,但均未受到采纳。

1932年1月28日,"一·二八"事件爆发,日军进攻上海。十九路军将领蒋光鼐、蔡廷锴不顾国民党政府的命令,率领将士奋起抵抗。史量才全力支持十九路军的爱国行为,为他们声援助威。1月29日,《申报》发表时评,呼吁中国民众,面对日本的步步紧逼,必须起来作正当防卫。1月30日、31日,陶行知执笔,为《申报》撰写《敬告国民》和《国家的军队》两篇时评,指出此次的上海之战是全民族的生死之战,十九路军是国民自己的军队,应对它负起完全责任,号召全国军队举起爱国旗帜,踏着十九路军的血迹,收复已失的河山。

1月30日,淞沪抗战的第三天,史量才发起组织了支持十九路军

史量才:"人有人格,报有报格"

抗战的"上海市民地方维持会"。成立会上,史量才慷慨陈词:"事已至此,伸头一刀,缩头一刀,我年近花甲,行将就木,他无所求,但愿生前不做亡国奴,死后不做亡国鬼耳!"史量才的言行深深激励了大家,他被众人推选为会长。

维持会成立后,史量才和维持会理事共同捐献巨款,资助中国红十字会组建伤兵医院,组织难民收容所,发动各界各阶层民众支援十九路军,收到各界捐款达93万元。史量才和他经营的《申报》在这一时刻,代表了一种正义的力量,得到了大多数中国人的支持。当宋庆龄在杨杏佛的陪同下与史量才商谈十九路军的军饷时,史量才很快将《申报》准备购买纸张的7万美元兑换成银元捐给十九路军。他还跟宋庆龄、杨杏佛一起研究战局,向国民党政府提出好的建议,但当局根本不理,并且进一步采取了妥协退让的行为。1932年3月1日,日军在太仓浏河大规模登陆,十九路军被迫撤离淞沪,国民党政府不顾民意,与日本签订了丧权辱国的《淞沪停战协定》。史量才对此很不理解。

自始至终,史量才坚持抗战,反对内战。十九路军撤退,《申报》发表时评,疾呼:"我军以敌重兵压迫,后援不至,已全线退却。国人乎,今日之事,吾人为救国计,惟有继续奋斗而已。复何言,复何言!"又强烈地呼吁:"吾人惟有继续作艰难而持久之奋斗,毋灰心,毋气馁。吾人如能具持久抵抗之决心,则更大更光荣之历史,终当在吾人热血溅洒之下,展开于世人之眼前",并将言论的矛头直接指向国民党政府,称:"倘若今后政府仍不能下最后之决心,以民意为依归,则政府自弃于人民,断不为人民所拥护,断无久存之可能。"

在这个关键时刻,史量才和《申报》写下了光彩的一笔。

人生本不苍凉

奋勇前行争自由

鉴于史量才的声望及社会影响,国民党曾多方拉拢过他。然而,自"九·一八"事变后,史量才对国民党的内战政策产生了强烈的不满。1932年3月,国民党政府为应付舆论,召开掩人耳目的"国难会议"。主持筹备会议的汪精卫表示,会议将以讨论御侮、救灾、绥靖为范围,广泛征求各界的意见。史量才也被南京政府聘为出席会议的成员之一。史量才坚定地表明自己的立场,与马相伯等66名会员联合致电国民党政府,声明不参加会议。接着,4月1日的《申报》还刊登时评,揭露"国难会议,一言以蔽之,不过为敷衍人民之一种手段,吾人是否应重视斯会,被征聘之诸君子是否甘为傀儡,其三思"。时评发表后,又有多人声明不参加此会。结果,原聘会员500人,真正到会的只有百余人。

国难会议后,国民党政府继续就一些议案向史量才等人疏通,史量才不改初衷,坚决反对国民党的"绥靖"政策。《申报》也继续发表时评,批判国民党的有关政策,抨击蒋介石"攘外必先安内"的方针,以至于国民党报纸纷纷攻击《申报》"不明是非,思想左倾,为共产党效力"。

1932年6月,蒋介石纠集60万军队,对鄂豫皖革命根据地发动第四次"围剿"。史量才与宋庆龄、杨杏佛、陶行知、黄炎培等人士商谈后,决定由陶行知撰写时评,明确表明《申报》反内战的立场。6月30日、7月2日、7月4日,《申报》刊出了陶行知的三篇时评,分别为《剿匪与造匪》、《再论剿匪与造匪》、《三论剿匪与造匪》,深刻揭露了国民党名为剿匪,实为剿民,这种不将枪口对外、反将枪口对内连续

史量才:"人有人格,报有报格"

剿杀人民的战争,后果非常严重。文章称:"今日之所谓匪者,与其谓由共产党政治主张之煽惑,毋宁谓为由于政治之压迫与生计之驱使。政治如不改革,民生如不安定,则虽无共产党煽惑,紊乱终不可免。"这样的时评引起了国民党的震怒,后来由蒋介石亲自批示:"《申报》禁止邮递",使《申报》面临危机。而《申报》的时评,蒋介石本来是没有看到的,他之所以能够得知,与国民党中央党部秘书长朱家骅的告发有关。而朱家骅之所以告发《申报》,又与"中大殴段学潮"有关。

朱家骅原为南京中央大学校长,在职期间因积欠学校经费达半年之久,引起了师生们的不满。但由于朱善于迎合上级,后不降反升,被改任教育部部长。中大校长一职因此虚悬。1932年6月,朱家骅提请行政院简派教育部政务次长段锡朋兼代中大校长。段锡朋是一官僚政客,根本不是校长的合格人选,中大的学生因此非常反感。等段锡朋到校后,不少学生一起来到校长室,向段当面质询。段锡朋摆起了官僚架子,申斥学生,甚至动手捉拿为首的学生。段的举动激怒了学生,学生们群起而打之,段多处受伤。此后,朱家骅和段锡朋立即将此事报告行政院,行政院当天就决定命令解散中央大学,并先后逮捕了60余名学生。

中大风潮发生的当晚,教育部电话邀请南京各报记者到部,分散油印稿件一份,要求各位记者照此稿拍发中大殴段学潮新闻。他们的目的很清楚,就是要掩盖事实真相。然而,《申报》却于7月1日刊登了钱芝生的《中大风潮原因》,"说明学潮的起因由于中大经费积欠甚巨,开学时教职员只领到月薪三成。学生因在沪战后筹款不易,应缴各费请由教授担保,分期缴清,先准注册上课,而朱家骅予以拒绝。以后师生请求拨英庚款利息为中大基金,而朱为英庚款董事长,又予以批驳,加之朱接任之始,以整饬学风为名,曾几次开除学生多名。

人生本不苍凉

平时对学生的请求,也总批驳不准。因此师生对朱极为不满……朱辞职离校后,学生又检举朱挪用水灾捐款3万余元,发给随朱去职的教职员薪金,呈请限朱即期归还,并撤职(教育部长职)查办。因此,师生和朱双方结怨甚深。后来政府决议以教次段锡朋兼代校长。学生认为段是朱的替身,所以加之殴辱,也是对朱积怨的发泄"(钱芝生:《史量才被暗杀案真相》)。在文中,钱芝生还真实报道:由于段锡朋接事时的态度恶劣,所以激起了学生的愤怒而被殴打。

此文一出,无异于揭露了朱家骅的真实面目,引起了他对《申报》的仇恨。所以,当他发现《申报》中陶行知的文章时,马上向蒋介石告发。

蒋介石看后大发雷霆,迅速采取了高压政策。

蒋介石为什么会这样呢?马荫良的文章透露了这样的细节:

> 事后有人告诉史量才:"你在4月间批评国难会议,拆国难会议的台,直接对付汪精卫,蒋可诿称不知,同时由于蒋汪间的矛盾,对蒋并无不利。你对蒋批评也可以,但7月的批评,公然和蒋的'剿匪'政策唱反调。蒋以反共起家,以武力为统治基础,刺他要害,哪能不引起忌恨?哪能不动火?"史答:"我父经营中药商业,讲信实,行直道。我经营新闻事业,岂能不讲信实,不行直道?我父临终时,恐我遇到有人作难,不惜委曲求全,陷入歧途,执手以行直为嘱。《申报》有十余万读者,我岂能昧着良心,不讲事实,欺骗读者?现在《申报》得人信任,是由许多朋友们协助而来,我岂能负我朋友?《申报》产业属我个人,玉碎我也自愿。苟且取巧,我素耻恶。"

史量才:"人有人格,报有报格"

1932年8月间,上海警备司令部按照蒋介石的命令,禁止《申报》邮递。史量才对此非常愤怒,意欲披露此事,后在宋庆龄等人的劝说下,决定想办法周旋疏通,尽快使《申报》继续运转起来。几经周折,蒋介石最后终于提出《申报》恢复邮递的三个条件:(一)《申报》时评要改变态度;(二)撤换总编辑陈彬龢,陶行知、黄炎培离开《申报》;(三)国民党派员指导《申报》的编辑和发行。对此,史量才表示,时评的态度可以缓和;总编辑陈彬龢自愿辞职;黄炎培是自己的朋友,不担任实职,由于生计,每月送一点钱,实际上不到报馆办公,也不负任何实际责任,希望不动;陶行知不是报馆的人,他的文章属投稿性质,以后可不再续登。但是,史量才坚决不同意国民党中宣部派人指导,认为《申报》是自力更生的报纸,从来没拿过政府的一点补贴,倘若政府硬要派人,《申报》宁可停刊。蒋介石无可奈何,只好允许《申报》恢复邮递。这样,《申报》在被禁邮达35天之后,再次与广大读者见面。史量才并不因此改变他的爱国主张,仍然奋勇前行。

为"人格""报格"而牺牲

许多《申报》同仁都记得史量才常说的话:"人有人格,报有报格,国有国格。"

在原则问题上,史量才不会因强权的压制而退让。正如他对言论自由有一种执着的信念一样。当时,史量才力排众议延请黎烈文为《申报》副刊《自由谈》主编,黎又广邀进步作家为《自由谈》撰文,鲁迅、茅盾、巴金等人都常有文章发表。光是鲁迅,从1933年1月到1934年8月,就以各种笔名在《申报》发表140余篇战斗杂文。对此,国民党在上海的头目吴醒目等人采取各种手法,想要让史量才撤换黎烈文。史量才直截了当地答复:"感谢诸公为《自由谈》赐教。不过,我想诸公也未必愿将自由谈变为不自由谈吧。"

1931年11月,蒋介石暗杀了国民党左派领袖邓演达,此事内幕被宋庆龄获知后,非常愤怒,以"民权保障同盟会"的名义起草了一份英文宣言,谴责蒋介石的罪恶行径。该英文宣言由杨杏佛译成中文后,派人密送到史量才手中,希望设法公开发表。史量才为此积极行动,虽未在《申报》发表,但通过他的关系,宣言得以在某通讯社的刊物上登出。蒋介石对此怀恨在心,决议杀害杨杏佛与史量才。1933年,杨杏佛遇刺,史量才成为下一个刺杀对象。

史量才早将生死置之度外。1932年12月,宋庆龄等人组织了"中国民权保障同盟",史量才不仅派《申报》原来的总编辑陈彬龢、记者钱华参加同盟,出任总会和分会执行委员,他本人也以记者身份参加了同盟会举行的记者招待会。在发言中,史量才表示坚决拥护同盟的政治主张,反对南京政府侵犯言论出版自由、非法迫害进步人士等行径,号召新闻界同仁与同盟携起手来,共同战斗。

此后,史量才和《申报》不顾南京政府的种种禁令,如实报道"同盟"的宣言、电函以及各个时期的活动情况。史量才这种旗帜鲜明的态度,受到了各界爱国人士的尊敬,而国民党政府将他视为眼中钉,决意要铲除他。

1934年夏秋之际,蒋介石正式将暗杀史量才的任务交给特务头子戴笠。戴笠原本打算在上海租界动手,但没有找到合适的机会。后来,他们得知史量才将于1934年10月去杭州休憩,于是将暗杀地点定在沪杭途中的海宁境内。

10月6日,史量才赴杭休养。11月13日午后1点钟,史量才乘自备汽车,沿沪杭公路返回上海。与他同车的还有夫人、儿子咏赓、

史量才:"人有人格,报有报格"

内侄女,以及咏赓的同学邓祖询,另加司机,共有6人。下午3点钟左右,汽车来到了海宁附近的翁家埠。这时,车前突然出现一辆京字72号汽车,挡住去路。接着,数名匪徒从车上跳下,用枪将司机及邓祖询先后打死。史量才等人见势不妙,迅速下车躲避。史夫人下车时跌伤,内侄女也在奔跑中被飞弹击中。只有史量才与咏赓继续奔逃,匪徒则在后面紧追不舍。史量才后来逃入一个茅屋,再由后门逃出,然而因不识路径,只好避匿于一个干涸的小塘内,不料被路上的匪徒发现,上前开枪,一弹穿过两耳,史量才倒在血泊中,咏赓也在竭力奔逃,虽有3个匪徒追击,打出子弹达20多发,但均未射中,最后,匪徒子弹告罄,便迅速离去,咏赓得以保命。

史量才之死,使中国新闻界失去了一个领袖级的"民众喉舌",不仅是中国之巨大损失,也是世界舆论界的损失。苏联驻华代办司大使得到消息后,马上发出快邮:"史总理乃中国舆论界之硕彦,哲人不寿,实为人类社会大之损失,史总理向努力中苏两大民族友谊之巩固。噩耗传来,不胜哀悼!"德国驻沪总领事也郑重表示:"量才先生品学兼优,万众共仰……尤深悲悼!"《上海泰晤士报》称:"史君于国家生活上有伟大之贡献,中国报界目为领袖,许多外人亦视为'中国之北岩勋爵',报界失此人才,尤甚扼腕……"中国各界为史量才举办了隆重的追悼会,公祭其为"国之精英,人之俊杰,……克展功业,国家社会,获福无数。言论救国,佛儒治心,哲理提倡,教育经营,权衡经济,拯救灾民。荦荦大端,非可言罄,保安良哲,惠迪生民,年甫逾艾,革故鼎新。忽遭阻击,陨我元衡,伤及同舆,惨不忍闻。呜呼史公……"无数的人表示,要继承史量才的遗志,"永远维持其事业于不敝"。

这些事实再次证明,舆论自由或会在统治者的政治高压下受到打击,但无论统治者有多大的能量,正当之舆论自由永远无法从人类的内心抹去。相反,随着文明程度的提高,舆论自由之光芒愈发展现其无可动摇之力量!

主要参考资料:

冯亚雄:《〈申报〉与史量才》,出自《文史资料选辑》第17辑,中国文史出版社,1999年。

钱芝生:《史量才被暗杀真相》,出自《文史资料选辑》第18辑,中国文史出版社,1999年。

沈　醉:《杨杏佛、史量才被暗杀的经过》,出自《文史资料选辑》第37辑,中国文史出版社,1999年。

《本报总理史量才先生噩耗》,上海《申报》,1934年11月4日。

《本报史总理遗体昨运沪》,上海《申报》,1934年11月15日。

徐铸成:《报海旧闻》,上海人民出版社,1981年。

李文绚:《报章血痕》,福建人民出版社,1999年。

庞荣棣:《申报魂:中国报业泰斗史量才图文珍集》,上海远东出版社,2008年。

张建安:《史量才被刺案》,出自《民国大案》,群众出版社,2002年。

杜重远与新生事件

岁月流逝,几十年如一瞬间,而留在记忆深处那些忘不了的往事,一旦因一些物件的触动而想起,又总是那么鲜活。

直到现在,杜重远的儿女们仍深深怀念早已逝去的父亲。杜毅、杜颖在《梧桐·老宅·尘封的记忆》一文中写道:"一幢占地6亩、建筑面积1200多平方米,地中海风格的花园洋房,静静地伫立在上海淮海中路闹中取静的地段。沿街是高高的围墙,东西两个相距十余丈的黑色盘花大铁门,紧紧关闭,很少有人出入。2006年12月,杜重远上海故居揭碑仪式在此举行,老宅打开了记忆的大门。"

这一老宅,便是爱国人士杜重远当年生活的地方。

这座老宅,也见证了发生在1935年由《闲话皇帝》引发的新生事件。

杜重远一生的命运因这一事件而发生巨大的改变……

"数十万读者的精神食粮不能中断"

杜重远,1899年出生于吉林怀德,早年曾留学日本,在东京工业学校学习窑瓷业。1923年,杜重远抱着实业救国的理想回到祖国,在奉天创立了第一座机制陶厂——肇新窑业公司。经过几年的经营,肇新成为拥有近百万资产、上千名职工的大厂。而杜重远本人,

人生本不苍凉

不仅是一位爱国的实业家,而且是一位杰出的社会活动家。1927年,他被推举为奉天省总商会副会长,积极发动和组织群众,开展抵制日货、反抗日本侵略的活动。在各种活动中,杜重远渐渐成为众所周知的爱国人士。当时,肇新的许多职工都订阅了邹韬奋主编的《生活》周刊,杜重远也是《生活》的热心读者。

1931年东北沦陷后,杜重远切身地感受到"亡国之痛",乔装逃到北平,奋力投身于抗日救亡运动当中。不久,他又去上海发动群众,为抗战募捐。在上海,他结识了邹韬奋,二人成为志同道合的朋友。杜重远被聘为《生活》周刊的特约通讯员,一边继续奔走各地,宣传抗日救亡思想,一边拿起笔来,开始从事新闻工作。

杜重远(1899—1944)

《生活》周刊原本是提倡个人修养和职业道德的,但随着时局的变化,周刊的主题逐步转到时事政治,大力宣传抗日救亡。这一转变,使国民党当局深为不满,时刻监视着周刊的动向。1933年11月,《生活》周刊发表了胡愈之撰写的《民众自己起来吧!》一文,引起国民党的仇视,《生活》周刊被查封。

查封之时,邹韬奋正在国外。杜重远挺身而出,认为"数十万读者的精神食粮不能中断",文化出版的自由权力不容剥夺,于是以实业家的身份,向国民党政府登记注册,创立《新生》周刊。之所以命名为"新生",是因为周刊要继承和发扬《生活》周刊的精神,要成为"产

生新时代的一枚催生针"。杜重远自任该刊的编辑兼发行人,并率先发表了一篇激励国人奋起的"发刊词",称:

> 正因记者自身经历了亡国的痛苦,所以有向全国民众呼号呐喊的权利与必要。中国国家到了这步田地,不是几个能争善战的军事家,抵抗了一个多月,就可以挽回劫运;也不是几个雄才多辩的外交家,几次的折冲樽俎,就可以解决国际纠纷;更不是几个流氓式的学者,马路上的政客,东拉西扯,抄袭一些新主义,挂起一块空招牌,就能把四万万五千万人,拯之于水火,登之于衽席。在现在必须使大多数民众,对于中国民族的地位,帝国主义的侵略,有深刻的了解,对于民众自身的任务与前途,有切实的认识,方能鼓起民族的勇气和决心。这样便是记者和友人创办本刊的动机。
>
> 现在本刊特郑重宣告:
> (一)本刊的宗旨是光明正大的,为求民族生存而奋斗;
> (二)本刊的态度是无偏无党的,站在一般民众的立场;
> (三)本刊的内容是深入浅出的,期成培养新知的园地。
> 总之,本刊不顾艰困,不辞劳瘁,愿与读者诸君,共同努力,以求实现中国民族的新生。在创刊之初,本刊谨以此自誓。

1934年2月创办的《新生》周刊,工作人员基本上是《生活》周刊的旧班底。协助杜重远担任编辑工作的中坚是艾寒松。此人于1930年复旦大学毕业后便到《生活》周刊社工作,初为总务主任,后负责编辑事务。而远在国外的邹韬奋也在《新生》上继续写海外通讯《萍踪寄语》,并代约旅外友人撰稿。杜重远则在每期刊物的首页开辟"老实话"专栏,以悲愤的爱国激情勇敢地揭露日本人的侵华阴谋和南京政府的卖国行径……《新生》实际上重新拿起了《生活》的火炬,在黑暗中发射出耀眼的光芒。这自然引起国民党当局的不满,他们扬言:"老实话不要说得太老实了吧,当心得罪了洋人,触犯了权贵。"

《新生》周刊在受到国民党政府不满的同时,却因为爱国爱民、伸张正义、除旧布新等精神,受到了广大读者的欢迎,发行量达10万份之多。1935年5月4日,《闲话皇帝》一问在《新生》周刊第2卷第15期发表,顿时激起轩然大波。

《闲话皇帝》得以刊出

《闲话皇帝》是一篇泛论古今中外君主制度的杂谈,作者署名为易水,实则就是《新生》编辑艾寒松。题目为"闲话",其实还是有针对性的。

文章首先提出问题:如今英国、意大利、日本、南斯拉夫、暹罗都有皇帝,是过时的古董,但是,各国为什么仍要保存它,不把它送到博物馆呢?

接着,文章就这一问题展开论述:"这自然是有它存在的道理的。现在的皇帝可是大不同从前的皇帝了。从前的皇帝,能干点的,真是一日万机,忙得个不得了,权威当然也是高于一切,'君要臣死,臣不得不死。'就是糊涂一点的皇帝,三天两天的朝是要坐的,大大小小的事情还要问他一下,方才敢做。现在的皇帝呢?他们差不多都是有名无实的了,这就是说,他们拥有皇帝的名儿,却没有皇帝的实权。就我们所知道的,日本的天皇,是一个生物学家,对于做皇帝,因为世袭的关系，他不得不做。一切的事，虽也奉天皇的名义而行，其实早做不得主。接见外宾的时候，用得着天皇；阅兵的时候，用得着天皇；举行什么大典礼的时候，用得着天皇；此外，天皇便被人们忘记了。日本的军部，资产阶级，是日本的真正统治者。上面已经说过，现在日本的天皇，是一位喜欢研究生物学的，假使他不是做着皇帝，常有许许多多不相干的事来寻着他，他的生物学上的成就，也许比现在还要多些。据说他已在生物学上发明了很多东西，在学术上这是一个很大的损失。然而目下的日本，却是舍不得丢掉天皇的这一个古董。自然，对于现阶段的日本的统治上，是有很大的帮助的。这就是企图用天皇来缓和一切内部各阶层的冲突，和掩饰一部分人的罪恶。"

文章也对其他各国的皇帝进行评论："意大利与大英帝国内的皇帝所尽的作用也是这样。在意大利，平日我们知道墨索里尼是意大利的独裁者，意大利皇帝的消息，报上是不大看见的。大英帝国呢，除了去年英国皇子结婚，轰动热闹了一下，使我们知道英国还有皇帝，平常日子，皇帝只好深居宫中，有时候看看戏或打打猎罢了。名义上，他是印度的皇帝，加拿大的皇帝，澳洲的皇帝及英伦三岛的皇帝，总称为大不列颠联合王国的皇帝，这是多么尊荣的一个名称啊！但英国人却老实不客气的把他们的皇帝当作一种高贵的装饰品，也许还有一点保存古董的意思，并不像日本那样将天皇捧得神圣不可侵犯。不过事实上其为现代真正统治者傀儡之一。所以我们称现在各国的皇帝叫做傀儡皇帝，倒是名副其实。"

或许，下面的论述才是作者最想说的，他写道："在现今的皇帝中，最可怜的，恐怕要数到伪满洲国的伪皇帝溥仪了。做现在的皇帝，本就等于傀儡，而溥仪更是傀儡的傀儡，自然益加感到做皇帝的悲哀，如同所有的末路皇帝一样吧了。"

人生本不苍凉

本文的论述有根有据,在闲谈的口吻中运用着嘲讽的笔法,但它毕竟仍是一种杂谈,没有什么火药味,因此,文章通过了国民党中央宣传委员会图书杂志审查委员会(简称"图审会")的审查。这也是一个关键之处。

按照规定,《新生》周刊的全部稿件在出版之前,均要送交图审会审查,《闲话皇帝》自然也不能幸免。图审会成立于1934年仲春,设在上海,是国民党当局用来禁锢社会舆论、加强文化压制的机构。它的主要工作就是接受各书店、杂志社有关文艺、社会科学书刊原稿的审查。许多宣传进步的书籍、文章,便因此被图审会扼杀,不能够出版发行。鲁迅的《二心集》起初遭禁,后来经书店努力而获得"释放",却发现里面的内容已被删去了三分之二以上。他的《集外集》也被删去了10篇文章,才准许公开面世。鲁迅因此十分愤怒,在给友人的书信中提及此事,说:"近来有了检查会,好的作品,除自印之外,是不能出版的,如果要书店印,就得先审查,删改一通,弄得不成样子,像一个人被拆去了骨头一样。""大约凡是主张改革的文章,现在几乎不能发表,甚至于还带累刊物。所以在日报上,我已经没有发表的地方……黑暗之极,无理可说,我自有生以来,第一次遇见。"就在这样的情况下,《闲话皇帝》得以刊出,也算一种侥幸了。

当时,图审会的审查员张增益看过《闲话皇帝》后,觉得内容涉及到日本天皇,不敢随意定夺,于是请示审查组长朱子爽,朱认为文章虽提到日本天皇,但只是推重他的科研成就,没有违反审查标准,决定予以放行。二人在文稿上加盖了"审查讫"的图章,并签出了准许这一期《新生》刊行的审字一五三六号审查证。此后,《新生》还经过送刊复审,经过南京中宣会终审,均顺利通过。《闲话皇帝》就此公开出现在读者眼前。

嫁祸于人的公诉

就在《闲话皇帝》刊出的第二天，也就是1935年5月5日，出人意料的事情发生了。上海的日文报纸故意危言耸听，以头条新闻登载消息，言《新生》周刊"侮辱天皇"。接着，在上海日本侨民聚居的虹口文监师路（现塘沽路）和虹口公园一带，又发生了日本浪人示威游行的事件，北四川路上中国人所开商店的大橱窗多处被打碎。租界当局闻讯予以干涉，临时戒严，形势十分紧张。

6月7日，日本驻沪总领事突然造访上海市长吴铁城，交出一份照会，里面附有一本刊载《闲话皇帝》的《新生》周刊。他以"侮辱天皇，妨碍邦交"为由，声色俱厉地指斥《闲话皇帝》一文是对日本天皇的大不敬，已引起日本民众和旅沪日侨的极大愤怒，事态非常严重，要求查禁该刊，惩办刊物的负责人和文章作者，等等。吴铁城唯唯诺诺，一边道歉，一边申明一定查办。

6月10日，国民党政府下达一道"敦睦邦交令"，规定"凡以文字图画或演说为反日宣传者，处以妨害邦交罪"。此命令显然与《新生》事件有关。

6月24日，日本驻沪总领事再次为《新生》问题向上海市政府提出多种要求，主要有：一、必须于当天封闭《新生》周刊社。他们要在市政府得到回音，否则不走。二、没收该刊第2卷第15期并禁止其他报刊杂志转载《闲话皇帝》一文；三、必须惩办该刊编者杜重远和作者易水，并要法律起诉；四、上海中央图书杂志审查委员会对该刊出版也负有责任，必须惩办；五、要求南京国民政府正式道歉，并保证将来不再发生类似事件；六、禁止侮辱满洲国。

人生本不苍凉

国民党当局对这些要求一一照办,《新生》周刊社当天被封闭,上海市政府公开向日本政府道歉,上海市公安局长被撤换,图书杂志审查委员会上海分会被取消,杜重远自然也受到了公诉。

7月7日,国民党中央宣传委员会通电全国,要求各省市党部严密取缔同类事情,电文称:"本年五月上海《新生》周刊刊载对日本皇室不敬文字,引起反感,按日本国体,以万世一系著称于世,其国民对于元首皇室之尊崇,有非世人所能想象者,记载评论,稍有不慎,动足伤日本国民之感情。一年以来,本会曾迭次告诫,所幸尚能恪守,不意该《新生》周刊有此意外之记载,除业经另案处分外,并为防止将来再有同样事情发生起见,兹特再行切实告诫,着即转饬当地出版界及各报社、通讯社,嗣后对于此类记载或评论,务须实行防止。再关于取缔反日运动,中央迭经告诫,应遵照本年六月十日国府明令,转告各级党部同志,并随时劝导人民,切实遵守,是为至要。"

在中国发生新生事件时,美国也发生了一件类似的事件,但处理方式截然不同。美国《时髦社会》(Vanity Fair)杂志刊登了画家格罗泊的一幅讽刺画,画面是日本天皇拖了一架炮车,车上载着标有"诺贝尔和平奖"的证书。意思十分明显,就是嘲讽日本人是挂羊头卖狗肉的侵略者。日本外务省因此向美国政府提出抗议,认为漫画蓄意侮辱天皇。美国政府对此根本不理,声称自己对出版物不负任何责任。画家格罗泊也坦然宣称:"我的画本来就是批判日本军国主义的,日本人反感,本人一概不管。"日本人对此无可奈何,只好不了了之。然而,南京政府却在处理新生事件的同时,主动通令全国海关,禁止美国的《时髦社会》入境。那么,南京政府为什么会如此惧怕日本人?这有其当时的政治、社会背景。

1931年"九·一八"事变,日本强占沈阳。在蒋介石"绝对不抵抗"的政策下，东北迅速沦于敌手。1932年1月，上海抗战爆发，十九路军英勇抗日，但得不到蒋介石的支持。1932年，日军进逼热河，不久，热河弃守。紧接着，《塘沽协定》签订，实际上承认了日本对东北三省及热河的占领，并将华北置于日军监控之中。蒋介石当时的方针是："攘外必先安内，统一方能御辱"，将共产党和红军看作他最大的敌人，一心想全力剿灭，而对日本军队则一味妥协。日本人得寸进尺，于1935年将侵略魔爪伸向华北，并向国民党政府施加压力。当日方发现《闲话皇帝》后，故意小题大做，企图在舆论宣传上压制南京政府。

上海驻日总领事石射猪太郎在与上海市长吴铁城交涉时，曾气势汹汹地质问："《新生》周刊刊载了对我国天皇的不敬文字，为什么还取得了贵国中央宣传委员会图书杂志审查委员会所发的审查证？贵国政府总是说要敦睦中日两国邦交，为什么还允许这种妨害两国邦交的文字发表和流传？这是不是想要排日？"这令国民党政府十分恐慌。

此时，国民党政府最想做的是如何推卸责任，嫁祸于人。他们的如意算盘是将一切责任推到杜重远及《新生》周刊社。为此，他们计议：先采取威逼利诱的手段，迫使杜重远就范，交出国民党发下的审查证等相关证据。如果不能如意，即以绑票、暗杀等非常手段让杜重远消失。计议一定，他们马上行动起来。国民党驻上海的文化特务童行白、潘公展、项德言等人，连夜赶到《新生》编辑部，要求交出盖过审查印章的文章清样，企图消灭证据。编辑部人员识破了他们的阴谋，一面推说清样不在编辑部，一面将清样和有关证件秘密放进银行保险箱。无论特务们如何施展伎俩，总是难以达到目的，最后只好悻悻而去。

紧接着，又有国民党大员到上海劝说杜重远要以"爱国"为重，把一切责任担当起来，并提供作者易水的真实姓名及地址；要求把审查证交还销毁，对于已经审查批准一事，要绝对保密，不准泄露丝毫消息，以避免日本帝国主义要国民党政府负责。

对此，杜重远给予坚决地回绝，他表示：《闲话皇帝》是按照政府规定程序通过审查的，盖着"审查讫"图章的原稿仍在，可以为证；当局不应该屈从日方的威胁压制；至于作者易水，因属于自由来稿，作者又没有注明地址，所以无法寻找。如要审判，杜重远愿意代作者受审。

多次交涉均没有效果，国民党有点恼羞成怒，企图采取特别行动。好在此事已闹得国人皆知，广大民众支持杜重远，国民党不敢贸然行事，杜重远躲过一劫。

经过精心筹划，国民党对杜重远提起公诉，但在开庭之前，他们又害怕杜重远拒不出庭，或者在庭上提起稿件是如何经过审查的细节，因此他们又派专人找到杜重远，要求他在法院审理时出庭受审，并且关照他体念时艰，顾全大局，独自承担责任，以免牵连政府，扩大事态。同时，他们还欺骗杜重远，说这只是敷衍日本人，只要不在法庭上提起文章受过审查的事，法庭可以设法只判罚款了事，且所有罚金由国民党党部负担。

杜重远经过慎重考虑，为避免《新生》同人及其他抗日进步人士遭受更大的迫害，他毅然决定出庭。

"《新生》周刊话皇帝，满街争说杜重远"

1935年7月9日上午，江苏高等法院第二分院开庭公审《闲话皇帝》一案。此案早已众所周知，法庭内外挤满了人。据当时报纸报道，除旁听席上座无虚席外，门外尚有三四百人之多。10点钟正式开庭，由该院刑一庭庭长郁华出任审判长，该院首席检察官郑钺提起公诉。被告杜重远西装革履，偕辩护律师吴凯声准时到庭。

首先由检察官陈述起诉内容。郑钺起立后声称：本案为5月4日《新生》周刊第2卷15期《闲话皇帝》一文，诽谤各友邦之元首，其文章对日本皇帝更多侮辱，其作者易水，屡传无着。被告杜重远系该刊编辑兼发行人，并不指出作者地址，应由杜重远负全责。经上海市公安局请求后，本检察官特依照新刑法第310条第1项"意图散布于众而指摘或传述足以毁损他人名誉之事者，为诽谤罪，处一年以下有期徒刑拘役，或500元以下罚金。散布文字图书，犯前项之罪者，处两年以下有期徒刑拘役，或1000元以下罚金"，新刑法第116条，"对于友邦元首或派至中华民国之外国代表犯故意伤害罪，妨害自由罪，或妨害名誉罪者，得加重其刑三分之一"，提起公诉。

接下来是庭长郁华讯问杜重远。他首先讯问了《新生》周刊是否由杜重远主办，办有多久，是否由他自己编辑等问题。然后问："《新生》周刊本年5月4日出版第2卷第15期，《闲话皇帝》一文是你编的吗？"杜重远回答："不是的。因为本年4月初我到江西去办陶业。"辩护律师吴凯声将杜重远于4月8日由江西寄来的信件呈堂作证。郁华又问："你说不是你编的，是什么人编的？"杜重远答："我委托陈某代编的。"问："《闲话皇帝》这篇文字稿子，事前你看到否？"答："出版之前我没有看到。"问："这篇稿子究竟什么人的呢？"答："是易水。"问："易水你相识否？"答："不相识。"问："易水在什么地方？"答："不知道。"问："为什么写稿子人都不知道在什么地方，就将稿子登出呢？"答："投稿人假使不要酬劳，寄来的稿件，有的不写明通信处。"问："这篇文字内有侮辱日本天皇的语句,你看到了吗?"答:"我在出版以后看过,照我的见解,这篇文字毫无侮辱日本天皇的意思,因为这篇文字分析起来,是学者态度研究各国政治历史。这种小品文,是无聊的作品,可是我对于这种无聊的文字,很不同情。因为一种刊物要有正确主张,我的主张是反对帝国主义,我与日本天皇并无仇怨,我是日本留学生,日本的情形我完全了解,我在日本有老师有朋友,我决不会攻击日本某私人,我要反对的是侵略中国的帝国主义。"

审讯至此,开始法庭辩论。检察官郑钺首先发言,他说:"被告杜重远虽藉口《闲话皇帝》一文是易水所作,但易水在何处,又不能举出,易水是否就是杜重远,姑且不论。被告为《新生》周刊之编辑人兼发行人,应请庭上对于被告依新刑法310条第1项诽谤罪,及同法16条妨害国交罪,加重处刑。"被告律师吴凯声起立答辩,称贵检察官认为《闲话皇帝》稿妨害国交,依照新刑法第310条,旧刑法第325条,新刑法第116条起诉,但被告杜重远,当该期周刊发行之时,适在外埠,此小品文章,被告并未亲自过目,自当不能负责,请依照新刑法第41条,"犯最重本刑为3年以下有期徒刑以下之刑之罪,而受6月以下有期徒刑或拘役之宣告,因身体教育职业或家庭之关系,执行显有困难,得以1元以上3元以下折算1日,易科罚金",第74条"受2年以下有期徒刑拘役或罚金之宣告,而有左列情形之一,认为以暂不执行为适当者,得宣告2年以上5年以下之缓刑,其期间自裁判确定之日起算,第1款未曾受有期徒刑之宣告者"办理。吴律师除提出上述要求外,还当庭提出一辩诉状(以上资料摘自1935年7月12日天津《大公报》)。

从审讯及答辩可以看出,无论法庭、检察官、被告以及被告律师,均有意识地避开了"审查讫"一事。而最后的宣判显然使杜重远有一种受骗的感觉,因为判决并不只是"罚款"了事。

庭长宣判:杜重远犯刑法第 310 条,散布文字,传诉足以毁损他人名誉之事,处有期徒刑 1 年 2 个月。《新生》周刊第 2 卷第 15 期没收。同时宣布:不准上诉,自宣判后,杜重远即由法警执行。

宣判一出,法庭内外顿时群情激奋,民怨沸腾。被告律师吴凯声要求改科罚金,庭上不准。又要求上诉,法官称"环境不许可"。这时候,杜重远忍不住内心的愤怒,大声说:"法律被日本人征服了!我不相信中国还有什么法律!"旁听者也更加愤怒,许多人喊着"打倒卖国贼!爱国无罪!"等口号。在场的日领事馆秘书田中见状大骇,由法警多人护送,仓皇离去。

由于国民党当局早有准备,法庭四周遍布警察。所以秩序虽然大乱,但没有发生大的冲突。

7 月 20 日,杜重远夫人在沈钧儒及上海各大律师事务所的支持下,提出上诉。上诉被驳回,她又写出长达 4000 多字的"抗告书",刊登在国内外重要报纸的头版,舆论哗然,形成"《新生》周刊话皇帝,满街争说杜重远"的局面。

"我所爱之国兮,你到哪里去了?"

新生事件发生后,国民党当局更加变本加厉地压制舆论,实行文网密集的白色恐怖。当年种种高压并不能使人们屈服。上海、南京、北平等地爆发了"抗日无罪,声援杜重远"的大游行。上海各界群众还组织了"新生事件后援团",支持杜重远。上海律师公会也认为"高二分院之判决为失当","呈请司法院予以纠正"。上海《立报》在杜重远被判刑后,首先登出他的照片,并印着"虽在缧绁之中的杜重远",

人生本不苍凉

用意非常明显,在为杜重远鸣冤。

远在美国的邹韬奋闻听此事,悲愤"不能自抑"。著名爱国人士沈钧儒先生从此事看到一个国家的悲哀,愤然写道:

> 我欲入山兮虎豹多,
> 我欲入海兮波涛深,
> 呜呼嘻兮,
> 我所爱之国兮,
> 你到哪里去了,
> 我要去追寻。

鲁迅先生也著文猛烈抨击国民党,嘲讽国民党设立图审会进行文化专制:"如此善政,行了还不到一年,不料竟出了《新生》的《闲话皇帝》事件。大约是受了日本领事的警告罢,那雷厉风行的办法,比对于'反对文字'还要严:立刻该报禁售,该社封门,编辑者杜重远已经自认该稿未经审查,判处徒刑,不准上诉的了,却又革掉了七位审查官,一面又往书店里大搜涉及日本的旧书,墙壁上贴满了'敦睦邦交'的告示。出版家也显出孤苦零丁模样,据说,这'一秉大公'的'中央宣传部图书杂志审查委员会'不见了,拿了稿子,竟走投无路。"

国民党惧外压内的举措,极大地伤害了中国民众的感情,也使其所宣称的法律公平变成令人厌恶的表面文章。这样的政权注定要以失败告终。鲁迅先生一针见血地指出:"快了!一个政权到了对外屈服,对内束手,只知道杀人、放火、禁书、掳钱的时候,离末日也就不远了。"

由于杜重远是东北著名人士,积极支持抗日,因此他被判刑后,在东北军中引起强烈反响,军中将士纷纷以各种名义探监。国民党当局慑于舆论压力,不得不为杜重远单独开了一间特别牢房,供其接待来访人士。

在狱中,杜重远写了不少文章,辑成《狱中杂感》一书。其中,《青年的爱国义愤》一文,写于"一二·九"运动爆发之时,杜重远异常兴奋地讴歌这一伟大的抗日民主运动,认为:"这次学生的运动表面上像激于目前的华北自治,而骨子里却是蕴藏已久的抑郁愤懑啊!"他希望与学生们一道,"鼓起民族的战争"。可以说,新生事件与"一二·九"学生运动相呼应,共同将抗日洪流推向高潮。

《狱中杂感》书影

而《读悼戈公振先生余感》则是一篇"谈死"的文章,文字不多,却明了地体现出杜重远对生死的态度:

> 死有重于泰山,有轻于鸿毛。这是中国的两句老话,意思是说有值得死的,有不值得死的。所以人到了危难的关头,要先量一量分量,然后再下一个死的决心。不过这个分量的轻重也要随着时代和方向而有不同的判断。比方说在封建气味最浓的时期,提倡什么忠君咧,死节咧。一个十七八岁的大姑娘,听说她的未婚夫"呜呼哀哉"了,她连一面还没曾见过,便要服毒殉节。一般亲友们非但不替她可惜,而且还要建碑立坊,大事彰表;像

人生本不苍凉

这种死法,在现在争求男女平等和经济独立的女士们看来,真是一文不值的蠢事。再比方说意大利的黑衫党棍们为的侵略阿国土地,冲锋陷阵,死而无悔;这在黑衫宰相看来,自然是欣赏不已,然而在主张正义的人们看来,简直是一堆死狗!时代和方向若不先弄清楚,呆头呆脑的死去,自己以为是重于泰山,其实还不如一个轻气球。

又有人说,人有死在手上的,有死在脚上的,这话怎讲呢?譬如苏联的列宁和印度的甘地,一生都是求民族的解放,为大众而牺牲,一旦死了,民众必捶胸顿足,惋惜不已,这叫死在脚上。又如帝俄的沙皇和法国的路易十六,他们是专谋一己的私利,摧残民众的魔王,死的时候,民众反鼓掌称庆,这叫死在手上。好友戈公振先生最近欧游归来,拿他几十年的学识经验和几年的海外观察所得,正要为民族解放努力,不料到沪未久,与世长辞,消息传来,中外悲悼,好像几千百个朋友也拉不过他这一条死线似的,其重量虽然不比泰山,也总算是死在人们的脚上了。

每天翻开报纸看看,强敌压境,江河闹灾,为整个的民族设想,死神已经布满了宇内(少数汉奸民贼自然不在此列),就拿上海一个地方而论,有的坠楼自杀,有的服毒自尽,有的全家共死,有的夫妇皆亡,他们在临死的时候,自然顾不到什么泰山鸿毛,更管不了什么手上脚上,在这帝国主义穷凶极恶刀架在颈上的当儿,大家求死不遑,哪里来的活路呢?

可是话又说回来了,我们要想活的出路,必得先有死的决心。与其一个一个的死,一家一家的死,或者一镇一镇的死,何如组织起来,联合起来,大家站在一条战线上,向封建势力而搏斗,向帝国主义而厮杀。我们集四万万个鸿毛堆成一座庄严的泰山,奉劝死在手上的先生们,都来死在脚上吧。

杜重远被关押一年零两个月后出狱。他在狱中及出狱后都与张学良谈过话,其抗日思想对张学良的思想转变起了很大影响。

日本军国主义对杜重远非常仇恨。1938年11月26日深夜,杜重远得到一位日本友人的来电:"日本特务机关已发出密令,追杀杜重远!"杜重远被迫离开上海。他没有应国际友人斯诺和艾黎邀请前往美国,也拒绝了政府的高职聘请,而是抱着"为祖国奠立最后抗战基地"的愿望,远赴新疆。他的夫人也毅然同行,走上那条艰辛而危险的道路。

此后,杜重远创办了新疆学院,宣传新思想,培养抗日人才,继续为国效力。令人痛惜的是,1944年,杜重远被军阀盛世才以莫须有的罪名陷害致死,终年45岁。

主要参考资料:

杜重远:《新生周刊发刊词》,出自《杜重远》,新疆大学出版社,1987年。
杜重远:《谈死》,出自《杜重远》,新疆大学出版社,1987年。
杜重远:《青年的爱国义愤》,出自《杜重远》,新疆大学出版社,1987年。
《新生案判决经过》,天津《大公报》1935年7月12日。
邹韬奋:《经历》,岳麓书社,1999年。
毕云程:《韬奋与生活书店》,出自《韬奋挚友毕云程》,学林出版社,2003年。
严长衍:《〈新生〉周刊事件》,出自《江苏文史资料》第85辑。
陈　煦:《国民党的书刊审查与上海新生事件》,出自《文史资料选辑》第43

人生本不苍凉

辑,中国文史出版社,1999年。

　　杜　毅、杜　颖:《梧桐·老宅·尘封的记忆》,出自《纵横》2007年第10期。

　　张建安:《由〈闲话皇帝〉引发的新生事件》,出自《民国大案》,群众出版社,2002年。

黄炎培:走向"胜利"与"民主"

黄炎培(1878—1965),字任之,江苏川沙(今上海浦东新区)人,中国著名的民主革命家、教育家。

兴办教育:"利居众后,责在人先"

黄炎培的一生与教育事业密不可分。20多岁的时候,黄炎培的老师蔡元培对即将离校的学生说:"中国国民遭到极度痛苦而不知痛苦的由来,没有能站立起来,结合起来,用自力来解除痛苦。你们出校,必须办学校来唤醒民众。"这些话,黄炎培终身不忘,结合自己多年来所看到的山河破碎、国民愚昧的社会现实,他为自己定下了教育救国的宏志。

黄炎培(1878—1965)

1902年,黄炎培首先回到家乡川沙开办新式学堂,试图在晚清封建落后的时局中为中国播下进步的种子。同乡杨斯盛给予大力支持,在学堂缺少经费难以支撑的时候,杨斯盛慷慨捐银300元,使黄炎培的事业柳暗花明。川沙小学堂办得有声有色,黄炎培等人广邀

人生本不苍凉

名流演讲，宣传爱国思想，听者人山人海。但黄炎培等人的进步言论也同时被清政府视为洪水猛兽，黄炎培因此很快被清朝官吏拘捕起来，差点"就地正法"，幸得陆子庄、步惠廉、杨斯盛、佑尼干等中外人士竭力营救，方逃出虎口，又在杨斯盛的资助下亡命日本。这是黄炎培第一次办学，短短半年即告夭折，还招来杀身大祸，但他教育救国之志并为因此稍减。

1904年，黄炎培返回祖国。杨斯盛是一位非常爱国的实业家，早有计划请黄办学，黄炎培因此得杨斯盛之力，大展宏图，先后兴办浦东小学、广明师范讲学所、浦东中学，运用新式教育，广泛传播先进思想，产生深远的影响。杨斯盛于1908年病故，临终前仍不忘教育，对黄炎培说："我早知我校（指浦东中学）基金不够，还想天假余年，学校还应大扩充。我死，你将向哪里募捐呢！现在我勉力凑捐基金十二万两。只望我死后，支撑这校的稍减艰苦。黄先生！你跟各位校董勉力吧！"据黄炎培后来回忆："浦东中学买地筑舍开办费，连同杨先生逝世以前历年经费，约共耗银十二万两。临殁捐基金十二万两，留给遗属，仅得维持生活。……像杨先生真是毁家兴学，一切是为了教育，为了学生，而一丝一毫不是为个人立名。"杨斯盛毁家兴学的义举值得世人称颂，而他把兴学大事重托于黄炎培，正是看到黄炎培是一位真正不为私利以教育救国为己任的可以信赖的人。

后来，黄炎培又创办了东吴大学、河海工程学院、同济大学、暨南大学等学校，为中国培养出无数杰出人才，张闻天、徐特立、华罗庚、范文澜、王淦昌等都是黄炎培的学生。他是真正称得上桃李满天下的。

最值得称道的是黄炎培所办的中华职业教育社。黄炎培曾在中国许多地方进行广泛的考察，发现当时的学生普遍存在一个问题，就

黄炎培:走向"胜利"与"民主"

是理论与实践无法结合起来。学习归学习,却无法运用到实际中。这一致命的弱点极大地影响着教育的发展。黄炎培乃致力于实用教育的传播,写出《学校教育采用实用主义的商榷》、《小学校实用主义表解》等文,开中国实用教育之先河。黄炎培又进一步到国外考察,切身体会到美国职业教育的先进,于是在归国后更加不遗余力地投身于中国教育的改革当中。1917年,中华职业教育社设立;1918年,中华职业教育学校也在上海建立起来。黄炎培在发起创办这两个教育机构的时候,思想非常明确,就是强调"手脑并用,双手万能",重视学以致用,真正达到教育与生活、生活与劳动结合的目的,"使无业者有业,使有业者乐业"。

黄炎培发起成立的中华职业教育会相当成功,从创办一直到全国解放,除在上海创办过中华职业教育学校外,还在重庆、南京、昆明等地开办中华职业学校、中华职业补习学校、中华职业指导所、中华工商专科学校、比乐中学等,并出版《教育与职业》、《生活》等书刊120多种,培养学生3万余名。黄炎培的进步思想也得以在学生中广泛传播,职业教育在全国蔚然成风,为中国走出黑暗逐渐强大发挥了重要的作用。解放后,中华职业教育社受到周恩来等国家领导人的高度重视,得到了更好的发展。

黄炎培创办职业教育几乎也是"白手起家",他本人没有多少经费可以拿出,但他可以筹集资金。著名华侨领袖陈嘉庚等人都愿意慷慨捐赠,鼎力相助,原因就是黄炎培是一个信得过的人。

黄炎培的爱国是有名的,他的会办教育也是有名的,他的勤劳与无私则受到世人的尊敬。其子黄万里回忆:"父亲勤劳一生,远非常人所及。记得幼年见他每天晨8时许出门,夜必11时才回家,从无假日。……他提倡职业教育,设社宣传,凡事则都躬行。例如中华职业学校,是他理想的实验处。……长我们一辈的人大多节约成风,这倒并不稀奇。但我见到我父早年上班总是步行。甚至回川沙老家坐了小船后,还要走一大段路到故居。最后几年,在上海的老友穆藕初先生实在看不过去,送给他一辆自己坐旧了的汽车,父亲才算有车坐了。他在节俭方面对我也有不少影响。"黄方毅是黄炎培的小儿子,他向笔者讲述了他父亲一生食素、勤俭节约的往事,令人十分感佩。

1942年5月8日,黄炎培书赠中华职业教育社同学:"利居众后,责在人先。"这也许正是他办学成功的重要因素,也正是许许多多的爱国实业家愿意助他办学的主要原因所在。

延安之行:寻找一条崭新的救国强国之路

黄炎培也是一位有名的民主革命家。早在1905年7月,他即在蔡元培的影响下加入中国革命同盟会,不久任同盟会上海干事,保管党员名册。辛亥革命前夕,黄炎培又受江苏苏南各县公推到苏州劝江苏巡抚程德全起义。"九·一八"之前,黄炎培在访问日本期间观察到日本图谋侵华的野心,写《黄海环游记》,并在归国后面告蒋介石日本阴谋。"九·一八"事变后,黄炎培更是不遗余力地投身于抗日救国运动,并要求国民党归政于民,积极抗日,主张早日实施宪政。黄炎培还发起创建了我国现在八个民主党派中的两个:中国民主政团同盟与中国民主建国会,并担任中国民主政团同盟第一任主席,担任中国民主建国会主委直至逝世。他一直密切关注着中国的命运,为祖国的民主富强而不懈地努力。只是,从晚清帝国到北洋军阀统治时期再到国民党统治,黄炎培始终难以找到一个真正为国为民的政府,这使他非常失望。直到1945年的延安之行,黄炎培才真正豁

黄炎培:走向"胜利"与"民主"

1945年7月,黄炎培等人访问延安时,毛泽东与黄炎培在机场交谈

然开朗,找到一条崭新的救国强国之路。

当时,抗日战争即将结束,各界人士希望看到一个和平民主的新中国。为促使陷于停顿的国共和谈恢复,应共产党中央和毛泽东主席电邀,黄炎培偕褚辅成、冷遹、章伯钧、傅斯年、左舜生5人飞赴延安。延安短短的5天时间给黄炎培留下深刻的印象,他有机会看到延安朝气蓬勃的景象,更认识了大部分党中央领导同志和高级将领,感受到共产党干部的优秀作风,称:"鼎鼎大名的各位高级将领,外面没有见过的总以为各个都是了不得的猛将,说不尽的多么可怕。哪里知道天天见面谈笑真是故人所说'如坐春风'中。"尤其是与毛泽东主席的直接接触,使黄炎培看到了中国光明的未来。

至今被世人津津乐道的"窑洞对"便产生于此时。黄炎培在《延

人生本不苍凉

安之行》中这样叙述:

有一回,毛泽东问我感想怎样?我答:

我生六十多年,耳闻的不说,所亲眼看到的,真所谓"其兴也浡焉","其亡也忽焉",一人,一家,一团体,一地方,乃至一国,不少单位都没有能跳出这周期率的支配力。大凡初时聚精会神,没有一事不用心,没有一人不卖力,也许那时艰难困苦,只有从万死中觅取一生。既而环境渐渐好转了,精神也就渐渐放下了。有的因为历时长久,自然地惰性发作,由少数演为多数,到风气养成,虽有大力,无法扭转,并且无法补救。也有为了区域一步步扩大了,它的扩大,有的出于自然发展,有的为功业欲所驱使,强求发展,到干部人才渐见竭蹶、艰于应付的时候,环境倒越加复杂起来了,控制力不免趋于薄弱了。一部历史,"政急宦成"的也有,"人亡政息"的也有,"求荣取辱"的也有。总之没有能跳出这周期率。中共诸君从过去到现在,我略略了解的了,就是希望找到一条新路,来跳出这周期率的支配。

毛泽东答:我们已经找到新路,我们能跳出这周期率。这条新路,就是民主。只有让人民来监督政府,政府才不敢松懈。只有人人起来负责,才不会人亡政息。

我想:这话是对的。只有大政方针决之于民众,个人功业欲才不会发生。只有把每一地方的事,公之于每一地方的人,才能使地地得人,人人得事。把民主来打破这周期率,怕是有效的。

在延安,自由民主的氛围感染着黄炎培,振奋的情绪萦绕在黄的心头,令他思绪万千。他还异常高兴地见到了已逝知己邹韬奋的儿子,并在"自发的情感"逼迫下写《韬奋逝世一周年哀词》。他想到好友的去世时热泪流淌,而提到他们为之奋斗的理想即将实现时则情绪高昂,激奋地写道:"虽然,死者已矣,凡我后死,忍忘天职之未酬!今日者,暴敌行将就歼,国事亦将就轨。胜利!胜利!民主!民主!君所大声疾呼者,虽不获见于生前,终将实现于生后。呜呼!韬奋,呜呼!韬奋,死而有知,其又何求。"

延安之行是黄炎培一生最关键的时刻,他看到了希望、胜利与民主!

建国后的变化

黄炎培名声显赫,不少当权者均试图拉拢他,招他做官。袁世凯及北洋政府曾两次电招黄炎培出任教育总长,黄炎培坚辞不就。袁世凯因此很不高兴,有一天说:"江苏人最不好搞,就是八个字:'与官不做,遇事生风'。"蒋介石也曾一再拉拢黄炎培,许以高官,也被黄炎培拒绝。不愿做官是黄炎培一贯的思想。

不过,中华人民共和国成立后,在周恩来两次来家动员后,黄炎培打破了"不做官"的惯例,担任政务院副总理兼轻工业部部长。其子黄大能感到纳闷,问黄炎培:"一生拒不做官,恁地年过七十而做起官来了?"黄炎培向儿子详细讲述了周恩来来家动员的经过,然后严肃地说:"以往坚拒做官是不愿入污泥,今天是中国共产党领导下的人民政府,我做的是人民的官呵!"

此后,黄炎培尽心竭虑为新中国的建设出力,并曾在建国初年上了有名的"万言书",正面指出当时的不足与弊病,其合理建议被毛泽东及中共中央采纳,取得很好的效果。

人生本不苍凉

1965年,黄炎培先生去世。他勤俭一生,没给家人留下多少物质财产,却留下宝贵的精神财富。他的家训是:"理必求真,事必求是,言必守信,行必踏实。事闲勿荒,事繁勿慌,有言必信,无欲则刚。和若春风,肃若秋霜,取象于钱,外圆内方。"在他的影响下,黄家代有人才出。希望黄炎培的子孙们也像黄炎培先生一样,为国,为民,为"胜利",为"民主",多干实事,多办好事!

主要参考资料:

黄炎培:《八十年来——黄炎培自述》,文汇出版社,2000年。
许汉三:《黄炎培年谱》,文史资料出版社,1985年。
黄大能:《傲尽风霜两鬓丝:我的八十年》,中国建材工业出版社,2003年。
黄方毅:《破解历史宿命——纪念毛泽东与黄炎培延安对话60周年》,出自《中国青年报》2005年7月20日《冰点观察》栏目。
赵　诚:《长河孤旅——黄万里九十年人生沧桑》,长江文艺出版社,2004年。

马寅初和他的《农书》

马寅初具有无私无畏、百折不挠的风骨和气度。当举国均在批判他的《新人口论》时,他却毫不动摇地捍卫着真理。在一而再再而三的猛烈冲击下,马寅初从未低下头颅,决不屈从一时的政治压力。他一再声明:"人口问题,在中国是一个极大的问题,如果像现在这样不加控制,任其盲目发展下去,它必将给我们的国家和党带来很大的困难,造成完全被动的局面!这是直接关系到我们党和国家以及民族的前途命运的大事。我已研究并发现了解决

马寅初(1882—1982)

这一问题的办法,我有责任说出来,并坚持到底。为此,我不怕孤立,不怕批斗,在这个问题上,我只考虑国家和真理,从不考虑自己;为了国家和真理,我不怕冷水浇,不怕油锅炸,不怕撤职,坐牢,更不怕死……无论在什么情况下,我都要坚持我的人口理论。"后来的事实

人生本不苍凉

证明，马寅初是对的。

提起马寅初，人们不会不提《新人口论》。可是，有多少人知道，马寅初还著有一套花费他巨大心血的《农书》？整整100多万字，耗费数年光阴，凝聚着马老对中国农业问题的深情关注，更有着无数有价值的真知灼见。

然而，就这样一套巨著，还未面世便遭到了焚毁！而焚毁此书的不是别人，正是马寅初自己。

马寅初为什么要焚毁自己的呕心之作？

是什么促使马寅初做出这样的举动？

我们在为《农书》永远消失而伤痛的同时，也当反思一下当时的情形。

一

1959年12月，北京大学校长、著名经济学家马寅初的处境更加恶劣了。自从他发表《重申我的请求》，进一步表明自己坚持《新人口论》的坚定立场后，康生等人对他的攻击便变本加厉了。学术批判早升级为政治斗争和人身攻击，一夜之间，上万张大字报出现在北大校园，甚至连马寅初住处都贴满了攻击他的大字报。"马寅初不投降，就叫他灭亡！"这样的口号轰响在北大校园，但他仍不妥协。1960年1月3日，马寅初终于被迫辞去北大校长职务，搬离燕南园，来到旧宅院——东总布胡同32号。

不久，马寅初又被免去全国人大常委的职务，不再能公开发表文章。马寅初从此在政治舞台和学术舞台上消失。

宅院内静悄悄的，没有人前来拜访，往日的朋友也不再敢来了。

马寅初和他的《农书》

马寅初东总布胡同寓所

马寅初感到有些失望,但他经历过大风大浪,胸襟开阔、意志坚强,如此的逆境并不能击倒他。他理了理头绪,什么也没说,只是在日记中写道:"大江东流去,永远不回头!往事如烟云,奋力写新书。"

早在20世纪50年代初,马寅初就为自己定下两个研究课题:一是人口论,一是中国农业经济研究。

马寅初的长子马本寅告诉笔者:"父亲对农业非常关注,曾说:'中国有8亿农民,是农业大国,如果农村的生产、生活提高上去,中国也就提上去了。'他非常关心农村建设,在人大期间便经常到农村考察,人口论也是在农村考察时想到的。"如今,人口论的研究告一段落,他将全部心血扑到农业问题的研究上。

1961年春天,马寅初又过起紧张而有规律的生活,开始着手为

人生本不苍凉

《农书》的撰写作准备。

　　他首先将过去已经收集到的湖南、湖北、吉林、海南等地有关农业经济的材料整理出来,认真地翻看着,仔细地琢磨着。每有心得,他便拿起手边的毛笔,认真地写下来。他对农业问题一向关注,因此保存了许多古今中外关于农业的书籍,此时,这些书籍都成了他的宝贝,成为他不断翻阅的对象。他还通过以前的秘书王克宥,从北京大学、北京图书馆借来国内外有关中国农业发展的新资料,随时补充。

　　此时的马寅初,即使写出再好的书稿,都不会有发表的机会。但他已顾不了那么多了,他所想的全是如何建设社会主义农村的问题。他要以拳拳的爱国之心,严谨的治学态度,丰富的经济知识,全新的经济观点,写一部不亚于《齐民要术》、《农政全书》的书籍。他要造福中国!

　　这一时期,由于三届人大会议还未召开,所以马寅初仍保留着二届全国人大代表的资格,还可以人大代表的名义到各地考察。于是,这位已经80岁的倔强的老人,为了《农书》,为了尽一个人民代表的责任,于1962年再一次风尘仆仆地前往浙江的农村调查。虽然此次视察与以往不同,他遭受了不少怠慢和冷落,但他依然认真地一丝不苟地工作着。他深知此次机会的难得,更加分分秒秒地利用着,尽可能多地了解农村的实际情况。

　　他回到了故乡嵊县。此次嵊县之行,马寅初带有非常明确的目的。为了能有好的收获,离京前,马寅初特地给嵊县冯、方二位副县长写了一封信,内容如下:

　　冯、方二位副县长:

　　　　一九六二年一月初出京视察闽浙两省,打算在嵊县居住一星期，以便细细地看一看农村。城东人民公社有一位杨木水先生者，今年五月间，写了两篇关于《六十条》的文章，要求机要厅交给毛主席亲看。十一月间，他把原文抄送了一份给我。我阅后觉得杨先生爱社心切，所言不无可采之处，惜其中有若干问题讲得不甚清楚，理由不甚充分，拟请其与我当面一谈，并请公社其他同志就他的文章发表些意见。请就预先通知杨先生早日准备。我认

1961年，马寅初写给嵊县冯农、方初副县长的信

为这样的会谈不仅能使我更加了解农村的情况，亦可予我一个很好的学习机会。我想先请杨先生来谈，俾我完全了解他的意见，而后再请其他同志参加会谈。城东公社研究后，还要访问其他公社。此外，还要请求两位县长派一速记员帮忙。一切拜托。

顺致

  敬礼，并候

    起居

      马寅初

    一九六一年十二月二十五日

信中提到的杨木水，是嵊县城东区农技站一位蚕桑干部。在多年的农村工作中，他亲眼目睹"五风"所造成的农村衰败现象，认为只有推行包产到户，农民才可以摆脱贫穷。但在当时，包产到户已被批

人生本不苍凉

倒,杨木水深知自己人微言轻,要想推行包产到户,只有上书中央,由毛主席亲自抓方可有效。于是,他冒着风险,写了一篇题为《恢复农村经济的顶好办法是包产到户》的文章,寄给中共中央办公厅,请他们转呈毛主席。然而,过了很长时间,信件如沉大海,没有一点回音。杨木水不甘心,他突然想到马寅初,说不定可以通过这位老乡,将自己的意见转呈毛主席。于是,他又给马寅初写信。不久,他收到马寅初的回信,说要跟他面谈。他非常高兴。

嵊县领导对马寅初的视察非常重视,但又怕马寅初给他们带来麻烦。经过细致研究,他们决定由县委办公室向马寅初汇报全县大好形势,并派一位副县长全程陪同马寅初视察。在马寅初见杨木水之前,县委农工部部长亲自出面找杨木水谈话,说服他千万不要乱说话,尤其不要提嵊县也曾包产到户。

马寅初与杨木水终于见面了。一开始,由于有旁人在场,杨木水显得有些拘谨。马寅初见状,特地请杨木水到自己住的房间单独谈话,这样,两人才有了深谈。

马寅初将杨木水写给他的那份资料拿了出来。杨木水一看,只见上面圈圈杠杠作了许多批注,很显然,眼前这位德高望重的老人对他的材料相当重视。杨木水显得有点激动,兴奋地讲述起自己的观点,列举了包产到户的种种优越性。他认为,包产到户不会改变人民公社的性质,而是适应人民公社当前形势的一种生产管理方式;包产到户可以提高生产力,不仅能增加社会财富,而且能确保办好集体经济;可以采取"管理到队,包产到户,集体收获,统一分配"的具体措施……杨木水侃侃而谈着。

马寅初认真地听着,不时地提出一些问题。他问:"杨先生,你在材料中讲到,很多干部、社员都想包产到户。那么,到底是主张包产

马寅初和他的《农书》

1962年1月10日,马寅初与嵊县长乐中学部分教师合影

到户的人多,还是反对的人多?各占多少比例?你能说清楚吗?"

杨木水沉思片刻,回答道:"我认为多数人在心里是赞成包产到户的,但具体比例我说不出来。"

马寅初又说:"你在材料中谈到调动人的生产积极性问题。我认为,人既是生产者,也是消费者。生产靠人,现在有部分人生产没有积极性,造成生产赶不上人民生活的需要。所以,要想方设法地调动人民的劳动积极性。这才是重要的。杨先生,你说对不对?"

杨木水连连点头。

马寅初又指出杨木水材料中的一些不足,他希望杨木水看问题时既要看本地的情况,也要了解全国的情况,应力求全面,避免偏激。杨木水心悦诚服。最后,马寅初紧紧地握着杨木水的手说:"谢谢你呀。对的就是对的,正确的思想不要轻易放弃,真理是批不倒的。"

此后,马寅初又马不停蹄地视察了许多村庄,询问当地的产量,参加农民关于包产到户有无优越性的讨论……他还想多走点地方，但由于太劳累了，他突然患上肺炎，高烧持续不退，紧接着，病情加强，马寅初不得不离开故乡，前往浙江医院。一个月的治疗后，病情有所好转，马寅初返回北京。

第二年，马寅初的全国人大代表资格被撤消。

二

来到东总布胡同32号，推开厚厚的大红门，便可以看见一幢中西合璧的二层小楼，楼门向东，门前种着一些花草。小楼的南面是一个院落，里面栽种着各种树木花草，有龙爪槐、白皮松、海棠树、榆树，还有马寅初喜欢的刺梅。刺梅就长在窗前，据马本寅回忆，就在马寅初逝世不久，刺梅也枯萎了。这也算是人与树的一种奇缘吧。

此时此刻，宅院里出奇的寂静，马寅初正在屋内奋笔疾书。

1960年，马寅初在东总布胡同寓所研究农业问题

宽大的写字台上铺着一张张八开大的宣纸，上面满是工整的毛笔小楷。每写完一章，马寅初便把宣纸铺在地板上，等晾干后，他又认真地将宣纸按顺序黏结起来，卷成一个纸卷，注明内容，放入一个藤箱里。

写作时，他的脑海不时地出现中国农村的各种问题，而他的视野则尽量放宽,不仅参照中国已有的研究,而且将国外的研究融会贯通,为我所用。

写累的时候,马寅初便会沿着院中的水泥小径散步,日光透过树叶照在地面,留下斑斓的树影,给人如真似幻的感觉。马寅初不免回忆点往事。

记得1929年,他曾在国民党立法院的一次会议上提出自己的主张,针对当时的国情,他说:"粮食和食盐,不是一般的商品,是直接关系国计民生的大事,因此,这两种东西不应该由私商经营,而应由政府统一管理、统一调节。"他将这一利国利民的建议作为议案在会议上正式提出,但由于触犯了权贵的利益,被束之高阁。

1940年,他在国民党政府陆军大学将官班做讲座,说:"现在是'下等人'出力,农民和劳动人民在前线浴血抗敌;'中等人'出钱,后方广大人民受到通货膨胀、物价上涨之害;'上等人'既不出钱,又不出力,还要囤积居奇,高抬物价,从中牟利,发国难财。更有甚者,还有一种所谓的'上上等人',他们依靠权势,利用国家机密从事外汇投机,大发超级国难财。这种猪狗不如的所谓'上上等人'就是孔祥熙、宋子文等人。"

1945年,他刚被解除软禁,便在重庆工商界人士举行的聚餐会上激动地说:"抗日战争中的主力是谁?吾敢答曰农民!看在战争中,其断肢折足,或流血阵亡,或死于饥饿、瘟疫,或辗于沟壑者,十之八九是农民子弟。我们若以'真正的民族英雄'这个头衔给予农民,他们定可当之无愧。……战争是不人道的,但眼见一般农民与一般难民之困苦和颠沛流离,而不集中全国力量快快设法去救济,反惟一己之私利是问。这种念头是更不人道的,他们的罪恶要比制造战争还大……中国要工业化,就必须实行民主,必须发展农业,改善亿万农民生活。要发展农业,就必须进行土地改革。"

……

在马寅初的思想中,中国的农民太苦了,苦了几千年。唯有中国共产党改变了农民的命运,进行土地改革,使人民当家作主。因此,马寅初真心诚意地拥护中国共产党,愿为党和人民献出一切。

解放前,老浙大农学院园艺系选育了一种萝卜品种,长达二尺五寸左右,粗壮如臂,半在土中,半在地上,每个平均四至五斤,最大的一个十四斤半,亩产较普通品种多二至三倍,达一万斤以上。解放后,这种萝卜曾在岳坟农业展览会展出,恰被马寅初看到。他如获至宝,马上向农学院领导详细询问这种品种的选育经过,然后要了10个标准形的样品,带到北京向中央有关部门和领导宣传。经马寅初这么一宣传,这种大萝卜迅速在全国推广开来,为萝卜的增产作出了贡献,也为农民的增收作出贡献。

1950年3月15日,马寅初在一次讲课中说:"现代的中国,是一个帝国主义反动派遗留下来的,被帝国主义、封建主义、官僚资本主义剥削了许多年的国家,民穷财尽,遍地灾荒,农业衰败,人民贫困。在这些客观情况下,拟定了许多政策,争取今年农业增产粮食一百亿斤,棉花四百五十万担,工业希望内迁,贸易方面发展国内外贸易,准备粮食供应城市,保证米价不波动……"

在马寅初的心目中,农村问题、农民问题是关系到整个国家的重大问题,也是他无时不刻关注的重大问题。他在中外的对比中看到了差距:在发达的国家,一个农民可以养活几个人。而在中国,几个农民养活一个人。这就是差距。而要改变这种状况,就必须提高农村文化教育水平;必须改变落后的手工操作,提高机械化生产;必须继续开垦荒地,继续改善粮食品种……只有农村问题解决了,中国才可以真正达到国富民强。

为了达到这一目标,马寅初愿意研究调查,愿意献计献策,愿意奉献自己的一切!

可是,现在,他却被剥夺了公开发表自己见解的权利。他知道自己冤,但他相信这是暂时的,他也绝不会因此放弃自己为党为国为人民奉献的坚定信念。因此,他更加珍惜宝贵的光阴,无论如何,先将《农书》写出来再说。

三

《农书》耗费了马寅初巨大的心血,不知不觉,藤箱已满,头上又增华发。从1963年开始写稿到1965年初稿完成,三年光阴,马寅初以忘我的精神写出了100多万字。所有的内容都是用毛笔写成。写完后,他又从头到尾作了一次修改,一般情况用蓝笔,特别重要的改动用红笔。为了防止手稿受潮和被虫蛀,马寅初特别嘱咐家人将放书稿的藤箱放在干燥通风的地方。

写完《农书》后,马寅初已83岁,身体状况大不如前。

有一次,他以前的秘书陈玉龙前去看他。一进屋,见地上铺满了稿纸,马寅初正在看他的《农书》。见陈玉龙进来,便说:"他们不给我发表,我自己看。"言语中不免有种愤怒。

1966年春节后的一天,马寅初将全家人召集起来,说:"请你们抽时间帮我把《农书》原稿照抄一遍。这部书现在虽然不能出版,但不等于永远不能出版。它是我十几年的心血呀!"家人们点点头。

可是,还没等家人行动,一场更加强烈的政治风浪席卷而来。

人生本不苍凉

"文革"开始了,社会上出现了"破四旧"的极左行动,马寅初的一些好友先后受到冲击,或被抄家,或被游斗。邵力子、张治中的家也被红卫兵光顾。紧接着,国内还出现了"焚书热"……

形势的变化给家里人带来很大的压力,马寅初则陷入长久的思考当中。

一天早饭后,马寅初说话了。他把家里人叫到客厅,尽量以一种平静的语气说:"近来我一直思考一件事情,总犹豫不定,现在我决定了。今天,你们大家都不要出去,我们全家自己动手来破四旧。这样做,虽然可惜,也非常痛苦,但不这样做,又有什么办法呢?与其让别人烧,不如自己烧!"

说着说着,他有点说不下去。家中人含着眼泪,将一件件珍贵的文物、一幅幅珍贵的字画以及马寅初多年积累的许多资料送进锅炉,烧掉了。

最令马寅初心痛的还是他的《农书》。那是他的心血,整整一藤箱,几十卷手稿,花费了多少不眠之夜!寄托着多少对国家对人民的厚爱!

可是,如今,手稿被一卷一卷地送入炉火中,没了。

马寅初知道,他不可能再写同样的手稿了。

这是他永远的遗憾!

由于马寅初写作时,往往写下后便放起来,并没有跟家中人细谈。以至于没有人知道《农书》中详细的内容。这也成为世人永远的遗憾。

粉碎"四人帮"后,主持平反冤假错案工作的中央组织部部长胡耀邦认真审阅有关马寅初的材料后,激动地说:"我们再也不要犯这样的错误了。共产党应该起誓:再也不准整科学家和知识分子了!"

主要参考资料:

马寅初:《马寅初全集·第十五卷》,浙江人民出版社,1999年。
杨建业:《马寅初传》,中国青年出版社,1986年。
杨　勋　徐汤莘　朱正直:《马寅初传》,北京出版社,1986年。
诸天寅:《陈云与马寅初》,华文出版社,1999年。
嵊州市人民政府:《马寅初》,浙江人民出版社,1999年。

梁漱溟："三军可夺帅，匹夫不可夺志"

梁漱溟（1893—1988）

这个人就是梁漱溟。

疾风知劲草。

1974年，当江青等人阴谋发动全国范围的"批林批孔"运动，并得到毛泽东支持而进入狂潮时，有一位82岁的老先生冒着被打成"反革命分子"的危险，理智而冷静地表达了自己的真实观点，他不惧排山倒海般的政治压力及政治批判，坚持着自己的独立判断，恪守着自己作为知识分子的尊严和人格，无意中成就了人生最辉煌的篇章。

梁漱溟的自信心

梁漱溟不仅是一位哲学家、教育家、思想家，而且是一位勇于实践、

梁漱溟："三军可夺帅，匹夫不可夺志"

探索救国救民之路的爱国民主人士。他在中国学术史、政治史、教育史、经济史诸多领域均起过重要作用，更因为敢担当、能始终保持知识分子之独立精神而受到世人的普遍尊敬。

他的主要经历有：祖籍广西桂林，1893年生于北京。1911年加入同盟会。1917年应蔡元培之聘，任北京大学印度哲学讲席。1930年任河南村治学院教务长，并接办《村治》月刊。1931年在邹平创办山东乡村建设研究院，任研究部主任、院长，倡导乡村建设运动。抗战期间，先后担任最高国防参议会参议员、国民参政会参政员。1939年为促进团结抗日，参与发起组织统一建国同志会（1940年改组为中国民主政团同盟，后更名为中国民主同盟），任中央常务委员并兼任机关报《光明报》社长。1946年任民盟秘书长。建国后，为第一、二、三、四届全国政协委员，第五、六届全国政协常委，并担任中国孔子研究会顾问、中国文化书院院务委员会主席等职。

他的主要著作有：《印度哲学概论》、《东西文化及其哲学》、《中国民族自救运动之最后觉悟》、《乡村建设理论》、《中国文化要义》、《人心与人生》等。

他的一生富有传奇色彩，似乎总在做一些出人意表的事：早年曾打算出家，结果入世参加革命；以一篇阐发佛家出世思想的文章求教于北大校长蔡元培，结果被邀往北大哲学系任教；又以"出家精神"，"离开了朋友，抛弃了亲属，像和尚到庙里去般的"到达山东，开始他的乡村运动；还在延安，通宵达旦地与毛泽东交谈，与毛结下深厚的友谊，可是在解放战争即将胜利之际，他又声明"自己决定三年之内对国事只发言不行动"，"对民盟则许我离盟；对中共则恕我不来响应新政协的号召"，并解释脱离民盟的原因："我知道我此时言论主张在盟内未必全同意。要我受拘束于组织而不得自由发言，我不甘心；使

267

组织因我而受到破坏,尤非道义所许……"建国后,他敢于以"诤友"的身份讲心里话,并在1953年的大会上当面与毛泽东争论,遭受毛泽东的指责,又遭受一年多的公开批判……

梁漱溟的自信也令世人咋舌。他信奉孔子的"仁者不忧"之说,认为自己是一个承受"天命"对社会有历史使命的人,绝不会轻易出事。抗战期间,袁鸿寿先生在桂林七星岩请他吃素席,饭后在一株小树下聊天,恰好敌机在头上盘旋下"蛋"。袁鸿寿大惊失色,赶紧拉梁漱溟躲避。"而梁漱溟则镇定自若,聊天如常"。1942年,梁漱溟自日军占领下的香港逃出后给儿子写信,称:"我不能死。我若死,天地将为之变色,历史将为之改辙。"

这样一个人,他是始终将真理视为第一的。无论外界环境如何,压力多大,绝不随波逐流。

对林彪的态度

对于林彪,梁漱溟在建国前后均没有任何评论。但在1970年讨论"宪法草案"时,梁漱溟出于公义,不能不提出自己的观点。

当时的林彪,正是最得意的时候。在1969年4月的中国共产党章程修改草案中,已十分引人注目地规定了:"林彪同志是毛泽东同志的亲密战友和接班人。"1970年,林彪的名字更进一步地写进"宪法草案"中,支持声响彻全国。在全国政协军代表咨询政协委员们的意见时,经历过多次运动后的政协委员们,没有一个敢于提出对"宪法草案"哪怕是字句上的些微意见。

这样的情况下,梁漱溟却在最后一次学习会上十分明确地提出了自己的看法。他说:

梁漱溟："三军可夺帅，匹夫不可夺志"

第一点，据我的浅见，近代的宪法最早产生于欧洲，首先是英国，其重要出发点之一是为了限制王权。换句话说，就是为了限制个人的权力太大。有了宪法，则从国家元首到普通公民，都得遵循，且在法律面前一律平等，而不允许把任何一个个人放在宪法之上。如有把个人放在宪法之上，则宪法的执行便必定不完善、不彻底。因此，我认为，现在的"宪草"序言中，写上了个人的名字，包括林彪为接班人，都上了宪法，这是不妥当的，起码给人有个人高于宪法的感觉。接班人之说，是中国的特殊情况，而宪法的意义是带有普遍性的。不能把特殊性的东西往普遍性的东西里边塞。但我声明，我不赞同把个人的名字（包括接班人）写进宪法，并不是反对选择某个人当接班人。中国历来有自己特殊的历史条件和历史现象。接班人之说在一定的历史时期是客观存在，而不在于某个人的好恶，或赞成，或反对。

第二点，这次"宪草"的条文比先前那部宪法少了许多，条文少不见得就一定不好，但有的重要条文少了却不甚妥当，比如设国家主席。一国的元首，不能没有。设国家主席是一回事，选谁当国家主席合适是另一回事。现在的"宪草"没有设国家主席这一条，不知为何？

这些观点从现在看来是客观而公允的，但在当时的政治形势下，一语而惊四座，且带有巨大的政治风险。短时间的沉默后，很快就有人表示："在小组学习中竟然出现这样'恶毒攻击'的言论，绝对不能听之任之，必须批判！"还有人紧跟着说："这种反动言论要在外头讲，当场就会被革命群众批倒斗臭，砸个稀巴烂！"气氛非常紧张，但梁漱溟是经过深思熟虑而说出这样的话的，心中自有坚强的定力，绝对不会因为这样的指责恐吓而改变态度。这次学习会上,军代表正巧有事没参加。主持小组会的召集人之一于树德马上宣布:"一、情况向上反映,听候处理;二、谁都不许向外扩散,谁扩散责任自负。"这样,梁漱溟所将承受的风险被压到最小的范围内,但即便如此,知道此事的亲友们无不为梁捏一把冷汗。好在上层的政治形势正发生着微妙的变化,更有周恩来的暗中保护,使得几天后的会议上,召集人便宣布:"上级的指示,因为是征求意见,提什么意见建议都是可以的。"梁漱溟因此摆脱了批判。

从梁漱溟提出的观点中不难看出,梁漱溟对林彪的态度是从宪法及国家的根本利益上引发的,他反对将林彪的名字写进宪法,也是从宪法的根本意义出发的,而非针对林彪个人。当然,此时的梁漱溟更不会料到,一年之后,林彪就从"红人"急转直下而成抢班夺权、策动武装政变失败后的叛国罪犯,坠毁于叛逃的途中。紧接着就是全国范围的"批林整风"运动。再往后,梁漱溟更没有想到,"批林"竟与"批孔"合二为一,声势浩大的"批林批孔"运动在全国范围内引发起来。"批林批孔"显然被有意地上升到政治路线的斗争上,在江青等人的全力推动下,此种舆论甚嚣尘上,举国鲜有敢异议者。

此时,又是梁漱溟,经过自己的独立判断,发出了不同的声音。他对林彪的态度是这样的:

> 我之批林有些不同于众的说法,颇受众人非难,竟然加我以尊孔保林的罪名。盖我认为林贼(何)尝有什么政治路线可言?他不过一心要搞政变夺权而已。如刘少奇、如彭德怀,尽管其路线不对,不是无产阶级革命之路,他们却各有其公开的主张提出来;他们自以为是对的,是为国家大局设想的。林贼何曾如此?

梁漱溟:"三军可夺帅,匹夫不可夺志"

表面上他主张在宪法中设国家主席,希望毛主席来担任,实则自己想当国家主席,又不好出口。什么"天才论",全是假托词,全是花样假招。他同他的妻和子以及少数私党在阴暗角落里搞鬼,难道已算他为国家大局设想的路线吗?假若他当真为国家大局设想需要设国家主席,而且在毛主席不担任时,自信他来担当是相宜的话,他亲向主席提出商量,那样,我承认他算得上是有路线。他未曾这样做。说路线,总是为大局前途设想的;你不能把他们不敢见人的"五七一工程纪要"说做路线。在林贼虽无路线可言,然而他之所为却在破坏毛主席领导的正确路线,那么,也就可以说做党内的第十次路线斗争。

学习会同人在这里却指责我把无产阶级政治中路线斗争,说成是封建国家或资本主义社会彼此个人间的权力之争,有意反对领导党之所论定。那对我是一种诬赖。(梁漱溟:《批孔运动以来我在学习会上的发言及其经过述略》)

在这些发言中,难能可贵的是梁漱溟为刘少奇、彭德怀的辩解。当时,曾任国家主席的刘少奇,早已蒙受冤屈,被"永远开除出党",被批判为"叛徒"、"内奸"、"工贼",而且被诬为"反革命修正主义集团的总头目",于1969年11月12日含冤离开人世。不仅如此,江青、康生等人还一次次栽赃陷害不愿意证明刘少奇是"叛徒"的正直人士。历史学家翦伯赞就是因此而被迫自杀的。彭德怀的情形与刘少奇相似。在当时的情况下,人们对刘、彭之事,唯恐避之而无不及,生怕惹火上身,使自己也成为"反革命分子"。哪想到,梁漱溟竟然公开宣称刘少奇、彭德怀二人"自以为是对的,是为国家大局设想的。林贼何曾如此?"他还说:"林彪的一套都不是关于中国前途的公开主张。"

人生本不苍凉

"一个政治家，为国家、民族之前途设想而提出的公开主张，才能称得上是路线。""从做人角度看，光明是人，不光明是鬼！林彪就是一个鬼，他够不上做人，没有人格，这就是我对林彪最严厉的批判；而刘少奇、彭德怀不是这样。刘少奇的主张很多，总是公开的。彭德怀也有公开信给毛主席，他对党的路线、政策有怀疑，公开提出自己的主张。他们的错误只是所见不同或所见不对。但他们都有为国家、民族前途设想而提出的公开主张，是明明白白有路线，够得上路线的。"（李渊庭　阎秉华：《梁漱溟年谱》）在当时的政治环境下，敢说这样的话，真是天大的胆量，有着天大的底气，秉承了中华五千年来最优秀知识分子最淳厚的品质！

梁漱溟将刘少奇与林彪截然分开，这是非常了不起的。联系中央文献出版社在《毛泽东传》中关于毛泽东当时思想状况的分析，我们会更深地理解梁漱溟此举之不同寻常。

《毛泽东传》第1654页这样写着：

> 但在毛泽东的思想上始终存在那个难以克服的矛盾：一方面，他确实在着手解决"文化大革命"中出现的许多混乱现象，想把局势逐步引入正轨；另一方面，他又十分担心人们全面否定"文化大革命"。因此，他认为党的十大所要解决的主要问题，仍是对"文化大革命"的看法。针对社会上流传的"文化大革命失败了"的说法，毛泽东在三月二十五日政治局会议上批驳道：怎么能这样说呢？文化大革命把刘少奇集团揪出来了嘛，又把林彪集团揪出来了嘛，这是个伟大胜利。如果不是这场大革命，刘、林他们怎么能发现？怎么能打倒？此外，毛泽东重申了对待在林彪问题上犯有错误的人的政策，并指示要安排好年度国民

经济计划,使国内工作逐步走上正轨。

成为政治运动中的焦点人物

接下来,我将逐步引出梁漱溟在"批林批孔"运动中的言行。

"批林批孔","林"指林彪,"孔"指"孔子"。孔子是春秋战国时期儒家的代表,怎么会把"批林"与"批孔"连在一起呢?起源如何?金春明所著《中华人民共和国简史》这样解释:

> 江青一伙急于寻找机会打倒主持中央日常工作的周恩来,篡夺党政大权。他们在林彪家中找到了一些摘录的孔子和儒家著述的语录、条幅和卡片;于是,江青让北京大学和清华大学写作班子,把这些东西整理为一份资料,取名为《林彪与孔孟之道》,送给了毛泽东,并建议开展一个所谓"批林批孔"运动。这投合了毛泽东的想法。因为林彪事件的发生对毛泽东是一个很大的震动,他也一直在探索林彪搞反革命政变的思想根源。1973年7月,他就在一次谈话中指出,林彪是"尊孔反法"的。8月,他又批示让《人民日报》发表广州中山大学教授杨荣国的文章《孔子——顽固维护奴隶制的思想家》。江青送来的资料,恰好被认为是证明了自己的想法。因此,开展"批林批孔"运动的建议就得到了毛泽东的批准。《林彪与孔孟之道》被作为1974年的第一号中共中央文件下发到全党。于是,江青一伙就大肆活动起来。

紧接着的1974年1月24日(正月初二),江青突然把在北京的

人生本不苍凉

军委直属机关和在京部队单位的干部集中起来,开了一个"批林批孔"动员大会。第二天,又把中共中央直属机关和国务院直属机关的干部集中到首都体育馆,再次召开"批林批孔"动员大会。这一次的会议上,迟群与谢静宜成了主讲人,一唱一和;江青则不时插话,指手画脚,点这个,批那个。整个会场气氛异常,让人莫名其妙。也就是在这次会议中,梁漱溟被点了名。

江青这样说:"中央人民政府二十七次会议上,主席讲,关于孔夫子的缺点,我认为就是不民主,没有自我批评的精神,有点像梁先生。梁先生者,何人也,梁漱溟也,他现在还反对我们,反对我们批孔。他是尊孔。'吾自得子路而恶声不入于耳',这是孔老二的话,'三盈三虚',这不是,这是荀子的话,'三月而诛少正卯',很有些恶霸作风。我们的主席说孔老二有恶霸作风,法西斯气味。我愿朋友们,尤其是梁先生,不要学孔夫子这一套,则幸甚。那么当时讲的这段谈话,像梁漱溟这样的先生老爷,会不领教的。"

这里的"主席"自然是指毛泽东。提及的毛泽东的谈话内容是在1953年召开的中央人民政府委员会第二十七次会议期间的讲话。原话是:"关于孔夫子的缺点,我认为就是不民主,没有自我批评的精神,有点像梁先生。'吾自得子路而恶声不入于耳','三盈三虚','三月而诛少正卯',很有些恶霸作风,法西斯气味。我愿朋友们,尤其是梁先生,不要学孔夫子这一套,则幸甚。"江青则有所引申。由此,梁漱溟再一次成为政治运动中的一个焦点人物。

另外一种说法,认为在1973年11月,江青即在首都体育馆鼓动"批林批孔"、"评法批儒"时,捎带批判了梁漱溟,并怒斥"梁漱溟何许人也"。这种说法的时间可能有误,但梁漱溟倒确实是在1973年11月开始卷入"批林批孔"的旋涡。

梁漱溟:"三军可夺帅,匹夫不可夺志"

他本人曾多次回忆当时经过:

> 批孔运动始自1973年11月,我在学习会上第一次发言在16日,其词是对会上同人向我发问的回答。我说:"此时此地我没有好多话可说。这里是政协学习会,'政'是政治,必须以当前政治为重。'协'是协商、协调,必须把一些不尽相同的思想意见求得其协调若一。因为我们都(是)从四面八方来的人,原不是一回事,怎样求得其协调和协和呢?那就是要'求同存异',求大同存小异。像毛主席早曾说过的,如有不同意见允许保留的话。新党章内尚且有此规定,何况我们党外人。但自己有不同意见,要保留。我若放言高论,那便不对。"当时会上各位同人对我的话均默然无任何反应表示,各自去发言批孔。
>
> 批孔是从批林引起来的。我在学习会上曾表示批林不批孔。但我之批林有些不同于众的说法,颇受众人非难,竟然加我以尊孔保林的罪名。……

上文中所说的"学习会",是指全国政协的学习组会议。梁漱溟虽然早在1953年就受到批判,后又在"文革"中受到批判、划为"右派",但他一直是全国政协委员。在"文革"中,政协的工作受到很大的冲击,政协委员的学习也是时断时续。1970年,政协军代表决定恢复政协直属组学习,人数约十人左右,有杜聿明、宋希濂、溥仪、溥杰、于树德、赵朴初、王克俊、程思远、梁漱溟等人。学习恢复不久,即有对"宪法草案"的讨论。1972年,全国政协基本上恢复了每周学习两次的活动。1973年10月底,在江青等人阴谋策划"批林批孔"闹剧的时候,在京的全国政协委员、各民主党派和工商联上层,刚刚恢复学习,梁漱溟参加学习并被编入学习组。在学习会上,许多人都积极表态"批林批孔",并生硬地将孔孟之道与"批林"捆在一起。梁漱溟有不同看法,但尽量保持着沉默,不做表态。

记得1953年的时候,梁漱溟多次以中共"诤友"的身份,提出不同意见和建议。他拥护中国共产党,并希望自己的不同意见能对国家建设起积极作用。但在1953年9月中旬,梁漱溟列席中央政府扩大会议,应周恩来之请作发言,发言重点是谈农民问题,指出"我们的建国运动如果忽略或遗漏了中国人民的大多数——农民,那是不相宜的",由此引发毛泽东极大的不满。特别是梁漱溟在发言中引用某人所说"工人农民生活九天九地之差"的话,让毛泽东火冒三丈,在会上将梁漱溟臭骂一通,说:"蒋介石用枪杆子杀人,梁漱溟是用笔杆子杀人。"又说:"假若明言反对经济建设总路线,要求注重农业和轻工业,虽见解糊涂,却是善意的,可原谅。但梁某则不是,他是恶意的。"梁漱溟不服气,乃登台发言,与毛泽东争辩:"我根本没有反对总路线,而毛主席却诬我反对总路线。今天我要看一看毛主席有无雅量收回他的话。"多次争辩后,梁漱溟虽然在巨大的压力下,"态度安定从容",但在亲友的劝说,更在自己的反躬自问下,察觉到自己无意中犯了个人英雄主义的缺点。

当时,毛泽东的思路是要加快国家建设的步伐,国家建设的重点则放在重工业上。优先发展重工业,以实现工业化,就是为了尽快改变经济落后面貌,维护国家独立,使我国能立于世界民族之林。优先发展重工业,需要投入大量资金。这些资金主要来自农业的积累。这是由中国是一个落后的农业大国这种国情所决定的。为了尽可能照顾农民的利益,国家采取缩小剪刀差的办法,使工业发展得到的一部分利益返回到农民身上。但毕竟还是要较多地取之于农民,否则就没有工业化可言。对此,在一些人中间,包括共产党内的人和党外的朋友持有异议。梁漱溟提出的"生活之差,工人九天,农民九地",这些意见,自然引起毛泽东的注意和不安。

而梁漱溟也在事后作了深刻的反思,他还对自己思想变化过程作了如下的文字说明:

> 九月十八日那天的会,给了我很大震动,许多至亲好友来规劝我,帮助我。九月二十日是星期天,宽儿(长子梁培宽)、恕儿(次子梁培恕)先后返家,我即以近几天发生的意外风波从头至尾告诉他们,虽言语中有所反省,但仍认为自己被误会,受此打击,实非意料所及。我说完后,宽儿即说不要以为这件事是意料不及突然发生的,虽然看上去有许多偶然因素,也不要看成是对你个人,偶然因素、个人因素都不居主要地位。他说:这件事有一个不断发展的过程,只是你自己还没有认识到自己。父亲还记得那年(1950年)被选入政协委员的一次会议上自己的发言吗? 早在那次就提出种种意见、建议了。我还听说父亲参加西南土改时,亦曾说到要来看看西南土改是否合于中央土改法的话。在此之外,父亲三年来还在某些会上有过发言,或与主席谈话,或向主席去信,我似曾听说差不多亦与此相类似,都好像有监督政府的神气。这在心理上是存有一种偏差的。今天的这件事,正是从这一偏差发展而来的。父亲总说自己是善意的,是爱护党,爱护政府。但一言一动须看其所起作用如何,所发生影响如何,不能单从动机来看,而不顾及它的客观作用和影响。何况便是论动机,怕亦有问题。因为父亲自己好像总是站在政府的外面,这动机还不使人怀疑吗? 我愿父亲向隐微处搜寻自己的

思想根源,从根本上端正自己的对党对政府的态度。父亲这样一次又一次刺激政府,积两三年之久,这在政府的感受上自有其发展。毛主席认为父亲有恶意,便不足为怪。我的理解,是毛主席不能容许你这样发展下去。他并不是对你个人有什么好感或恶感。他一切为了国家当前的建设大业,而没有其他。父亲考虑自己的问题亦不要把它同国家当前建设事业分开,切不可抱静待考问、应付过关的念头,只求了却一身问题,而应当主动地自己检讨出错误的思想根源所在,担负起所有给予国家事业一切不良影响的责任,争取改造自己以利今后的国家建设……

宽儿的这席谈话,加上好友、学生的宽劝赐教,包括何香凝先生在会上对我的批评等等,引起我思路上心情上根本变化,对于自己错误之所由似乎顿时有所发觉,好像通了窍。

我于二十二日当天便伏案检讨认识自己。

我这时是怎样的心情呢?总的说是,觉悟前我总在如何辩解误会上用心思,觉悟后便不想辩解什么,感到的是惭愧、歉惜、悔恨。觉悟前亦有反省,其反省所得便是"有气而无心","有个人英雄之气而无一片恻隐之心"。自己虽知道必须是恻隐之心代替英雄之气而后可,却思来想去不过一句空话,一抽象道理,茫然无措手处,不能实践。觉悟后,恻隐之心顿然现前——惭愧得不能自容,便是恻隐之心。觉悟前亦知道"自高自大"不对,却始终扔不开它!觉悟后惊于"自高自大"害死了我,一定要彻底粉碎它才得以救自己,觉悟前正所谓顽钝无耻,心死已久;觉悟后悔恨不已,此心渐渐苏醒……

我的错误之思想根源又在哪里呢?无疑是在自己阶级立场的不对。我在解放前之不相信阶级立场之说,由来已久,细情如

梁漱溟："三军可夺帅，匹夫不可夺志"

前所说。共产党运用阶级学说创建了新中国之后，我在事实面前有所觉醒，感到以往自己阶级立场不对，亦曾怀着惭愧心要求自拔于旧立场而改从无产阶级立场，但实则只是旋念旋忘，并没有真正离开窠臼。譬如我亲眼看见劳动人民那样感激共产党、爱戴毛主席，自己勘问便大大不及，原因就在于没有自拔于旧立场，不能在心理上打成一片，滚成一堆。又譬如许多会上看见有那么多的人颂扬共产党和毛主席，自己只是鼓掌应和而止，却很少出口响应。难道怕言不由衷吗？那倒不是。每当我想及百多年来我生于斯、长于斯的中国向下沉沦的厄运，终被共产党、毛主席领导扭转时，让我喊一千声一万声"毛主席万岁"亦不觉多余。无奈满身旧习气的我，闲思杂念太多，自己身上的那一点热情早铍蔽而出不来。我还一直把这当作"倔犟精神"，当作"骨气"而沾沾自喜。须知劳动人民是不会向共产党讲倔犟讲骨气的。我之倔犟自喜、骨气自负，正是我不自觉地与领导党和政府分离的证明。为什么会分离呢？则主要是阶级立场和感情不同而造成的。

说到我同中国共产党的关系，亦有很久的历史背景。我曾亲眼看到中国共产党的发生和成长，诸如李大钊、陈独秀等都是我年轻时的好朋友或熟人、同事。但我历来对共产党只是同情它的革命要求和目标，也敬爱包括毛主席在内的许多一心为国家为民族的汉子，却一直怀疑或不同意它的行动路线，包括阶级学说和武装斗争。这一思想经常在我过去写的若干论著和文章中流露，有时直接针对中共的理论主张加以反驳。而我自己的一套改造中国的理论主张，当然也有不少人信服，并跟随着我行动。因为这，每当有"左倾"的朋友批评我时，自己总不服气，心里想着一句话：难道只有你们革命？我也是革命的！自国民党忘记革命、背叛革命之后，我甚至希望长时间吃苦头而坚持革命的共产党，能修改路线，发生转变，与自己走到一起。这种狂妄自负的心理，今天听起来可笑，但却是我当初存有若干年的真实想法。

正是我的阶级立场的不对和对待中国共产党认识方面历史上存在的偏颇，造成了我于九月十八日达到顶峰的那场荒唐错误。当然，从个人关系说，我当时的思想，还自认为与毛主席相交已久，要从"五四"时代他在杨怀中家说起，那更称得上是老朋友了。既然是老朋友，当然是平起平坐，有喜同贺，有争辩则面红耳赤，拍桌子瞪眼珠都是可以的。而我恰恰在气头上忘记了，毛主席是缔造了中国共产党的胜利和新中国诞生的伟人。我这种目空一切，置许多人热爱共产党、毛主席的心情而不顾，在大庭广众之下与毛主席争是非，是必定要引起人们的公愤的。因此别人批我诛我，实在是情理中的举动。

从道理上说，回顾我一九五三年以前走过的近五十年的历史，自以为革命而归落于改良主义；而对于无产阶级革命，改良主义则又落于反动；又因为是一贯的改良，自然便落于一贯地反动。因此毛主席说我以笔杀人，在会上我听了很不服气。待明白过来，才晓得这话，是指我长时期的反动言论而说其流毒于社会。主席又说我是伪君子，我当时听了同样只是冷笑不服。但明白醒悟之后，深信只有忘我的革命英雄主义才称得上是一个纯粹、清白的好人，夹杂着严重个人英雄主义的我，不能一片纯诚而无伪，那就是伪君子了。主席又说，我是能欺骗人的，有些人是在受我欺骗，那自然是说我这样一个并不真好的人，却仍有

梁漱溟:"三军可夺帅,匹夫不可夺志"

人相信我,而获得了好人名声,有必要揭露其真面目吧。

　　基于上述事后对自己错误行为的认识和检讨,我在事过不久便给主持全国政协工作的陈叔通副主席和李维汉秘书长写信,要求请长假,容我闭门思过。毛主席没有直接答复,李维汉同志派人告诉我,今后需要出席的会议和活动,通知照发,但参不参加自便。自此,我居家读书学习,认真反省自己,什么地方都没有去。大概过去一二个月的光景,金日成来访,设国宴招待,我接到请柬,也没有出席。过后便有人批评我,说这样的活动不出席不对。我寻思此意是否来自上头。其实呢,我是认为铸成这场大错,必须认真对待自己,从根开始,系统总结,才能理出头绪来。再说,我等待着政协方面给我一个什么处分,但又久久没有下文……

　　由上所述,梁漱溟曾主动对"自己的错误行为"进行检讨,这件事在多年后曾受到某些人的争议。他晚年的时候,收到外甥女从美国寄来的两份剪报,内有《梁漱溟先生,您不能认错》的连载文章,是发表在《世界日报》台湾版副刊上的。

　　该文作者翟志诚自称对梁先生非常仰慕,但读过1988年《文汇周刊》刊登的《梁漱溟与毛泽东》一文后,发现梁漱溟曾向毛泽东"认错"。他因此感到失望,认为向毛认错不只是个人得失荣辱问题,"而是关系着民族的良心与气运"。

　　梁漱溟读后,感觉有必要澄清:自省的认错与向对方认错是两码事。

　　且此事关系到海外舆论界对大陆知识分子的评价问题,不能不重视。

人生本不苍凉

因此,梁漱溟在病中,以口授的方式写信给《世界日报》编辑部,对文中的错误予以更正,称:

> 瞿先生在此文中指出,若我一九五三年与毛泽东发生语言冲突一事有"认错"之表示,则不仅仅是我个人得失荣辱的问题,"而是关系着民族的良心与气运"的事。同时瞿先生表示,他但愿《文汇月刊》一文所写我"认错"的一些话是访问者的笔误,并希望我能对此事加以澄清。瞿先生的用意甚为可感,故敢请借贵报一角,就此略作说明。
>
> 当年国务会议上毛泽东对我不点名批评之后,某日午后将再次开会,我准备在此会上就毛泽东认定我的发言系出自恶意一点予以辩明。是日上午我在家中对人言道,"今天将一决胜负"。会议进行时,在对方态度的刺激下,我的发言因之较前更欠冷静。然于激烈争执后,突憬然醒悟自己已落入意气用事。善意即是善意,不容指为心怀恶意。为人于是非曲直不应含暧昧,自己据理力争就是,何必言胜负?进而忆及平日用以自勉的两句话:"忽毫不能昧,斯须不敢瞒"(明儒罗近溪语),我既省察到自己有此杂念,自不当隐瞒,由是在自己思想上对这一错误有悔悟检讨之意。中国古人有一"反求诸己"的教导,身体力行此教导全在个人自觉,我省悟及此,也是自觉自愿,认错并非向争执的对方认错。

返回头来,我们再谈及1973年的"批林批孔"运动,梁漱溟虽有不同意见,但起初并不发言,乃是自己不做有碍于国家政治的举动。

在当时的时代背景下,自然很难一时分辨出"批林批孔"政治运动的正确与错误来。所以,梁漱溟保持沉默。

只是,这种沉默很快就被打破了。其根源还是来源于梁漱溟对孔子的态度。

对待孔子的态度

在介绍梁漱溟对待孔子的态度之前,还是让我们先回到"批林批孔"运动的历史现场,看看当时的人们是怎样批判孔子的?是如何将孔子与林彪联系在一起的?又是如何将批判孔子上升到一个"路线"高度上的?

笔者留意了几本当年的图书,为说明情况,有必要引用里面原汁原味的一些话,这应该是最容易让读者明白的。

北京大学哲学系七二级工农兵学员所编的《孔孟之道名词简释》如此解释"儒家"及"孔孟之道":

> "儒",起先指春秋时期替奴隶主贵族办丧事,当吹鼓手的一些人。孔丘(即孔子)在年轻的时候从事过这种职业。后来,他在鲁国当大官,办私塾,大肆宣扬为反动的奴隶主贵族专政作辩护的政治、道德、哲学思想,培养了一批为复辟奴隶制服务的知识分子,逐渐形成了一个反动的学派。因为孔丘干过"儒"这种职业,后人便把他创立的学派称为儒家。
>
> 到了战国中期,复辟奴隶制的反动思想家孟轲(即孟子),进一步发挥了孔丘的学说,所以人们又把这个学派的思想叫做"孔孟之道"。孔孟之道被历代反动阶级所接受和发挥,是一切反动派镇压革命、反对变革、维护反动统治、宣扬复辟倒退的思想武

器。在对外关系方面,它又是反动的统治阶级宣扬卖国投降主义的思想武器。

历史上的儒家代表人物,除春秋战国时期的孔丘、孟轲以外,还有汉朝的董仲舒,唐朝的韩愈,宋朝的程颢、程颐、朱熹、陆九渊,明朝的王守仁等。

在社会主义革命时期,刘少奇、林彪之流,妄图复辟资本主义,开历史倒车,也大肆吹捧孔孟之道。特别是叛徒、卖国贼林彪派人到处搜集儒家的反动言论,利用它制造反革命舆论,妄图颠覆无产阶级专政,复辟资本主义,变我国为苏修社会帝国主义的殖民地。林彪是一个地地道道的孔老二的忠实信徒,是混在我们党内的一个大儒。

另一本中共晋东南地委通讯组编印的《批林批孔资料》中这样写:

孔老二是反动没落奴隶主阶级的代言人。他创立的儒家学派,厚古薄今,主张开历史的倒车,在政治上极端反动,在理论上极为荒谬,在手法上极其虚伪。这种反动思想,很适应反动统治阶级的需要。因此,历代反动统治者及其反动文人,都对它大肆吹捧,不断加工,并强迫人民像宗教教条一样去信奉。影响很深,流毒很广。一切反动派,包括帝国主义和社会帝国主义,也包括党内历次机会主义路线的头子,都是尊孔派。他们为了毒害人民,破坏革命,无不拜倒在孔老二的脚下,从孔家店那里取经学道,寻找反动的思想武器。资产阶级野心家、阴谋家、两面派、叛徒、卖国贼林彪,是地地道道的孔老二的信徒。他躲在阴

梁漱溟:"三军可夺帅,匹夫不可夺志"

暗的角落里,疯狂鼓吹和兜售孔孟之道,为他"克己复礼",复辟资本主义制造反革命舆论。我们要从政治、思想上彻底批判林彪反党集团修正主义路线的极右实质,在上层建筑领域中逐步清除复辟资本主义的反动思想,就必须狠批反动的孔孟之道。不批孔,批林就不能彻底,反修就不能彻底,防修就没有保证。

这种带有浓烈阶级斗争火药味的说法,在当时是再普遍不过的了。之所以批判孔子,乃是因为他代表着落后的奴隶主阶级利益,反历史潮流,统治和剥削劳动人民;"克己复礼",乃是复辟孔子之前的周礼;林彪之流则被批判为孔子所代表的儒家的忠实信徒。而"批林批孔"则被上升到政治路线的高度上,一旦有哪个人尊孔,势必被划到反革命的行列。

在这样的形势下,梁漱溟保持着自己的清醒的独立判断。他对孔子、孟子以及孔孟之道是再熟悉不过了。梁漱溟家学深厚,但年少时并不喜欢四书五经,十岁时即好独立思考,注意时局,于书报资料及亲朋间获取学问,产生"事功"心理,自负要救国救世。中学时,他所关注的是梁启超等人的文章,并对国际国内大事颇多了解,梦想中国可以实行议会政治。中学毕业,梁漱溟并没继续上学,而是参加革命团体,并做新闻记者一年有余,继续探求救国之路。他虽对社会主义所知甚少,但是十分热心。十六七岁时,梁漱溟还从利害之分析追问,转入何谓苦何谓乐的思索,一度归结出人生唯是苦的认识,于是突然间将思想倾向于印度出世思想,拒绝家人为他议婚,阅读佛典,乃至于想要出家。24岁时,梁漱溟发表《究元决疑论》,蔡元培因这篇文章而聘请梁漱溟担任北京大学讲席,讲印度哲学。直到此时,梁漱溟对孔孟之道仍不感兴趣,但他就任北大教师之时,正是新思潮

("五四"运动)发动前夕。当时的新思潮是既倡导西欧近代思潮,又同时引入各种社会主义学说。梁漱溟自己虽然对新思潮莫逆于心,但北大的环境气氛却对他这位讲东方哲学的,无形中产生很大的压力。在这样的压力下,梁漱溟研究西方、中国、印度三大不同的文化体系,并论述它们在人类发展史上的位置,以此解决东西文化问题,撰写了《东西文化及其哲学》。在写书过程中,梁漱溟必须专研深思,也必须对中国文化中影响最大的中国儒学进行研究,这才出现了他思想中的重大转变。按照他自己的说法,就是:"当初归心佛法,由于认定人生唯是苦(佛说四谛法:苦、集、灭、道),一旦发现儒书《论语》开头便是'学而时习之不亦乐乎',一直看下去,全书不见一苦字,而乐字却出现了好多好多,不能不引起我极大注意。在《论语》书中与乐字相对待的是一个忧字。然而说'仁者不忧',孔子自言'乐以忘忧',其充满乐观气氛极其明白。是何为而然?经过细心思考反省,就修正了自己一向的片面看法。此即写出《东西文化及其哲学》的由来,亦就伏下了自己放弃出家之念,而有回到世间来的动念。"也就是说,梁漱溟起初并不看重孔子及其学说,而一旦认识到孔子思想的重要意义,并因此解决了自己人生之路时,便与孔孟之道结下不解之缘,主动而又深刻地去理解孔孟之道并与生活实践互相印证,从而将其深深地融合到自己的思想当中。梁漱溟 1923 年即在北京大学哲学系讲授"儒家思想"一课,将孔子的态度归结为:(一)仁;(二)乐;(三)讷言敏行;(四)看自己;(五)看当下;(六)反宗教;(七)毋意必固我;(八)非功利;(九)非刑罚;(十)礼乐;(十一)孝弟;(十二)不迁怒,不贰过;(十三)天命。(详见《梁漱溟讲孔孟》)然后详细阐述,令听课者大受启发。而梁漱溟更有一番身体力行孔子思想的实践经验,几十年的实践与思考,使其对孔子及孔子的思想更加了如指掌,有着最

梁漱溟:"三军可夺帅,匹夫不可夺志"

大的自信,绝不会因为外界的运动而干扰自己的判断。所以,在全国皆在"批孔"的时候,梁漱溟则认为:"由孔门的理性学风及其谆谆以情理教导于人者,却能使人头脑心思开明而少迷信固执,使人情风俗趋于敦厚礼让,好讲情理。两千年来中国对外居于世界各方之间,其文化显著异采,卓然不群,而就它如此广大社会内部说,其文化竟尔高度统一者,前两千五百年的孔子实开之。"

长文《今天我们应当如何评价孔子》中,梁漱溟在第七部分讲评"孔子在中国历史上的地位",引用了夏曾佑《中国古代史》中的话:"孔子一身直为中国政教之原;中国历史孔子一人之历史而已。"又引用柳诒徵《中国文化史》中的话:"孔子者中国文化之中心也;无孔子则无中国文化。自孔子以前数千年之文化赖孔子而传,自孔子以后数千年之中国文化赖孔子而开。"然后具体展开,综述为:"说孔子以后数千年文化赖孔子而开者,其根本性就在二千五百年来大有异乎世界各方,不以宗教为中心的中国文化端赖孔子而开之。或认真说:二千五百年来中国文化是不以环绕着某一宗教为中心而发展的,寻其所从来者盖甚早甚早,而其局面之得以开展稳定则在孔子。再申言之:一贯好讲情理,富有理性色彩的中国社会文化生活,端由孔子奠其基础。"介绍了"孔子在中国四五千年文化史上为承先启后的关键性人物"以后,梁漱溟引出这样的话题:"孔子的功罪或其价值如何,即视中国文化在世界史上表现出的成功失败而定之",于是顺理成章地进入第八部分"西人所长,吾人所短,长短互见,各有得失",称:

......近世西洋人正是发挥了理智,多所察识于物理,而由其身体势力过强乃于情理若明若昧;同时不难承认中国古人果然是理性早启,好讲情理成风,而未能致力于物理知识之讲求,生产技术大大落后于西人。百多年前,鸦片战争后,既亟亟翻译西书,讲求西学矣,直到今天新中国急起追赶所谓世界水平者,不仍然是科学技术方面吗?

……

吾人之成功何在?即此人多地广,在空间上民族单位开拓之大,举世莫比,非其成功之可见者乎?尤其是以自己独创之文化绵延其民族生命,在时间上历史悠久,举世所莫及,非其成功之可见者乎?正赖有此伟大悠久的根柢,乃在近百年挫辱之后,卒有今天的复兴,不是吗?

我民族在世界史上有其卓异之成功,事实俱在……若问此成功何由而来,扼要回答,那便是肇兴自古的"非宗教性文化"。这文化——具体指出——大约根本在周公制作的礼乐制度,而经由孔子理性主义的教导,仍得以在礼崩乐坏之后,略略传衍下来。卒之以教化取代宗教为社会文化中心,对于现世人生郑重从事是其特点。此教化非唯取代了宗教而且取代了政治。(强力统治)近两千年间(乱世纷扰之局不计)中国当政者总是积极于兴教化,而以消极不扰民为政治铁则。即此取代宗教又取代政治的传统文化,陶养得中国人一副性格和作风最能把异族人同化吸收进来,拓大其民族单位。……此最能同化异族人的性格和作风,可以两言括之:一曰开明无执,又一曰仁厚有容。

……

数千年来除战国时代见有富国强兵的思想外,人们总是希望天下太平。天下是没有边界的,而国与国之间却有对立性乃至对抗性。前者代表通而不隔之心,后者代表既分且隔之身。

异族相遇相处,其易于同化融合于我者,岂不在此乎?全欧洲的人口数量、土地面积与我相埒,我则浑融一事而欧洲却分为大小数十国。欧人在经济生活上、水陆交通上彼此往来密接相依,却不能统合为一大单位者,其身近而心不近也。吾人经济落后甚远,交通不便之极,却在文化上高度统一,政治上亦以统一为常,是所疏远者其身耳,心理精神有其通而不隔者在。不是吗?

唯其民族单位拓大,是以其民族历史易得延续久长;同时,亦正以其民族生命绵历之久乃日益拓大,两面互为因果,卒有今天的局面。既然中西比较,长短互见,从古到今,成败不一,则为其绝大关键人物的孔子功过如何,不已昭然可睹乎?过分抑扬,贤智不为。

在第七第八两部分中,梁漱溟虽然也客观地分析了孔子思想及中国传统文化的缺点,如"消极"、"幼稚"、"老衰"、"不落实"、"暧昧而不明爽"等等,但字里行间其实是洋溢着对孔子思想及中国传统文化的褒扬。在此之后,梁漱溟更将全文的最后部分分为上下两章,专门阐述"从马克思主义阶级观点审查孔孟之道"。上章力图从根本上反驳当时流行的"批孔"主张。一开头便直截了当地提出:"目前批孔运动中一般流行意见,我多半不能同意。"接着,很有针对性地反驳了当时"批孔"中的主要观点,称:

即如认为孔子护卫奴隶制之说,便不合事实。其说殆误于社会发展史分划五阶段为世界通例,而不知其不可泥拘。世界史上各方各族不经过奴隶制阶段者其例既非一,而如我所见中国社会的历史发展盖与印度马克思所谓亚洲社会生产方式者,

> 尤其有殊于一般。
>
> ……
>
> 修身即修己成为儒家前后数百年间通行的"术语",亦为其根本观念。然而此通行于儒家学派的思想道理,实在不合于一般阶级社会居于统治地位者的通例。……试问一般阶级社会内居于统治阶级地位者岂能这样行事呢?奴隶主对待奴隶固不能这样,封建领主对待农奴亦不能这样,资本家对待工人都不能这样。工人若罢工,资本家即以闭厂来还击,总之是阶级斗争,彼此相交以力。然孔孟儒家却明明反乎此通例。
>
> ……
>
> 马克思主义的伟大精神就在其破除一切教条主义。凡执着于社会发展史五阶段说者,无见于中国社会历史发展属于马克思所谓亚洲社会生产方式者,不可能于中国社会文化有认识,不可能懂得什么是孔孟之道。于此而言批判孔孟,只能是卤莽灭裂,脱离了马克思主义。

"从马克思主义阶级观点审查孔孟之道(下)"中,梁漱溟分就一些具体问题反驳"批孔"主张。

对于大骂《孟子》"劳心者治人,劳力者治于人"的言论,梁漱溟这样反驳:"在我们今天向着泯除劳心劳力的阶级分别前进,要走上社会主义道路的时候,信乎要求劳心劳力之合一,那是不错的。但你不能以此责备于数千年前的古人。相反地,在古代那时劳心劳力的分工原是人类社会经济发展最初、最必要又最大的一步。"

对于时人集中批判的"克己复礼",梁漱溟认为:"'克己复礼'是孔子答颜渊问仁所说的话。'仁者人也','我欲仁斯仁至矣'。诸弟子之问仁,皆就个人自己生活修养而问,不涉及社会制度。……孔子虽重视礼文,礼文却以情理为其内容。此即是说:礼文的本质在情理。……孔子认真在情理上,而断不执着于任何徒有其表的礼貌仪文,又何必定要恢复周代之礼?……时论既误解克己复礼为恢复周礼,又误指周代为奴隶制社会,便谓孔子身当奴隶制封建制交替之际,出而卫护奴隶制,自属误上加误。"

对于时论以"四体不勤,五谷不分"来批孔,梁漱溟则举例说明孔子毫无贱视生产劳动的形迹。当门人以学农学圃为请时,孔子回答:"吾不如老农"、"吾不如老圃",由此可见孔子之高明通达,岂是应该批判的?

对于"学而优则仕"的指斥,梁漱溟反问:"'仕而优则学,学而优而仕',此言出于数千年之古人,难道在彼时应该不学而仕乎?或学不优而仕乎?"

对于运动中经常提到的儒法斗争,梁漱溟揪其一点而着重反驳:"论者竟指目荀况为法家。法家李斯、韩非虽曾受学于荀子,然荀子之学毕竟为儒家之一派。若不从其思想主张的全面来看,岂非断章取义!"

对于被诅咒为"吃人礼教"的"三纲五常",梁漱溟也敢于与时人辩驳,其胆量之大令人惊讶,似乎早从"语不惊人死不休"的境界上升到"语不招祸死不休"的境界。既说就一定要"知无不言,言无不尽",非得说个痛快淋漓不可。而其客观评价的态度及其一览众小的学识,即在今日也值得学人们继续领会。他说:

批孔漫及于后儒,类如所谓"三纲(君为臣纲,父为子纲,夫为妻纲)五常(仁、义、礼、智、信)"者,皆出自后儒。其在近两千年的传统文化社会秩序是起着莫大作用的。若论其利弊得失，乃至孔子的功罪，可分三层来说：

三纲五常的老话，在今天中国社会早无从谈起——从辛亥革命和"五四"运动以来早经抛弃——然而不管你喜欢不喜欢，它在过去两千年起着莫大作用，这一客观事实，谁能否认？任何事物（社会礼俗在内）总为人所需要而后能存在。它存在，而且存在如此之久，就证明它有用，有合于社会需要。它曾长期地维持着社会秩序，让人们从事生产和生活。我民族生命之无比绵长，我民族单位之无比拓大，未始不有赖于此。那么，它所起的作用是好是坏呢？可能有得亦有失，且由人去论定吧。

假如说它是"吃人礼教"，起着坏作用，孔子亦不任其咎。正如同一切马克思主义者若陷于教条主义的错误，马克思绝不任其咎；那么，后世所形成的礼教，又何得归罪孔子？——孔子是理性主义者反对教条主义，已说明于前文。再掉转来说，世间一切错误——一切偏执太过之事——皆从正确引起来的，真正通达的人，又何必为儒家规避谴责。——以上为第一层。

"民为贵，社稷次之，君为轻。""君之视臣如手足，则臣视君如腹心；君之视臣如犬马，则臣视君如国人；君之视臣如草芥，则臣视君如寇仇。"——这是孟子明白说过的话，凡旧日读四书的人都念过的。你把吃人礼教和孔孟之道作为一事，岂得谓平？如其孔孟之道就是吃人礼教，吃人礼教就是孔孟之道，则数千年来中国人早被吃光死光，又岂能有民族生命无比绵长，民族单位无比拓大之今日？

显见得孔孟之道自有其真，中国民族几千年来实受孔孟理性主义（非宗教独断）之赐；不过后来把生动的，活泼的情理僵化了,使得忠孝贞节泥于形式,浸失原意,变成统治权威的工具,那就成了毒品而害人。三纲五常所以被诅咒为吃人礼教要即在此。

情理何由而僵化了呢？此即由情理的礼俗化。当一种情理（例如忠或孝）被看成是有用的好东西,群求其通行而成为风尚,由风尚而形成礼俗。一切礼俗法制都是社会生活所必须资藉的方法工具。它总有某种程度的固定性和形式化乃便于依据循从,那亦就开头僵化了。然礼俗形成之初,活气未大失,还是好的;日久慢慢机械化,惰性加重,便有积重难返之势。末流所至或竟尔不恤人情,大有背情理者。此（社会）文化老衰之为病,任何个人难负其责;讵可责怪于往昔圣哲？相反地,正为往昔贤哲倡导了理性,自有僵而不死者在,为其后复苏的根本,乃出现三纲五常的老话被抛弃的后来局面。此不独辛亥革命宣传得力于明儒黄梨洲的《明夷待访录》,不独"五四"运动的孕育和发生端赖蔡元培（进士、翰林）之主持北京大学,试数看以往历史上革新变法的人物孰非读孔孟书的儒士。今必以腐儒、陋儒,那些偏执欠通之人代表儒家,以复辟倒退、反动等罪名强加于儒家,岂足以服人？

要知道把社会风教文化的前进或衰退看成是某些个人的功罪,便落于唯心论。任何个人都出自社会,一切创造皆在因袭上成其功。周公孔子亦不过中国文化史上可指名的关键性人物;他们的创造活动远不及他们所因袭凭藉的环境基础条件之广大深远。从而论功也罢,论罪也罢,都不必专重在他们身上,何况几千年后的事情自有广大社会群众的推演活动在呢!

此后,梁漱溟虽对孔孟之过也有评价,指出其"理性主义提出得早了些,便难落实",又指出"孔孟的过误,就误在倡王道,讲仁政,要行其由上而下的改良主义,阻碍了革命。"等等,但不过为蜻蜓点水。整体来说,在举世都在批判孔孟之道的时候,梁漱溟是在为孔孟唱赞歌。在长文的末尾,梁漱溟还以"预言者"的方式更深一层地表明自己对孔子价值(或者说中国传统文化)的态度,称:

天不变道亦不变的反面,是天恒在变,道亦恒在变。近两千年孔子的价值到今天而一大变,固非到此为止,行且有不远而复者,不妨拭目以俟之,可耳。

阅读至此,读者朋友们也不妨将思路跳转到现在,想想梁先生的预言是否已经实现?

"批林批孔"运动中的层层波澜

梁漱溟在"批林批孔"运动中体现出的人格魅力,是最受世人关注与赞誉的。不少人就此写过文章,其中有些文章因所用资料为二手资料,再加上所看到的并不全面,这样写出来就容易在某些事情的描述上失真。下面,我还是打算大量引用梁漱溟先生本人的发言来说明当时的情况。读者可以在几次发言的互相对比与补充中了解到当时的真实情况,我也会根据梁漱溟先生当时的书信及当事人的回忆做些解释说明。

还需读者朋友们注意的是,由于当时情况复杂,所以梁漱溟发言中提到的几位当事人(有的文章中因怕犯忌或者根本不知而从未提

梁漱溟:"三军可夺帅,匹夫不可夺志"

及真名,在这里则都以其真实名字出现),虽未必与梁漱溟意见不同而没有什么表态,有的甚至反对进而责骂梁漱溟,有的则被当时的梁漱溟所鄙薄,但却不能因此就非议这些人。说实话,这些人大多是非常令人尊敬和佩服的,只是我在这儿不能一一对他们的言行作出详细介绍。读者朋友们自应保持理性与全面客观的态度,如果真想了解其人,还应多看看他们一生的真实事迹再作评价,切不可随便几句话就对一个人的人品下定论。如果那样,则容易犯浅薄与轻信的错误。这些,也正是笔者时时所警惕的。

1974年2月4日,梁漱溟在"批林批孔"中学习小组上有一次发言,表明自己态度的同时,回顾了此前的事情经过:

> 在当前批孔运动中,我所有的发言和表示,从过去到现在,分层次叙说如下:
>
> (1)去年11月16日学习会上有同志点名要我说话。我说:此时我没有好多话可说。这里是政协学习会,"政"是政治,要顾到政治上的需要。"协"是协调、协和。因我们这些人来自四面八方,原非单纯的一回事,所以需要协调和协和。怎样求得协和呢?那就是求同存异,求大同存小异。毛主席说过:如有不同意见,允许保留。我有不同意见,我愿意保留。我在这里放言高论,是不合适的。
>
> (2)12月19日我以写好的《书面答王克俊同志》一纸,交给王同志,这是因为本组三位召集人在参加领导小组会上,曾将上面的发言提出来说过。虽然所说和我原意差不多,究不如我自己用书面写出来简单明确,所以特写就此纸,希望交领导小组阅看。在此纸上我却多说一句话:如其领导方面想知道我的不同

意见内容的话,我可以写出来,请领导上看。

(3) 12月21日赵朴初先生在学习会宣称,在领导小组开会时已将我所写一切交去了。领导小组表示,我写不写我的意见全听我自由。这样,我原可以不写了。

(4) 1974年1月12日我发一请假给王克俊,王公适有病,将我信转给于老树德。这是因我自己想,把不同意写出来的好。用马克思主义的观点和方法来讨论这个问题将是一种很好的学习。看书是学习,发言讨论是学习。但空讲不如实用,是更好的学习,因此请假在家写稿。

在此请假信中,我写明,我用的标题是《今天我们应当如何评价孔子》,并说写出之后仍不公开,但可以给王公看,请其指正。——因王公曾面嘱我写出为好之故。

(5) 现在正写出来三分之一,约一万字。内容这里不谈。但从文章标题上,也可以看出内容大概意思。标题明白规定"今天我们应当如何……",那就是站在社会主义新中国的中国人立场,从建国二十多年的今天来说话之意。说"……应当如何评价孔子",那就是回顾过去历史文化上孔子起了什么作用,什么影响,是大是小,是好是坏,要加以评量。既然说评价就是一分为二,绝对否定,绝对肯定都是不对的。——这是毛主席说的话。孔子本人早已过去不在了,他不会说话,他不会申诉。如何评量,大权在我们手中。而在我写此文时,文中一切就是我的判断。我下判断,我要负责,应当多加考虑,不要考虑的不够,考虑的太少。如果轻率从事,抬高了他或贬低了他,于他无所增损,只是自己的荒唐失败。那是我自己不允许我自己的。再则,我于批林必须批孔还不大明白,不晓得我所写的此文,是否有当于当前运动,不敢轻率出手,公之于世。假若领导上看了认为无碍,可以供群众批评或参考,由领导上付印发表,我没有什么不同意的。——现在尚待续写后大半,尚谈不到此。(完)
附加——

　　1974年1月28日因我说话中有"我尊重领导,同时亦尊重我自己"一句话,宋委员问我:何谓尊重自己?我答:就是尊重自己人格。于老树德又问及,人格何所指?我答:"表里如一,光明磊落,就是有人格。反之,口是心非,就无人格。"

　　(此条原发言底稿未列入,临时因宋公提出来,故尔附加)。

这里的宋委员,即为宋希濂。宋希濂原为国民党著名将领,时为全国政协委员。梁、宋二人的交锋并未在1月28日就告结束,所以就有了梁漱溟在2月22日致学习小组组长王芸生、于树德等人的抗议信:

王、于、王三位先生:
　　我抗议宋希濂昨天对我厉声的、粗野的辱骂,假如负有维持会上秩序之责的三位先生没有适当的表示,我将拒绝出席这个小组的学习,特此声明。

梁漱溟
2月22日

在梁漱溟于1月14日寄给田慕周的信中,还表现了他此时对生命现象的研究及对另一位重要人物冯友兰批孔文章的态度,内容为:

人生本不苍凉

请注意上面我之所写的,应照补进去。艮庸亦不晓佛学,他不能代我校对抄件。冯芝生是我在北大任教时的学生,他毕业试卷是我评分数的。此人已见衰象——一个月前曾见面——不中用了。他批孔文章根本要不得,不值得一看(其文两篇我手中倒有之,不拟奉寄)。

漱溟手答
1974 年 1 月 14 日灯下

《梁漱溟书信集》中对此注解:此件是著者对田慕周先生来信的批复,时田先生正代抄《人心与人生》。"照补"云云,指(第十六章第三节第一段)的如下修改:"说世间,主要在说人世间;然人固离开其他众生不得,说识见即统宇宙生命现象而言之耳。生物既不能离开无生物而有其生,则世间又实浑括生物无生物为一体而言之也。"又,来信问:"芝老有批孔文章……发表,可曾寓目?"芝老即冯友兰先生。

梁漱溟当时的判断,当然认定冯友兰的文章非其内心所真实感想,不值一看。

1974 年 3 月 8 日,梁漱溟在另一次的发言中回顾了此前自己在"批林批孔"运动中的表现,称:

上一次(2 月 26 日)杨公庶同志说,你要评价孔子,看你站在什么立场上来评价。立场不对头,那个评价就不对,就要不得。这话很好。可惜他不注意,或者忘记了我说过的话。我的立场早就说明白了。"评价"二字是我写文章的题目中的两个字。题目是《今天我们应当如何评价孔子》。题目的涵义,在上月 4 日我历述过去我所有发言和表示之时,我曾仔细讲过了。

梁漱溟:"三军可夺帅,匹夫不可夺志"

我说:从标题上就规定了文章内容的写法。标题规点明《今天我们……》,就是说的是今天社会主义新中国的中国人,是要从今天的我们而回顾过去历史的;说《……应当如何评价》,这"应当"二字不能轻忽看过,它就是站在今天中国人立场来说话,那评价应当怎么样作的意思。4日发言后,我曾清抄一份交付了汪东林同志,现在要查看,还可以查。难道这立场还不分明吗?在从头说起,去年11月16日程思远同志点名要我发言,我头一次表示我的态度,也早就表明了我的立场。我开口说,这里是政协学习会,"政"是政治,要顾到政治上的需要。"协"是协商、协调。如何可以协调呢?那就是求大同存小异。作为政协委员的我们一定要顾到当前国家大局的需要,这不正是从政协内一个人的立场出发吗?所谓大同的同,就同在此——同在立场上。立场是同的,我心里还有些意见不全同。同中有异,所同者大,所异者小,同是基本的。我请保留我不同的意见。在这里我若放言高论是不合适的。这是当天的话,可以复查。不料想从那时以来,三个多月搞来搞去,最近两天(22日和25日)我竟狂妄大胆地放言高论起来,搞了五个小时之多。我原说文章写出后亦不公开拿出来;"仍不公开"的话,不知说了多少次,就是怕公开出来不合适。第一怕文章内容上学术的分析研究,远离了当前政治运动,文不切题。而我作评价,却必要恰如其分,不高不低,学术上的分析研究是在所必有的。第二更怕它不止远离了当前政治运动,而且有碍于当前的政治运动,那不是更不好了吗?没料想,不拿出来的东西,竟然把其中有关奴隶制社会问题的一部分拿出来了。中国曾存在过奴隶制,几乎成了批孔的前提的今天,我却提出来说原来未必有奴隶制,这不是大大有碍吗?不应该

299

拿出来的,把它拿出来了。自己违背了初心,忘记了自己的政治任务。这错误不怪自己怪谁?又犯了老毛病,个人英雄主义,好胜逞强。错误是我的错误,罪过是我的罪过,一切我应担当,给我贴了大字报,自是应有之义。会上同人驳斥我,责斥我,这是理所当然。这种驳斥责斥,与其少不如多;与其轻不如重。如果平淡轻松,不带劲,那倒不好。宋希濂委员说,不要再称他什么"梁老"、"梁先生"……;快人快语,痛快人说痛快话。有声有色,会上的气氛才像个样儿。所以上次临散会时,他话没有讲完,于老说下次再讲。我就站起来说:"下次再讲吧!"我心里此时没有我,只有共同的政治立场。可惜我不能经常这样无我——如果我那样高明,也就不会有今天的错误了。我的话完了。

可以想到,梁漱溟这样的发言肯定是不会被通过的,所以还有以后更加频繁的批判和斗争。于是,便有了梁漱溟在1974年3月11日所作的"我的声明":

现在我有必要作如下的声明:
上月22日和25日两天我作了五个小时的连续有组织的发言,其内容主要是谈中国社会发展史问题。在这个问题上我表明了两点意见。头一点是根据恩格斯《家庭、私有制和国家的起源》一书,以古希腊、罗马的奴隶制社会(这是典型的奴隶制社会),对照来看古中国社会,那么,古中国社会就不像奴隶制社会。同时根据恩格斯《反杜林论》,社会经济发展必以劳心劳力之分工开端,从而就分化出阶级来,古中国人恰好就是曾经从这一分工原理来说明阶级的产生和看待阶级的存在的。再一点是

梁漱溟:"三军可夺帅,匹夫不可夺志"

根据马克思关于不列颠统治印度的两篇论文以及马克思在《政治经济学批判的序言》和《导言》两文,指出印度和中国,正是马克思在古代奴隶制社会生产方式、中世纪封建制生产方式以及现代资本主义生产方式之外特为提出的亚洲社会生产方式,那个特例或畸形的社会发展。它也是人类童年时代的早熟者(以别于希腊之为正常者)。以上两点意见皆属于纯学术性的分析研究,既远离了当前批林批孔的政治运动,又且有碍于当前群众的批孔,原是我去年11月16日所要自己保留的意见,却不料想忘其所以地说出来。其错误是严重的。本组同人对我的一切批判和斗争都是理所当然,我不应再申说什么。再说话,便是错上加错。我只有静听就是了。特此声明,请原谅!

在这里,梁漱溟虽然承认"错误",而其实际上仍是抱定原则,所以,即便他"只有静听",批判还是继续持续着,形成了一定范围内的"批林批孔批梁"现象。而这种愈来愈烈的批判却不能使梁漱溟屈服,相反,在某种程度上更加激发了他作为有血性和良知的知识分子的独立精神,乃至最终引发出他的那句著名的话。

且看他在1974年11月18日所写《批孔运动以来我在学习会上的发言及其经过的事情述略》的文字:

据传批孔出于毛主席亲自发动领导,不容抗拒;1974年2月前后,一时社会上空气浓烈,形势严重,而此时我乃骄矜自喜,言动不知谨慎,以致引起不小波澜。

先是1973年12月14日在学习会上我曾表示对于时下流行的批孔意见不能同意,但我不愿公开表示,妨碍当前运动。假

人生本不苍凉

如统战部领导方面想知道我的不同意见是什么,我可以写出评价孔子一文,送请阅看。19日复以此意见书面表示交给本组召集人转领导学习小组。21日召集人之一赵朴初传达领导方面的回答说,写不写评价孔子一文听我自由;但我自己却决意去写出来。于是1974年1月着笔写《今天我们应当如何评价孔子》一文,对外不公开,以免有碍当前政治运动。

此文初草不免意气用事,写出七页且嘱人复写之,为公开发表之用,后皆作废。然于中国古代非所谓奴隶制社会则见之较明切。虽家人儿辈及亲友诸关心我者,皆虑我发言贾祸,我一切不顾。在学习会上流露了奴隶之说未足信,然时论之批孔者皆从孔子卫护奴隶制这一点出发,否认奴隶制即使时论失据。会中有人向我挑战,质问我何所见而云然。意气方盛的我,遂有2月22日及25日连续五小时之长篇发言,倾吐中国社会的历史发展特殊之说。于是群情爆炸,说我是猖狂向党进攻,张出大字报多纸于壁间。我憬然有悟自不该说出有碍当前运动的话,违背了原要保留不公开之初心。

约有五小时之长篇发言,后来经过整理撰写《试论中国社会的历史发展属于马克思所谓亚洲社会生产方式》一文,这里从省不录。

我既自悟发言不当,即向众承认错误,凡同人对我的批判斗争,我皆在座上静听,决不缺席;这是我的政治任务。同人对我批判斗争的话尽多不能接受,难于一一置答,只好随各位先生去说好了。我在座静听以资反省;过此以往非我所知(意即不能随从批孔)。

上述皆1974年2月尾之事。从3月而4月、5月、6月、7月大抵均在学习批孔,实际上莫非对我的批判斗争,此不备述。先则每周四次会,后减为三次。8月份因天气热起来又减为一次。在此时期,本小组而外,各学习小组均对我进行批判。预先宣布9月将召开五个小组联席批林批孔大会。此会于9月19日、20日、21日三天连续开会,先后发言者十四人,均从批林批孔入手而集中批判我。主席此会者皆各组召集人,结束时未征问我的意见,而宣布月内各组可再就此次大会的发言自行座谈两次。在本组23日会上,召集人曾征问我对大会有何感想,我答云:"三军可夺帅也,匹夫不可夺志。"

对梁先生言行的进一步分析

我一直在思考着,为什么梁漱溟在那样的形势下仍能有那样的血性?他的底气和胆识来源于哪儿?茫茫人海,为什么在无数人或狂乱或盲目或迷茫或屈服的时候,梁漱溟却能以其浩然之气独立于众山之巅,令人仰望?他的人格魅力究竟从何而来?

这显然不能从一个单一的角度作出解释。

梁漱溟在1974年所写的《敬答一切爱护我的朋友,我将这样地参加批孔运动》中透露出重要的信息。他说:

> 从批孔运动发动以来,好多朋友因我自称保留不同意见,而没有积极参加,为我担心,怕我犯重大错误,忠言劝勉,十分可感。今写此文,敬答厚爱。先从我没有参加运动说起,然后再说我将怎样地参加。
>
> 我个性很强,遇到问题要独立思考,以自觉自愿行之,所以

人生本不苍凉

初时没有随群众参加运动。个性很强,既有其生来的一面,亦有其后天环境条件造成的一面。父母钟爱幼子,我自幼行动任性。突出的例子,如我十六七岁就想出家学佛,一直不放弃此念,直到二十九岁。此一动念不是受了什么人指教,而是自己思想上认为人生只有苦恼,只有麻烦,不值得生活。虽违亲长之意而不肯改。自己寻求佛典来看,暗中摸索,看不懂,亦要看。又如清末读中学时,便参加当时的宪政运动,又转而参加辛亥革命。父亲虽教我维新爱国、救国,但于革命则不同意,然而他已无可奈何了。因父亲主张维新,所以没有叫我念四书五经。既没有受旧式传统教育,而清末新兴的学校教育,我所受到的亦很浅,仅到中学而止。因此我没有被动地灌输许多书本知识,给我头脑加重负担,而容我头脑自由活动,发挥它的活力。这是一生最幸运的事。八十年来我一生行事,总是自己主动,不是被动。一生中许多事情是独自创发,不是步人后尘。例如我搞乡村建设运动十年,虽赖许多朋友合作,渐渐得各方广泛响应,而风气总是我开的。又如民主联盟组织的出现,固然没有各方面赞助不会有成,但从开头发起,以至后来成立宣言和十大纲领,都是由我执笔。特别是抗日战争中,我取得蒋方军委会和延安两方同意,带领几个朋友,去华北华东游击区域视察,鼓舞抗日,共走了六个省份,八个月之久。不是有"一不怕苦,二不怕死"的话吗?我若怕苦怕死,是不会去那个艰苦危险地带的。总之,我的一生,是主动的一生。1950年"五一"节,在天安门城楼上我看见当时无党派人士联名向毛主席献旗,旗上写着"我们永远跟着你走!"我那时心里想:从我口里是说不出这话来的。

正为我从来个性如此,所以批孔运动起来,我不理解,我不同意,但我想这是一政治运动,必然有其必要,我尊重领导,绝不能做妨碍的事。我不说话好了。同意的话在我口里说不出来。以上就是说明我所以没有参加批孔运动。

上述文字可以归纳为:"我个性很强,遇到问题要独立思考,以自觉自愿行之,非如此则绝不盲目跟从。"这可以看作梁漱溟人格魅力的第一层次的解释。他的天性与他个人的经历决定了他绝不会随波逐流,他只做自己认定的事。这个性格与他的父亲梁济非常一致。梁济是为了自己的信念而投湖自尽的,梁漱溟则进一步秉承了父亲独立之意志,并在不断解决人生问题及国家问题的道路上愈加坚定。

梁漱溟还在此文的后半部分明确表明自己将如何参加批孔运动,称:

以下说明现在我将怎样地参加批孔运动。

由于好多朋友劝勉的殷切和细细想《红旗》二期短评中"这不是个学术问题而是个政治问题"的指点,我决定在原计划写《今天我们应当如何评价孔子》一文之作,另写一文来参加批孔运动。前后两文写法不同。其不同如下:

前篇是站在今天立场评价孔子,一分为二,亦涵有批判在内;后一篇则从当前政治上的需要,专批儒书流传在过去二千多年历史上起的不良影响,特别是在当前社会主义革命和社会主义建设上有碍作用;说话偏于一面。

前一篇为了评价孔子,就要谈到孔子当时的阶级立场问题,从而不能不涉及当时究竟是个什么社会。而这个社会发展史问题正是聚讼已久的,文中虽不能多谈,但自己有意见不能不说。

因此前篇提出奴隶制社会在中国大有疑问的意见。但孔子当时是处在阶级社会是没有疑问的。是否封建社会呢？它也不同与欧洲日本的封建社会。像这样地涉及学术的研究分析，后一篇完全避开不谈。——这是前后两篇写法不同的一例。

后篇是以批判儒书中常见的许多言词为主。那些语言教训每每妨碍或缓和阶级斗争，在过去既不利于中国社会进步，在今天更为有碍，必须扫除。像所谓"中庸之道"，一般均理解为折衷主义，不斗争而调和，即其一例。然而细审原书"天下国家可均也，爵禄可辞也，白刃可蹈也，中庸不可能也"，和"极高明而道中庸"的话，见得中庸不是浮浅的事，不是折衷调和的意思。听说陈伯达曾用辩证观点或辩证法来解释中庸，完全是附会胡说。毛主席1965年12月12日有反对折衷主义一文，指出貌似辩证法的折衷主义有五个特征，都是要不得的。究竟当初儒家说的中庸何所指，我们不必管它；但细究起来，便进入学术研究去了，不属后篇的事。——如此之类，就是后篇不同于前篇之处。

这些文字进一步表明了梁漱溟的两种态度：第一，作为学者，进行学术研究就必须客观认真，绝不能以一时的需要而随意改变对史实的看法和态度；第二，作为勇于承担政治责任的知识分子，可以从国家大局的角度，专门研究对时势有益的学问，这种研究可以有所侧重，但仍不能故意歪曲史实。这可以看作构成梁漱溟人格魅力的第二层次的解释，即作为一个学者做学问所应具有的最基本的态度——实事求是，客观认真。

此文末尾还有一段梁漱溟对中庸之道的看法：

梁漱溟:"三军可夺帅,匹夫不可夺志"

顺便附带说,在前篇亦没有谈这个中庸问题。因我自己还不够谈这个问题。它说指的具体事实,是人生生活上的具体事实,不是抽象的思想,不是哲学。哲学,只是古希腊人好讲的,在古中国、古印度原都没有哲学。印度哲学只是印度宗教生活的副产物,其意原不在讲哲学。中国古儒家亦不想讲哲学,而是在指点人生实践。所谓中国儒家哲学只是其道德生活的副产物。我对于儒家或佛家都还是门外汉。我只在门口向里面望一望,望见里面很深远广大,内容很丰富,却没有走进门去。就是说,我缺乏实践。我如果有实践功夫,有较深厚的涵养,那表现出来的将早不像现在这样了。我是个凡夫俗子,一个平常人,对于那"极高明而道中庸"的"中庸",是远远不够谈它的。因此在前一篇内亦没有谈。

梁漱溟对中国儒家那个"极高明而道中庸"的"中庸"是极其崇敬而向往的。本着这个态度,联系梁漱溟一生对孔学的研究,可以看出,梁漱溟深厚的儒学功底是其人格魅力形成的内功所在,而他对儒学不断深入的认识和探讨,这种从内在的修养上不断升华的过程,就是使其人格魅力不断富有色彩的过程。他承认自己有些方面不足,例如对"中庸"(此"中庸"非平常人所说的做老好人等含义,而是与"中和"之气一脉相连,此笔者之认识)的认识。这种实事求是的自省正是孔子对学问与人生的根本态度"知之为知之,不知为不知"。梁漱溟具有透明的人格,将学问与实践紧密联系起来,从而形成自己内外合一的修养。他生命的最后阶段,对孔学做了概括,称:"儒家孔门之学,反躬修己之学也。"他一直都认定:孔子的学问就是孔子的生活,而他本人的一生也是这样度过的。可以这样评价:"梁漱溟的学

人生本不苍凉

问或有时而可商,而其人格之魅力、独立之精神虽历千万世仍可大放光芒。"这一点,梁漱溟如此,王国维如此,陈寅恪如此,一切最优秀的知识分子都应如此。

梁漱溟之所以可以"三军可夺帅,匹夫不可夺志",并在狂风骇浪中气定神闲。这种态度似乎还来源于他的"天命"观。他在思想的深处认定自己是负有重大历史使命之人,所以曾有"我若死,天地将为之失色"的狂语,而且在战争年代也根本不惧弹炮的危险。这与孔子的行为也是非常一致的。他们都从骨子里认定自己的命不是随便什么事情什么人就可以夺去的,而只有自己的历史使命完成后才可以离开人世,有了这样深层的自信,就如同大海中有了定海神针,外界如何变动,他其实是处在自然而有为的状态,根本不会因外界的风雨而有所动摇。那么,"天命"之说是否有迷信的倾向?字面上似乎如此,实则不是,这其实是他们对自己人格的自信,对真理之追求有一种大无畏的精神。既然将真理看得比生死都大,那么死就不是一件重要的事了。这样的人相比于一般人来说,承担更大的历史使命,自然是情理之中意料之内的事,他们总是代表着国家的长远利益乃至于人类的优秀品质,称其为"承天命"又有何不妥?同时,既有如此的底气,那么,具有莫大的勇气和胆量也就自然而然了。

印证梁漱溟于20世纪50年代写给外甥邹晓青的一封家信,我们对此可以有更深入的了解。这封信这样写道:

青:

你不够了解我!我这里没有旁的念头,只有一个念头:责任。譬如我文内说:"抗战中奔走团结,胜利后争取和平,逐逐八年,不敢惜力;一旦料知和平无望,即拔脚走开,三年不出;要无

梁漱溟:"三军可夺帅,匹夫不可夺志"

非自行其所信,一贯而不移。"其所行如此而不知彼者,自是其所知所信如此;而其所以能坚持乎此,力行乎此,不怠不懈者,那就是责任心了。在我这里虽不能无人情,却不许有俗肠。像小资产阶级的向上爬心理,可说自幼没有。像小资产阶级的逐求趣味心理,像革命党人的仇恨反抗情绪,在我这里如不能说完全没有,亦只是洪炉点雪。我的生命就寄于责任一念。处处皆有责任,而我总是把最大的问题摆在心上。所谓最大的问题即所谓中国问题。而我亦没有把中国问题只作中国问题看。不过作为一个中国人要来对世界人类尽其责任,就不能不从解决中国问题入手。在最大的问题中,我又选择最紧要的事来做。例如,抗战之时,莫要于团结,就致力于团结;当建国之时,莫要于和平,就致力于和平。一旦和平似乎有成(1946年1月底),而事情有比参加政府更要紧的,马上就转移其致力之点。又一旦料知和平无望(1946年10月底),而事情有比武装反蒋更要紧的,同时自己又不赞成武装斗争,亦就马上转移其致力之点。总之,从来不做第二等事。由于总在最大问题中追求其最要紧的事情,久而久之,我所关心的,旁人往往不如我关心;我所能做的,旁人往往不如我能做;好像责任集中于我一身。既有"四顾无人"之慨,不免有"舍我其谁"之感。像这样数千年悠久历史之下,像这样数万万广大人群之中,而"认识老中国,建设新中国"这句话,只有我一个人最亲切;责任演到这步岂是偶然? 固然没有什么"天"降之命,而正有其莫之为而为,莫之致而致者在,是事实如此,不是我自负。自然如你所云"背了包袱"是要不得的;但你如其离开这个有特殊任务在身之念,又怎能了解我!

这是不免于自大的;这样说话是难免引起人家反感的。然而我的生命正在此。我在危难中所以不怕死,就是觉得我不会死。特别是像香港脱险之时,那时《中国文化要义》还没有写出来,万无就死之理的。现在虽然不同那时,然而亦还有没有完的事(非我做不可的事)。这话不对旁人说,但对你却希望你了解,而不怕你说我说大话。

许多人称梁漱溟为"最后的大儒",其实,梁漱溟与佛学的渊源要更早一些,对佛学的研究与体悟,早深入其生活与思想,从而具有深厚的功力。批孔运动中,正承受极大压力的梁漱溟在日记中为自己写下了这样的座右铭:

时刻自警:
  空 一切法毕竟空。心净如虚空,永离一切有。照见五蕴皆空,何从有我。
  假 于无我中幻有今我,从众缘生。
  中 以如此菲材,值如此运会,不可免地有其艰难险阻,战战兢兢如临深渊,如履薄冰,要当目不旁视,心不旁用,好好负起历史使命而行。

这些话,可为本文做一注脚,供读者朋友们进一步深思。

磅礴正气

梁漱溟先生是在1988年6月23日11时35分,以95岁的高龄辞世的。许多人都怀念他,追念他,直到现在,他仍是无数知识分子

梁漱溟:"三军可夺帅,匹夫不可夺志"

心中的好榜样。

对于他在"批林批孔"运动中的言行,李任夫先生评价道:"回忆在批林批孔阶段,也充分表示他坚持真理和威武不能屈的风格。众所周知,他批评林彪是小人,是无人格的野心家了。这不足为奇,因为此时林彪已死。但当他大张旗鼓来表扬在苦难中的刘少奇与彭德怀,那就不是一般望风转舵的人所能做到的了。他是明辨是非有正义感的人,他的铁骨铮铮,浩然正气,确是体现了中国知识分子的优良传统。因此在受围攻批斗到最后关头时,他毅然说出'三军可夺帅也,匹夫不可夺志也'那种正气磅礴的话来。可见他在真理面前,是决不让步的。……记得庄子《逍遥游》中有几句话是:'举世而誉之而不知沮',今天我们借用这几句话来评价梁漱溟先生的人格与风度,我认为也是恰如其分的。"

千家驹先生在《悼念梁漱溟先生》一文中写道:"我最佩服的是梁先生那种'富贵不能淫,贫贱不能移,威武不能屈,此之谓大丈夫'的高贵品质,是那种'士可杀而不可辱'的高风亮节。这是中国知识分子的历史传统,优良美德,值得我们向他好好学习。梁先生不屈于任何人的淫威,不屈于全国人民有领导有组织的'口诛笔伐',不屈于任何暴力,铮铮铁骨,屹立如山,在当今中国,并世无第二人!这才是中国真正的儒家,中国真正的知识分子!我向他膜拜,我向他顶礼!"

1988年7月8日,由新华社所发,刊登在《人民日报》上的《三军可夺帅 匹夫不可夺志——梁漱溟走完百年人生旅程》一文,总结并高度评价了梁漱溟先生的一生。在提到"批林批孔运动中的梁漱溟"时这样评价:

> 1974年在"批林批孔"运动中,梁先生反对以非历史的观点

评价孔子，反对把批判孔子与批判林彪相并提，并为刘少奇、彭德怀同志辩护。当受到围攻时，他傲然宣称："三军可夺帅，匹夫不可夺志。"在"四人帮"猖獗一时，万马齐喑的境况下，梁先生不顾个人身处逆境，仗义执言，表现了一位爱国知识分子敢于坚持真理的高尚品格。

主要参考资料：

梁漱溟：《梁漱溟全集》第七卷，山东人民出版社，2005年。
梁漱溟：《梁漱溟全集》第八卷，山东人民出版社，2005年。
梁漱溟：《我生有涯愿无尽：梁漱溟自述文录》，中国人民大学出版社，2004年。
梁漱溟：《这个世界会好吗》，东方出版中心，2006年。
梁漱溟：《梁漱溟书信集》，中国文史出版社，1996年。
梁培宽编：《梁漱溟先生纪念文集》，中国工人出版社，2003年。
李渊庭　阎秉华 整理：《梁漱溟先生讲孔孟》，上海三联书店，2008年。
李渊庭　阎秉华：《梁漱溟》，群言出版社，2009年。
汪东林：《1949年后的梁漱溟》，当代中国出版社，2007年。
金春明：《中华人民共和国简史》，中共党史出版社，2004年。
中共中央文献研究室编：《毛泽东传（1949—1976）》，中央文献出版社，2003年。
毛泽东：《毛泽东选集·第五卷》，人民出版社，1977年。
北京大学哲学系七二级工农兵学员：《孔孟之道名词简释》，人民出版社，1974年。
中共晋东南地委通讯组编印：《批林批孔资料》，1974年。
徐志刚　译注：《论语通译》，人民文学出版社，1997年。
张建安：《文化名人的最后时光》，中央编译出版社，2007年。